Malta

REEDS VERSCHENEN

DOMINICUS

Argentinië
Australië
Australië
Sydney
Birma (Myanmar)
Brazilië
British Columbia, Yukon en Alaska, Bergwandelen in
Cambodja
Caribische eilanden
Chili
China
Beijing
Brekend rood
China
De Lange Mars
Peddels en prikkeldraad
Sprong naar het Westen
Costa Rica
Cuba
Cyprus
Denemarken
Dominicaanse Republiek
Duitsland
Berlijn
Ecuador/Galápagos
Estland, Letland en Litouwen
Egypte
Finland
Frankrijk
Auvergne/Ardèche/Lyon/Beaujolais
Bourgogne
Corsica
Dordogne/Limousin (met Quercy en Berry)
Franse Alpen
Languedoc, Cevennen en Tarn
Noordoost-Frankrijk
Noord-Frankrijk (Picardië/Frans Vlaanderen)
Normandië/Bretagne
Parijs
Pyreneeën
Trektochten in de Franse Alpen
Verborgen Frankrijk
Gambia/Senegal
Griekenland
Griekenland
Griekse eilanden
Korfoe
Kreta
Groot-Brittannië
Centraal-Engeland
Kanaaleilanden
Londen
Schotland
Zuid-Engeland
Himalaya, in het spoor van het Tibetaans boeddhisme
Hongarije
India
Himalaya, in het spoor van het Tibetaans boeddhisme
India
Trekking in Ladakh
Zuid-India
Iran
Italië
Midden- en Zuid-Italië
Napels
Noord-Italië
Rome
Sardinië
Sicilië
Toscane/Umbrië/De Marche
Umbrië, in de voetsporen van Franciscus
Venetië
Jamaica
Japan
Kenia/Tanzania/Zanzibar
Kroatië
Laos
Libië
Maleisië/Singapore
Mali/Burkina Faso
Malta/Gozo
Marokko
Maya's, De wereld van de (Mexico, Guatemala, Belize, Honduras, El Salvador)
Mexico
Mongolië
Brekend rood
Steppeland
Nederland
Het Groene Hart
Sportduikersgids Zeeland
Nederlandse Antillen/Aruba
Nepal
Nieuw-Guinea
De regenmakers
Noorwegen
Bergtochten in Noorwegen
Noorwegen
Oman/VAE
Oostenrijk
Oostenrijk
Wenen
Patagonië en Vuurland, Trektochten in
Peru
Peru
Tijdelijk adres: Andes
Polen
Portugal
Lissabon
Portugal
Rusland
Brekend rood
Moskou en Sint-Petersburg
Peddels en prikkeldraad
Rusland
Schotland
Slovenië/Istrië
Spanje
Andalusië
Barcelona
Bergtochten in Cordillera Cantábrica en de Picos de Europa
Midden-Spanje
Noordwest-Spanje
Pyreneeën
Sevilla
Thuis in Spanje
Sri Lanka
Suriname
Thailand
Tsjechië
Tunesië
Turkije
Istanbul
Turkije
Venezuela/Isla Margarita
Verenigde Staten van Amerika
New York
Zuidwestelijke staten van Amerika (Californië, Nevada, Arizona, Utah)
Vietnam
De overwinningstuin van oom Ho
Vietnam
IJsland
Zimbabwe/Botswana/Namibië
Zuid-Afrika
Kaapstad
Zuid-Afrika
Zweden
Zwitserland
Bergtochten in de Zwitserse Alpen
Zwitserland

DOMINICUS STEDENGIDSEN

Barcelona
Beijing
Berlijn
Istanbul
Kaapstad
Lissabon
Londen
Moskou en Sint-Petersburg
Napels
New York
Parijs
Rome
Sevilla
Sydney
Venetië
Wenen

DOMINICUS ADVENTURE

Bergwandelen in British Columbia, Yukon en Alaska
Bergtochten in de Cordillera Cantábrica en de Picos de Europa
Trektochten in de Franse Alpen
Trekking in Ladakh
Bergtochten in Noorwegen
Trektochten in Patagonië en Vuurland
Sportduikersgids Zeeland
Bergtochten in de Zwitserse Alpen

DOMINICUS THEMA

Brekend rood
Het Groene Hart
Himalaya. In het spoor van het Tibetaans boeddhisme
Koken uit je rugzak
De overwinningstuin van oom Ho
Poollicht
Thuis in Spanje
Umbrië. In de voetsporen van Franciscus
Verborgen Frankrijk
De wereld van de Maya's (Mexico, Guatemala, Belize, Honduras, El Salvador)

HOLLANDIA-DOMINICUS REISVERHALEN

Keerpunt Alaska
De Lange Mars
Peddels en prikkeldraad
De regenmakers
Sprong naar het Westen
Steppeland
Tijdelijk adres: Andes

DOMINICUS

MALTA/GOZO

Eric Strijbos

DOMINICUS
• DE GROOTSTE SERIE •
REISGIDSEN UIT DE LAGE LANDEN

Elfde, volledig herziene druk, 2008

Postbus 317, 2000 AH Haarlem
E-mail: travel@gottmer.nl
Internet: www.dominicus. info
Uitgeverij J.H. Gottmer/H.J.W. Becht BV
is onderdeel van de Gottmer Uitgevers Groep BV

ISBN 978 90 257 3983 6 / NUR 512

Tekst: Eric Strijbos
Cartografie: G–O Graphics, Wijk bij Duurstede
Grafische vormgeving: Studio Jan de Boer, Amsterdam
Omslagfoto's: Eric Strijbos
Foto's: Eric Strijbos
Redactionele begeleiding: Karin Evers, Leiden
Zetwerk: Peter Verwey Grafische Produkties bv, Heemstede
Lithografie: Scan Studio, Heemstede

Alle Gottmer-reisgidsen worden voortdurend geactualiseerd door een team van gespecialiseerde redacteuren en adviseurs. Natuurlijk kan het ondanks deze zorg voorkomen dat u op reis merkt dat er veranderingen hebben plaatsgevonden die onze redactie niet tijdig bereikt hebben. Wij stellen het op prijs als u ons informatie over gewijzigde omstandigheden wilt toesturen: daarmee helpt u ons de volgende herdrukken verder te verbeteren.

Inhoud

Kaarten, plattegronden en kaders

Kaarten en plattegronden

Kaders

Woord vooraf

De meeste kerken op Malta hebben twee torens en twee klokken. Kijk goed: de ene is de echte klok en geeft keurig de tijd aan. De andere heeft geschilderde wijzers en geeft een andere tijd aan. Die tweede klok zou bedoeld zijn om de duivel in de war te maken, zodat hij te laat is als het stervensuur voor een van de dorpelingen heeft geslagen.

Hieruit en uit andere dingen mag blijken dat de Maltezen een bijzondere verhouding hebben met de tijd. Dat die ene klok de klok van de duivel is, is eigenlijk niet waar. Het is hun eigen klok.

Dat houdt niet in dat Malta een *mañana*-cultuur heeft, dat alles morgen wel komt en dus nooit. Daar hebben de Maltezen te veel voor gepresteerd. Die ene torenklok loopt namelijk niet gewoon achter, maar is een klok met *geschilderde* wijzers. Het gaat hier bij wijze van spreken om 'kunst', levenskunst, bijna een gevoel.

Hoewel een Maltees zich zo nodig stipt aan een afspraak kan houden, draagt hij die vreemde klok altijd in zich. Daarom wordt een Maltees niet voortgezweept door het idee dat nieuw altijd beter is, dat hij alles gisteren al had moeten hebben en dat het nooit genoeg is. Hij of zij is levenskunstenaar.

Het Maltese symbool bij uitstek is dan ook niet het Maltezer leeuwtje, de aardappel of het Maltese kruis, maar de Maltese bus. Model 1950, niet pannevrij, maar de chauffeur is er gelukkig mee. Volgehangen met stickers, heiligenbeeldjes, een rozenkrans, foto's van de kinderen, de familie, de auto en de hond, is het echt *zijn* bus. En vindt u hem niet mooi?

Opzet gids

De beschrijving van het Malta in deze Dominicusgids is verdeeld over enkele gebieden die, afgezien van Gozo, allemaal te bestrijken zijn vanuit Valletta of omgeving. De meeste toeristen overnachten namelijk in de omgeving van die stad, te Sliema of St. Julian's, en letterlijk voor de stadspoort ligt het centrale busstation van Malta. Deze gebieden hebben elk hun eigen karakter: het minder bevolkte, onbedorven noorden, het historisch interessante zuiden en het verstedelijkte, afwisselende oosten. De hoofdstad Valletta, rijk aan historie en cultuur, kreeg ook een eigen hoofdstuk, evenals natuurlijk het eiland Gozo.

Valletta en de andere plaatsen rond Grand Harbour en Marsamxett Harbour staan bestuurlijk op zichzelf en worden voor het gemak in deze gids ook zo behandeld. U krijgt echter een beter begrip van omvang en afstanden als u dit gebied opvat als één uitgedijde stad of agglomeratie, waarbij Valletta het oude centrum vormt, Sliema het nieuwe hart is en de andere plaatsen een soort buitenwijken of een agglomeratie vormen.
Hemelsbreed liggen het nog oudere Vittoriosa en Senglea op een steenworp afstand van Valletta, maar door de omweg rond Grand Harbour liggen ze in tijd op minstens een halfuur rijden met de bus of de auto – in die tijd kunt u ook al bijna aan de andere kant van het eiland zijn.

Dank

Ten slotte dank en heel veel *grazzi* aan de volgende personen en instanties, die ons geestdriftig, professioneel en *English time* hielpen: National Tourism Organisation Malta (Felicity Zahra, Louis Azzopardi en hun collega's); Malta Nationaal Verkeersbureau Amsterdam (Ariane Helleman, Sylvia Langendijk en hun collega's); Air Malta; onze gidsen Mrs. J. Amato Gauci, Mrs. T. Agius en Mr. J. Micallef; National Library Malta (Mr. J. Bonnici); Ian Mifsud van Birdlife Malta; Jos en Annemiek van der Giessen-Bok; Paul Huys Janssen; en mijn onvervangbare fotografe, chauffeuse en echtgenote Bonnie Posner.

Eric Strijbos
voorjaar 2008

Overzichtskaart

GOZO
Żebbuġ
Marsalforn
Għarb
Xagħra
Victoria
Nadur
Xewkija
Xlendi
Sannat
Mġarr
North Comino Canal
COMINO
COMINOTTO
South Comino Canal
Ċirkewwa
Marfa
Paradise Bay
Mellieħa Bay
Saint Paul's Bay
Salina Bay
Anchor Bay
Mellieħa
San Pawl il-Baħar
MALTA
Golden Bay
Żebbieħ
Mġarr
St. Julian's
St. Julian's Bay
Mosta
Sliema
Marsamxett Harbour
Gżira
Msida
Valletta
Attard
Floriana
Vittoriosa
Mdina
Rabat
Marsa
Grand Harbour
Paola
Żabbar
Dingli
Żebbuġ
Tarxien
Żejtun
Marsaskala
Luqa Airport
Luqa
Marsaxlokk
Qrendi
Żurrieq
Birżebbuġa
Marsaxlokk Bay
FILFLA
Frankrijk
Italië
Middellandse Zee
Malta
Tunesië
0
10 km

Kennismaking met Malta 1

De Romeinen noemden Malta *Melita*, wat je kunt vertalen als het 'honingeiland'. Honing kunt u er nog steeds kopen, want al werd het eiland ooit de *barre rots* genoemd, er bloeit altijd wel ergens iets waar een bij honing van kan maken. Misschien dachten de Romeinen ook aan de goudgele kleur van het gesteente: dat lijkt de gloed van iedere zonsopgang te hebben opgevangen vanaf het ogenblik dat de eerste mensen voet aan wal zetten op het eiland. In het spoor van die eerste prehistorische eilandbewoners volgden als bewoners ook nog Feniciërs, Arabieren, Spanjaarden, Fransen en Engelsen, en na de Tweede Wereldoorlog, de niet minder diverse stroom aan toeristen – de grootste inkomstenbron van het eiland.

Malta, Gozo en de andere eilanden van de Maltese archipel liggen strategisch in de doorgang tussen de westelijke en de oostelijke helft van de Middellandse Zee. Tunesië ligt op 290 km en Libië op 354 km afstand. Sicilië is echter het dichtst bij: op 94 km van Valletta.

Van de archipel is Malta het grootste eiland (246 km^2) en Gozo het op één na grootste (67 km^2); Comino, Filfla en Cominotto zijn veel kleiner (enkele vierkante kilometers) en nauwelijks (Comino) of niet bewoond.

In dit hoofdstuk komen Malta en de kleinere eilanden Comino, Filfla en Cominotto aan bod. Ter wille van de overzichtelijkheid wordt Gozo ingeleid in hoofdstuk 8.

DE BARRE ROTS

Malta is overwegend heuvelachtig. Het verstedelijkte oosten van het eiland is relatief vlak, terwijl in het ruigere westen de heuvels veel hoger oprijzen. Malta heeft geen rivieren: het weinige water dat u ziet, komt uit bronnen te voorschijn of wordt met windmolens omhooggepompt.

De bossen die het eiland ooit overdekt hebben, zijn al in de oudheid gekapt, voor brandhout, scheepsbouw en om plaats te maken voor akkers. Malta bezit nu slechts één bos, Buskett Gardens. Zoals de naam al suggereert, is dit bos aangeplant. Het werd in de 16de eeuw

Eeuwenlang draaide op Malta alles om de prachtige haven Grand Harbour.

aangelegd ten behoeve van het jachtplezier van de grootmeesters van de johannieter ridders (zie p. 44 e.v.).
Nadat al het bos verdwenen was, raakte ook alle vruchtbare grond geërodeerd. Waar op Malta nu nog vruchtbare grond ligt, is die door mensen aangevoerd. Om te voorkomen dat deze grond van de heuvelhellingen spoelt, en om het regenwater zelf bovendien langer vast te houden, zijn tegen veel heuvelhellingen terrassen aangelegd. In de vlakkere gebieden worden de vaak kleine akkers van elkaar gescheiden door muurtjes van opeengestapelde keien. Deze dienen net als de terrassen om te verhinderen dat de dunne laag vruchtbare aarde wegspoelt.
In de tijd van de johannieter ridders (1530–1798) gold: wie een stuk rots wist te ontginnen – dat deed men door aarde van elders te halen en die op de rots te storten – mocht het ontstane akkertje houden. Lang niet iedereen slaagde er echter in om het lapje grond, dat men als het ware op zijn eigen schouders tegen de heuvel had opgesjouwd, tot ontwikkeling te brengen.
Omdat het in veel gebieden 's zomers te droog is om een goede oogst van het land te krijgen, laten de boeren hun akkers in dat seizoen braak liggen. De akkers zien er dan droog en onvruchtbaar uit. Hierom, en omdat sommige delen van Malta echt kaal en onvruchtbaar zijn, kreeg het eiland de bijnaam 'de barre rots'. Die bijnaam is wat overdreven. Wie in de maanden maart tot mei komt, zal zien dat het eiland nog verbazingwekkend groen en vruchtbaar kan zijn. Bovendien is in het noordwesten van het eiland op een aantal plaatsen irrigatie mogelijk: daar worden de akkers ook 's zomers bebouwd.

Langs de kustlijn

De overwegend vlakke noordkust kenmerkt zich door een aantal diepe inhammen, waarvan de Marsamxett Harbour en de Grand Harbour – ten westen en ten oosten van Valletta – de grootste zijn. Deze twee inhammen vormen beschutte, natuurlijke havens. Rond deze havens heeft zich een grote agglomeratie gevormd die naar het westen uitloopt in het meest toeristische stukje Malta: de kuststrook tussen Sliema en Paceville. De bezoekers kunnen hier eten, drinken, slapen en feesten, maar vreemd genoeg ontbreekt er een echt groot strand. Stranden liggen meer naar het westen: het zijn kiezelzand- en kiezelstranden, maar buiten het hoogseizoen deelt u ze alleen met de Maltezen die hier een dagje doorbrengen. Hoe verder u naar het westen gaat, hoe stiller het wordt.
De oostkust is nog niet erg aangetast. Slechts bij Marsaxlokk (het Volendam van Malta, waar de authentieke lucht van verse vis gelukkig nog overheerst) bederven fabriekspijpen en olietanks enigszins de pret. Daar ligt de grote vrijhandelshaven van Birżebbuġa. Aan de oostkust ontbreken grote stranden, maar de kleine zijn des te gezelliger. Terwijl u langzaam bruin wordt, speelt het volle Maltese familieleven zich rond u af. Kinderen spelen en zwemmen, moeders en grootmoeders bekommeren zich om de forse picknickmanden en achter u gaat ook de drukte van de vissersplaatsjes gewoon door.
Wie langs de ongerepte, ongenaakbare zuidkust vaart, kijkt op tegen een muur van imposante klippen, die op sommige plaatsen tot boven de 200 m rijzen. Het hoogste punt (253 m) van het eiland ligt een 0,5 km achter de Dingli Cliffs, ten zuiden van Buskett Gardens. Stranden ontbreken hier. Het landschap boven op de klippen is kaal en verlaten.

In het westen lopen de rotsige heuvels door tot aan de kust, die daardoor vrij grillig is. Dit afgelegen gedeelte van het eiland met zijn kleine beschutte baaien was een ideale plek voor piraten en andere invallers om aan land te gaan. Nog steeds is het veel dunner bevolkt dan het zuidoosten van het eiland. Wat betreft natuurschoon is dit waarschijnlijk het mooiste stukje Malta; hier liggen ook de twee belangrijkste natuurreservaten: Għadira en Is-Simar. Aan de baaien liggen ook een paar echte badplaatsen: Salina Bay, San Pawl aan de noordzijde van Malta en Golden Bay aan de zuidwestzijde.

Comino en de kleinere eilanden

De heuvels van Comino, tussen Malta en Gozo, zijn voornamelijk begroeid met maquis, het taaie mediterrane struikgewas. Afgezien van een wachttoren van de johannieter ridders en een modern hotel is het nog ongerept. Wie na de levendigheid en drukte van Valletta behoefte heeft aan natuur en rust, kan hier heerlijk wandelen en zonnebaden. Aan de westzijde van Comino ligt een kleine baai met prachtig blauw water, de Blue Lagoon, en het piepkleine Cominotto, waar u vanaf Comino naar toe kunt zwemmen.

Het eiland Filfla ligt ten zuiden van Malta, op 5 km afstand. Het is nauwelijks meer dan een grote rots die uit zee steekt. Filfla is niet met regulier vervoer te bereiken en als reservaat verboden terrein. Een bezoek is ook niet aan te raden, want er moet nog onontplofte munitie liggen uit de tijd dat Filfla als oefendoelwit diende voor de RAF en de Royal Navy.

Geologische gelaagdheid

De geologie van Malta vertoont veel overeenkomst met een aangekleed broodje hamburger. De verschillende lagen zijn, van onderaf: koraalkalksteen, globigerinenkalksteen, groenzand, blauwe klei en weer koraalkalksteen. De horizontale kalksteenlagen zijn ontstaan in de periode van het Tertiair (65 miljoen tot 2 miljoen jaar geleden) tijdens warme periodes en in ondiep zeewater. Miljarden kalk afscheidende eencellige diertjes sloegen neer op de zeebodem en vormden laag op laag. In de bodem treft men ook fossielen van zeedieren en schelpen aan.

Geologische breuken en erosie hebben ervoor gezorgd dat deze lagen op verschillende plaatsen aan het oppervlak komen. Ten oosten van Mdina is dat vooral de globigerinenkalksteen, ten westen ervan de bovenste laag koraalkalksteen en, aan de randen daarvan, de blauwe klei. De lagen groenzand en blauwe klei zijn maar dun. De blauwe klei houdt het regenwater tegen dat door de poreuze kalksteen naar beneden sijpelt en vormt daardoor de onderkant van een groot ondergronds reservoir. Waar de blauwe-kleilaag dicht onder het oppervlak ligt, ziet u daarom windmolens staan die het water omhoogpompen.

Het beeld wordt ingewikkelder gemaakt door een serie geologische breuken, alle in noordoost-zuidwestrichting. De grootste hiervan, toepasselijk de *Great Fault* geheten, loopt ten noorden van Mdina, Naxxar en Nadur. Het landschap ten noordwesten van de Great Fault is getekend door kleinere breuken: lange rechte dalen lopen tussen smalle heuvelkammen naar diepe inhammen.

Het landschap ten zuiden van de Great Fault kent minder reliëf, maar wordt toch nog doorsneden door ondiepe dalen, die in het Maltees worden aangeduid als *wied*. In deze dalen lopen de beddingen waardoor het regenwater na buien zijn

Nadat deze groeve van globigerinenkalksteen is leeggehaald zullen hier weer de sinaasappel- en olijvenbomen bloeien – maar dan wel een stuk lager.

weg zoekt; meestal vallen deze stroompjes na een paar uur alweer droog.

Economisch interessante delfstoffen ontbreken in de bodem van Malta. Het gas en de olie die onder de zeebodem zijn aangetroffen, zitten bijzonder diep en zijn moeilijk winbaar. Wel is de globigerinenkalksteen voor Malta een soort bodemschat, want deze is heel geschikt als bouwmateriaal. Als dit gesteente pas gewonnen is, is het zacht en kan het gemakkelijk worden bewerkt. Na verloop van tijd wordt het tamelijk hard en krijgt het een iets donkerder tint. De indrukwekkende prehistorische tempels werden er al mee opgetrokken (ca. 3600–ca. 2500 v.Chr.). Tegenwoordig is men wettelijk verplicht het bij huizenbouw toe te passen; daardoor zie je die prachtige zachtgele honingkleur heel dikwijls.
Waar dit gesteente dicht bij het oppervlak ligt, wordt het gewonnen in grote steengroeven. Het bezit van een stuk grond met winbare globigerinenkalksteen is tamelijk lucratief: de maatschappij die de steen wint, betaalt de grondeigenaar een vergoeding en is bovendien verplicht het terrein weer in bruikbare staat op te leveren. De gigantische kuilen die zo ontstaan, liggen beschut tegen de wind; men gebruikt ze daarom vaak om er sinaasappelboomgaarden in aan te leggen. Ook worden er wel huizen in gebouwd.
Globigerinenkalksteen ontstond in zeewater dat tussen de 100 en 500 m diep was, uit de neergeslagen skeletjes van plankton-achtige diertjes die tot 100 m diepte in het zeewater zweefden.
De andere belangrijke kalksteensoort is de koraalkalksteen. Dit gesteente is harder dan de globigerinenkalksteen en bestand tegen zout water. Men past het

toe aan de buitenkant van gebouwen die dicht bij zee staan. Koraalkalksteen is een sedimentgesteente dat ontstaat in ondiep zeewater uit de skeletjes van koraaldiertjes. De johannieter ridders gebruikten deze steen voor hun vestingen.

EEN WERELD VAN TAAIE DIEREN

De eilanden zijn te klein voor grote landdieren. De eilandengroep telt wel enkele diersoorten die nergens anders voorkomen: onder andere twee hagedissensoorten. Het gemeenschappelijke kenmerk van de eilandfauna lijkt de taaiheid. De dieren overleefden tot nu toe al bombardementen (de hagedissen op Filfla) en massale jacht (de vogels), maar ze blijven volhouden.

Zoogdieren

Tot de zoogdieren die op de eilanden voorkomen, behoren wilde konijnen, wezels en vleermuizen. Vleermuizen komen in minstens vier soorten voor; bij de negen andere soorten vleermuizen die zijn gesignaleerd, ging het waarschijnlijk om trekkende dieren of dwaalgasten. De vleermuizen die grotten gebruiken als slaapplaats, hebben daar nogal eens te lijden van het toerisme. De meest voorkomende soort vleermuis (de dwergvleermuis) slaapt vooral in verlaten huizen en in de forten die door de johannieter ridders zijn aangelegd, dus dicht bij de menselijke bebouwing. 's Avonds komen ze te voorschijn om te jagen op de insecten die aangetrokken worden door de lichten van de stad.

De Algerijnse egel, die rond het hele westelijke bekken van de Middellandse Zee voorkomt, wijkt van onze Europese egel af doordat hij geen echte winterslaap houdt: hij slaapt in de koude maanden alleen wat langer.

Het beroemde Maltezer leeuwtje, een wit langharig hondenras met uitstaande oren en een wollige staart, komt u natuurlijk in het wild niet tegen; ook niet gewoon op straat trouwens. Het is een luxeras dat vooral populair is in de Verenigde Staten en Japan. Het beestje stond in de oudheid al afgebeeld op Griekse vazen.

Hagedissen

Als u oplet in de vrije natuur, zult u zeker een of meer hagedissen zien. De Maltese eilanden kennen een eigen hagedissensoort, de Maltese muurhagedis, die voorkomt op Malta, Gozo en Comino. De mannetjes zijn groen met donkere spikkels; de wijfjes hebben fletsere kleuren. Volwassen exemplaren meten 17 tot 20 cm. Een uitzonderlijk taai ras is de muurhagedis van Filfla: dit ras hagedissen is groter (tot 28 cm) en donkerder gekleurd dan dat wat op de andere eilanden leeft. Het overleven van de muurhagedis van Filfla is een klein ecologisch wonder. Niet alleen is het eiland nogal klein, maar bovendien is het

WAAR IS HET GIF?

Opvallend afwezig op Malta zijn gifslangen. Adders komen toch in het hele Middellandse-Zeegebied voor, maar niet hier. Volgens de overlevering zou de apostel Paulus bij zijn bezoek (Handelingen 28:1-6; 59 n.Chr.) het gif in de slangen onschadelijk hebben gemaakt. Een andere overlevering wil dat hij het gif vervolgens in de tongen van de sindsdien nogal roddelgrage Maltezen gestopt heeft.

In de beperkte ruimte en de droogte van Malta weet het dierenleven, zoals deze hagedis, zich taai te handhaven.

jarenlang als doelwit gebruikt bij schietoefeningen.

Kameleon

Jezuïeten brachten in de 19de eeuw de mediterrane kameleon mee uit Noord-Afrika. Ze lieten enkele exemplaren lopen in de tuin, maar al gauw verspreidden deze reptielen zich naar de nabijgelegen tuinen en uiteindelijk over heel Malta. De kameleon komt gewoonlijk alleen de boom uit om eieren te leggen; op Malta zijn bomen echter schaars. De dieren hebben zich dan ook aangepast. Ze verplaatsen zich geregeld over de grond, maar worden daarbij helaas vaak het slachtoffer van roofdieren en van het verkeer.

Zoetwaterkrab

De mediterrane zoetwaterkrab jaagt op het land, maar heeft van tijd tot tijd een bad in het water nodig om zijn kieuwen vochtig te houden. Op het droge Malta heeft deze soort het dus niet makkelijk. Omdat rivieren en meren ontbreken, kunnen ze alleen leven op enkele plaatsen waar bronnen voor een overvloedige wateraanvoer zorgen. De plaatselijke zoetwaterkrabben zijn zeldzaam; volgens kenners vertonen ze kenmerken die afwijken van die van de mediterrane zoetwaterkrabben die elders voorkomen. Ze vormen een aparte soort.

Jacht

De passie en hartstocht van een groot aantal Maltezen is de jacht. Daarbij gaat het niet om het met vergunning en brevet afschieten van een koppel tevoren uitgezette fazanten. Nee, jagen op Malta is: schieten op alles wat twee vleugels heeft en geen raampjes. Geen methode is daarbij te min: men gebruikt op stokjes vastgemaakte lokvogels en netten, en men gaat met speedboten de zee op om uitgeputte, laagvliegende vogels af te schieten voordat andere jagers dat kunnen doen.

Daarbij gaat het heel vaak om trekvogels: Malta ligt op de trekroute die Afrika via Italië en Sicilië met Europa verbindt. In lente en herfst passeren onder andere ooievaars, kwartels, zwaluwen, spreeuwen en wilde eenden. Het Natuurhistorisch Museum in Mdina geeft een overzicht van de rijkdom aan soorten die voorbijtrekt in een grote zaal vol prachtige opgezette vogels.

De Maltese jacht heeft dus consequenties voor de vogelwereld van Kaapstad tot Moermansk. De jacht is nu gebonden aan bepaalde maanden, maar zelfs deze bescheiden beperking leidde tot felle protesten en dreigende boycot van de verkiezingen. De stemmen van de jagers wegen zwaar in de verhoudingen op Malta, waar een kiezersverlies of -winst van een procent al een politieke aardverschuiving betekent. Anderzijds is een toeristische boycot een nachtmerrie voor iedereen die afhankelijk is van het toerisme of die het belang van het toerisme voor de eilandeconomie kent.

Niettemin wordt er al dan niet onder binnen- en buitenlandse druk gewerkt aan verbetering. Jagers mogen echt niet meer alles en er wordt ook tegen overtreders en stropers opgetreden – nog in 2000 deelde de politie enkele honderden processen-verbaal uit.

Natuurbescherming

De grootste natuurbeschermingsorganisatie is vooral op vogels gericht: *Birdlife Malta*. Vogels zijn het talrijkst en vormen ook het zorgenkindje. Birdlife Malta beheert enkele vrij kleine natuurreservaten, waar ook andere diersoorten en zeldzame planten van mee profiteren. Behalve woonplaats van enkele zeldzame lokale vogels zijn ze echter vooral een tussenstop voor trekvogels.

Verder doet de organisatie natuurlijk aan belangenbehartiging tegenover de jacht- en strooplobby. U kunt de laatste ontwikkelingen volgen op de website www.birdlifemalta.org. Daar is ook informatie over de natuurreservaten te vinden. Għadira is al een succes en po-

Op de fiets genieten van het mediterrane klimaat – maar niet in hoogzomer, want dan is het echt te warm

pulair bij de niet-jagende Maltezen. Het Is-Simar Nature Reserve is een voormalige vuilstortplaats, waar wonder boven wonder een bijzonder natuurgebied is ontstaan.

MEDITERRANE FLORA

De flora van Malta is in grote trekken gelijk aan die langs de kust van de westelijke Middellandse Zee. De opvallende schaarste aan bos is al genoemd. Buiten de kunstmatige Buskett Gardens komen slechts verspreide bomen voor: de olijfboom houdt het goed uit, maar de palmen hebben het zwaarder. Cipressen, tamarisken, laurierbomen en amandelbomen treft u ook elders langs de Middellandse Zee aan. Oleanders, mimosa, aleppodennen en eucalyptussen worden aangeplant: ze geven verkoelende schaduw en gaan erosie tegen. Ook doet men enige moeite om de aloude olijfteelt op het eiland (een aantal plaatsnamen verwijst er nog naar) nieuw leven in te blazen.

De vruchtjes van de johannesbroodboom leveren een vervangingsmiddel voor suiker. Vroeger werden ze gebruikt als veevoer en soms, in tijden van schaarste, aten de mensen ze zelf ook. Als u er zelf wat wilt plukken: ze zijn rijp in augustus.

De kapper of *Capparis spinosa* is de struik waaraan de kappertjes groeien. Omdat deze planten als solitairen groeien (dus niet in bosjes bij elkaar) en soms op moeilijk bereikbare plaatsen (bijvoorbeeld tegen de rotsen) is het erg bewerkelijk om de vruchten ervan te oogsten. Een Maltese warme maaltijd is echter bijna ondenkbaar zonder de wat zoute smaak in kappertjes in de pasta- of vleessaus.

En nu we het toch over het eten hebben: in het voorjaar ruikt het struikgewas naar allerlei kruiden die ertussen groeien: tijm, basilicum, rozemarijn en munt.

Een mooie verzameling bomen vindt u in San Anton Gardens, de dierentuin bij het presidentiële paleis San Anton in Attard.

DE MALTEZEN

Stel, u bent een paar weken op Malta, u hebt alle terrasjes, tempels, musea en dorpjes gezien, u hebt overal gezwommen en gedoken en u bent zo bruin als een kokosnoot. Hebt u dan nog iets gemist? Ja.

Wat u absoluut niet mag missen bij uw verblijf zijn de Maltezen zelf. Veel volken raken min of meer 'bedorven' door langdurig contact met toeristen en buitenlanders, zo niet de Maltezen. Er wordt wel gezegd dat ze van alle overheersers en buurvolken iets hebben overgenomen. Het meest in het oog springt de combinatie van Engelse omgangsvormen en stijl met een zuidelijke spontaniteit en warmte. Zeker bij de ouderen is soms bijna niet uit te maken of u met een voormalig inwoner van Oxford of met een grondig geangliceerde Maltees te maken hebt – totdat uw gesprekspartner enthousiast met zijn armen gaat gebaren, trots iets over het eiland vertelt en zijn *stiff upper lip* helemaal laat varen.

Een ander voorbeeld: als u in Tarxien rondloopt op zoek naar de prehistorische tempels hoeft u niet te vragen naar de weg. Integendeel, twee, drie keer vraagt men u beleefd of u de tempels wel kunt vinden.

Begeef u dus onder de mensen. Wees nooit te terughoudend om een praatje aan te knopen. Als men al eens geen tijd of zin heeft, zal men dat op een aardige manier laten blijken. En de beroemde *festi* worden niet georganiseerd voor de toeristen, maar men stelt het zeker op

TEGEN DE KLIPPEN OP

De nationale plant van Malta (in 1971 officieel als zodanig uitgeroepen) is de Maltese centaurie. Deze plant is endemisch op Malta, wat wil zeggen dat hij nergens anders voorkomt. Gelukkig groeit hij er letterlijk en figuurlijk tegen de klippen op. De plant bloeit in juli, met roze, sprietige bloemen op lange stelen. Vraag bij twijfel naar de *Maltese rock centaury:* de meeste Maltezen zullen hem kennen, want de plant heeft op postzegels, munten en bankbiljetten gestaan. Sinds 1975, toen men ontdekte dat de plant eigenlijk helemaal geen familie was van de andere Centaurea, heeft hij een nieuwe Latijnse naam: *Palaeocyanus crassifolius.*

prijs als u meedoet of er alleen maar bij bent.
En dan laten we het verder aan u over om te bepalen of de Maltezen inderdaad gastvrij, behulpzaam, ijverig, spontaan en vriendelijk zijn.

Bevolking en overbevolking

Malta is het op twee na dichtstbevolkte land ter wereld en het dichtstbevolkte eiland. Zo'n 400.000 inwoners delen de 316 km^2 van het beschikbare oppervlak op de eilandengroep. Van de bevolking van het eiland Malta (400.000) woont twee derde in het verstedelijkte gebied rond Valletta en Sliema. Zo'n 25 dorpjes en stadjes zijn hier aaneengegroeid tot een onafzienbare zee van huizen, slechts onderbroken door een doolhof van autowegen. De trend is echter dat men uit dit gebied wegtrekt om in de stillere streken van het eiland te gaan wonen. Voor veel op status beluste Maltezen blijft het echter een droom een moderne flat in Sliema te bezitten.
Overbevolking is op de eilanden geen nieuw verschijnsel. Zoals men nu bijeengehokt zit in het noordoosten van het eiland, zo zat men vroeger opeengestouwd binnen de stadsmuren van Mdina of Victoria (Gozo), beschut tegen piraten en Turken. Toen het gevaar van invallers geweken was en ook armoede en ziekte teruggedrongen waren (pest en cholera sloegen toe in het begin van de 19de eeuw), begon de bevolking uit te dijen. En wel in hoog tempo: van 112.000 in 1842, bij de eerste volkstelling, naar 210.000 in 1910 en 300.000 in 1950.
Malta was vanwege zijn relatief grote inwonertal en het gebrek aan werkgelegenheid lang een emigratieland. Die uitstroom is begin jaren negentig tot stilstand gekomen. Er vertrekt een verwaarloosbaar aantal Maltezen naar het buitenland (enkele tientallen in de jaren voor 2005; in de jaren vijftig waren dat er nog 10.000 per jaar) en er komen er meer terug (ongeveer 500 rond 2005). De terugkerende Maltezen zijn ouderen die nu op hun geboortegrond van hun in het buitenland verdiende pensioen gaan genieten.

Gezin en familie

Het gezin en ook de familie zijn op Malta nog steeds de hoekstenen van de samenleving, zoals dat heet. Toch zijn op het eiland dezelfde ontwikkelingen gaande als elders; ze komen er alleen tien à twintig jaar later. Ook op Malta worden gezinnen kleiner, nemen echtscheidingen in aantal toe en daalt het aantal huwelijken.

De bruiloft

Een groots evenement dat door de Maltezen uiterst serieus wordt genomen, is de bruiloft. Een festijn met 200 gasten geldt als bescheiden en low-budget. Het is het soort feest waarbij u het bruidspaar na afloop in hun eigen kleine Japanner ziet wegrijden. Een gemiddeld trouwfeest telt al gauw 500 à 600 bezoekers. Naast familie, collega's en vrienden is dan de straat, de wijk of het hele dorp uitgenodigd. Het moge duidelijk zijn: Maltezen houden van mensen. Onderscheid tussen de receptie voor 'iedereen' en het feest voor intimi, zoals dat in Nederland voorkomt, wordt er niet gemaakt. Feest is feest. Bruiloften met tegen de 2000 gasten kunnen ook voorkomen – dan spreekt ook een Maltees van een grote bruiloft. Bij deze aantallen is het natuurlijk geen wonder dat de meeste bruidsparen hun huwelijk ingaan met een forse schuld.
Als u weet hoe religieus de Maltezen zijn (zie p. 24), zal het u niet verbazen dat er bijna altijd in de kerk wordt getrouwd.

Nanna als mamma

Ook op Malta worden de gezinnen kleiner, al zijn ze gemiddeld nog steeds groter dan bij ons. Een belangrijke rol bij het bijeenhouden van familie en gezin speelt de grootmoeder, *nanna*. Zij past op de kinderen als de moeders werken of boodschappen doen. Als u ergens vragende kinderstemmetjes hoort, is de kans heel groot dat ze 'nanna, nanna' roepen en niet 'mamma, mamma'.
Het is op Malta gebruikelijk dat de familie op Kerstmis bij nanna komt eten. Zolang ze dat nog enigszins kan, kookt zij zelf voor de verzamelde menigte (de nanna's hebben anders dan de jeugd van tegenwoordig nog grote gezinnen gesticht), anders springen de dochters en schoondochters in.
Zoals de grootmoeders zorgen voor de gezinnen van de jongere generatie, zo zorgen de Maltezen goed voor hun bejaarden. Bejaardenhuizen ontbreken daarbij. De oude mensen wonen zo nodig in bij de jongeren.

Onderwijs

Maltese kinderen zijn leerplichtig van hun zesde tot en met zestiende jaar. Het vlaggenschip van het Maltese onderwijs is de universiteit, die gesticht is in 1592 en tegenwoordig gevestigd is in Msida. Het is de oudste universiteit in het Britse Gemenebest buiten Groot-Brittannië. Naast deze algemene universiteit zijn er een technische universiteit en een aparte school voor het toerisme.

Folklore

De Maltese folklore en volkscultuur vallen nauwelijks op, juist omdat ze vervlochten zijn met het dagelijkse leven. Het is iets waar iedereen aan mee doet, niet een hobby van enkele zonderlingen met een vreemd kostuum aan. Het belangrijkste onderdeel zijn de *festi* (enkelvoud *festa*), de parochiefeesten, een mengeling van religie en wereldse levenslust. Er horen processies bij en ze spelen zich af rond de kerk, maar daarnaast zijn het gewone feesten, met vuurwerk, dansen, fanfares en veel eten en drinken.
De Maltese volksmuziek, die u overi-

De kerk en de fanfare zijn de steunpilaren van de festa, het parochiefeest.

gens niet veel zult horen, komt voort uit de culturen die op Malta aanwezig zijn. Ze herinnert aan Arabische melodieën, Spaanse liederen en de Siciliaanse tarantella. De meest gebruikte muziekinstrumenten zijn gitaar, keteltrom, rommelpot, tamboerijn en doedelzak.

De oude ambachten, zoals het kantklossen, leveren een bijdrage aan de eilandeconomie en maken het eiland nog aantrekkelijker voor toeristen. Ze worden mede daarom ook actief aangemoedigd door de regering met verschillende faciliteiten.

Het kostuum

U zult in Republic Street van Valletta en in Mdina dames tegenkomen in pseudohistorisch kostuum, maar tot het echte Maltese dameskostuum behoorde eeuwenlang de *faldetta* of *għonella*, een lange hoofddoek met kap, gedragen door alle dames van hoog tot laag en over elke mode die op dat moment gangbaar was. Het lijkt sprekend op de Brabantse huik zoals Brueghel die al schilderde ter illustratie van het spreekwoord 'zijn huik naar de wind hangen'. Anders dan onze vaderlandse huik werd de *faldetta* alleen door vrouwen gedragen, maar het is goed denkbaar dat ze hetzelfde Italiaanse of Spaanse kledingstuk als inspiratie hebben. Meestal wordt het met het Italiaanse *faldetta* aangeduid, maar de Maltese term is *għonella*. Als gangbaar kledingstuk verdween het in de jaren na de oorlog uit het straatbeeld. U ziet het nu alleen nog in musea en op prenten.

Wie geïnteresseerd is in de kleding van de gewone Maltees en Maltese, is aangewezen op incidentele tentoongestelde stukken in de folkloristische musea, zoals bijvoorbeeld dat in de citadel van Victoria, Gozo. Het Casa Rocca Piccola in Valletta heeft een interessante kostuumcollectie, maar die is als familieverzameling gericht op de kleding van de meer volgens de internationale mode geklede elite.

EEN ROOMS-KATHOLIEKE GEMEENSCHAP

De Maltezen zijn in overgrote meerderheid rooms-katholiek. Boven ieder dorp rijst een buiten verhouding grote barokke kerk uit, meestal met een indrukwekkende koepel. In die meer dan 300 kerken zit ongeveer 60 procent van de bevolking (90 procent op Gozo) op zondag trouw bij de mis. Daaronder zijn ook nog steeds veel jongeren. Op iedere 1000 Maltezen is er één priester. Het aantal kerkgangers neemt wel af; tien en twintig jaar geleden lagen deze cijfers (nog) hoger. Ook het aantal Maltezen dat lid is van een kloosterorde slinkt, al zijn het er nog steeds veel. Malta leverde tevens tal van geestelijken voor de missie; soms zij aan zij met Nederlandse en Belgische paters trokken ze de rimboe of de woestijn in. Een non in Valletta: '*Ik was in Pakistan met pater Bakker. Kent u die?*'

Malta heeft sinds 1864 een eigen aartsbisschop, die zetelt in Valletta; een aan hem ondergeschikte bisschop heeft het eiland Gozo als bisdom en zetelt in Victoria.

De grote rol die de kerk in het dagelijks leven speelde, is teruggedrongen in de lange periode dat de socialistische partij onder Dom Mintoff (📖 pp. 148-9) de macht in handen had (1971–1987). Dit leidde tot felle controverses. Nog steeds heeft de kerk echter de nodige invloed binnen het onderwijs.

De katholieke achtergrond van het leven van alledag kunt u zien aan de heiligenplaatjes en Mariabeeldjes in de bussen en taxi's, en de heiligenbeelden op straat en aan de huizen.

Verder zijn er op Malta een paar kleine minderheden, zoals de joden en Engelse protestanten. Libië heeft in Paola een grote moskee laten neerzetten, voor het ambassadepersoneel van islamitische landen en voor islamitische toeristen.

TAAL EN ALFABET

Het Maltees of *Malti* is een Semitische taal. In zinsbouw lijkt het sterk op het Arabisch. De helft van de woorden is verwant aan het Arabisch; de rest van het vocabulaire is afkomstig uit het middeleeuwse Siciliaans (een Italiaans dialect), het Spaans, Frans, Italiaans en Engels. Het Italiaans was vanaf de tijd van de johannieter ridders (1530–1798) tot in onze eeuw de taal van de betere standen. De talrijke moderne Engelse leenwoorden zijn niet zozeer van de Engelsen overgenomen (toen de *kompjuter* kwam, waren zij al vertrokken) als wel overgewaaid via de veel bekeken Italiaanse televisiezenders. Die gebruiken namelijk ook heel wat Engelse woorden.

De grote discussie over het Maltees is de vraag of het misschien afgeleid kan worden van het Fenicisch, dat in de oudheid op het eiland gesproken moet zijn. Dit was evenals het Arabisch een Semitische taal. De meningen zijn verdeeld, maar talrijke moderne onderzoekers zeggen van niet, en gaan ervan uit dat het Maltees is afgeleid van het Arabisch zoals dat werd gesproken door de islamieten die het eiland bestuurden van 870 tot 1090.

Voor de Nederlandse of Belgische toerist is het Maltees, met zijn Arabisch aandoende klanken, niet te volgen. Gelukkig spreekt bijna iedereen redelijk tot onberispelijk Engels, zij het soms wat overdreven ouderwets. (‘*What is that chap doing?*’) Sommige jongere Maltezen vinden het ook *the done thing* om onder elkaar Engels te spreken, zoals deftige Maltezen vroeger Italiaans onder elkaar spraken. Tweetaligheid kan zijn tol eisen: het risico is dat men twee talen maar half spreekt. Ook voor Maltese kinderen zelf is het namelijk moeilijk om het *Malti* volmaakt te leren.

Het Maltees is de enige Semitische taal die min of meer wordt geschreven met het Latijnse alfabet. Ons Latijnse alfabet is ten behoeve van het ‘Maltese alfabet’, dat ontstond aan het begin van de 20ste eeuw, echter wel wat uitgebreid. Niet alleen worden in het Malti de puntjes op de i gezet, maar zo nodig ook op de c, de g en de z! Verder kan er een streepje lopen door de h (ħ) en is er een ‘letter’ die met twee letters geschreven wordt: de għ. De puntjes en het streepje waren nodig omdat het aantal letters tekortschoot voor het aantal klanken in de Maltese taal.

Het loont overigens de moeite de uitspraakregels van het Maltees te leren als u van plan bent er onafhankelijk op uit te trekken. U kunt dan tenminste de plaatsnamen uitspreken als u naar de weg vraagt, en ‘op het gehoor’ zijn ze ook makkelijker te onthouden dan visueel.

Meer gedetailleerde informatie over het alfabet en de uitspraak vindt u achter in deze gids bij de praktische informatie.

HET MALTESE HUIS

Het typisch Maltese stadshuis wordt nog altijd graag bewoond. Het liefst bouwt men in een aan de 17de eeuw herinnerende stijl – barokbalustrades zijn nog op voorraad leverbaar. Typische elementen zijn de meestal houten erkers, en de driedubbele voordeur. Mooie voorbeelden hiervan ziet u onder andere in Valletta en in Vittoriosa. Bouwmateriaal is de goudgele globigerinenkalksteen, de lokale kalksteensoort.

Drie deuren

Een echt Maltees huis heeft drie deuren, zegt men, al is de buitenste deur eigenlijk een halfhoog hekje: het zogenoemde geitenhek. Vroeger trokken kuddes geiten door de straten als een variant op onze inmiddels haast uitgestorven melkboer. Men liet een geit binnen in het portiek om haar te melken en het hekje hield de rest van de kudde buiten. Oudere hekjes zijn soms ware kunststukjes van ijzersmeedwerk; de moderne zijn strak fabriekswerk van aluminium.

Achter het hek volgt een stevige houten deur, die de eigenlijke buitendeur is. Deze wordt versierd met een grote klopper van messing, in de vorm van een dolfijn, een Griekse god of godin of iets anders. Hiervan ziet u in Mdina mooie voorbeelden. In de binnenste deur ten slotte zitten grote, met allerlei tierlantijnen versierde ruiten.

Als de houten deur gesloten is, zijn de bewoners niet thuis; als de glasdeur dicht is, slapen ze. Wanneer men thuis is (en wakker), staan de deuren open en is het geitenhek dicht, om honden buiten en kinderen binnen te houden. Vooral oudere mensen gebruiken het portiek tussen geitenhek en binnendeur als een soort huiskamer. Zo kunnen ze zien wat er op straat gebeurt en kunnen ze makkelijk een praatje aanknopen met al of niet bekende voorbijgangers. De driedubbele deur wordt in nieuwe huizen niet meer aangebracht: hij is te duur.

De erkers op Malta komen mogelijk uit de islamitische wereld. Je ziet ze ook veel aan naoorlogse gebouwen in Valletta.

Binnen

Als de deuren openstaan, kunt u gerust een blik naar binnen werpen. De hal is juist om die reden mooi ingericht – vaak in antieke, Engelse stijl – en keurig opgeruimd. Een gang vormt dikwijls een doorkijkje naar een kleine binnenplaats. Deze binnenplaats is in de smalle maar diepe stadshuizen onmisbaar om voldoende licht en lucht te krijgen achter in het huis. Ook dient ze wel als trappenhuis. Het is niet een plaats waar men zit of leeft: daar is immers het portaal voor, dat veel meer gelegenheid biedt tot sociaal contact. In Valletta, waar in de tijd van de johannieter ridders (1531–1798) ieder huis volgens de wet zijn eigen watervoorziening moest hebben, is er op de binnenplaats van de oudere en grotere huizen een waterpomp.
Binnentuinen zijn in Valletta en in andere oude plaatsen (The Three Cities, Mdina) zeldzaam; u vindt er een achter het te bezichtigen Casa Rocca Piccola, en ze zijn er daar geweldig trots op.

Op hoge poten in de erker

Karakteristiek zijn de houten erkers die vooral in Valletta tal van huizen opsieren. Vanuit deze erkers konden vrouwen en dochters door de jaloezieën het straatleven en het passerende manvolk gadeslaan, zonder dat hun eerbaarheid in gevaar kwam. De dames zaten op speciale, hoge stoelen met lange poten. De gewoonte om uitgebreid in de erker te gaan zitten, is verdwenen nu vrouwen zelf over straat mogen lopen. De erkerstoelen zijn daarom zeldzaam geworden. Men heeft er vaak normale stoelen van gemaakt door de poten af te zagen. De erkers zouden een overblijfsel zijn uit de tijd van de Arabieren (870–1090). Wie op Rodos gaat kijken, waar de Maltezer of johannieter ridders resideerden voordat ze naar Malta kwamen (zie p. 45), ziet precies dezelfde erkers. Logischer lijkt dus dat het idee is meegenomen door Grieken en personeel uit het gevolg van de ridders. De ridders zelf waren althans in theorie celibatair. Niemand weet de oplossing met zekerheid.

BESTUUR EN POLITIEK

Malta is sinds 1974 een republiek (*Republic of Malta*, of *Repubblika ta' Malta*), onder een door het parlement gekozen president. Van 1964 tot 1974 was Malta weliswaar onafhankelijk, maar fungeerde de Engelse koningin als het staatshoofd. De president blijft vijf jaar in functie.

Net zoals in Nederland en België is het echter niet het staatshoofd dat het meest te vertellen heeft, maar de eerste minister. Hij zit het kabinet voor, waarin ook een aparte minister zitting heeft die de belangen van buureiland Gozo behartigt.

Het parlement wordt gekozen volgens een districtenstelsel. Er zijn 65 afgevaardigden, gekozen in 13 kiesdistricten. Er zitten maar twee partijen in het parlement; de kleinere partijen halen de door het districtenstelsel bepaalde hoge kiesdrempel niet. De rechtse, met de kerk verbonden Nationalistische partij (Partit Nazzjonalista of PN), en de socialistische Labourpartij (Malta Labour Party, MLP), die sterke banden heeft met de grootste vakbond (de General Workers' Union). Beide partijen halen al sinds mensenheugenis ieder bijna 50 procent van de stemmen. Het begrip 'zwevende kiezer' speelt op Malta geen rol. Mensen stemmen hun leven lang op dezelfde partij en de kloof zit diep. Verschuivingen doen zich alleen voor door markante voorkeuren onder de nieuwe kiezers, of door listig schuiven met de grenzen van de kiesdistricten door de regerende partij. Omdat de twee partijen even groot zijn, kan een verschuiving van één of twee procent al leiden tot een machtswisseling. Het doet in sommige opzichten denken aan de gloriedagen van de Nederlandse verzuiling: het komt voor dat mensen niet in bepaalde winkels kopen, omdat de eigenaar op de andere partij stemt.

Ook in andere opzichten spelen de partijen een rol in het dagelijks leven. Alle kranten vertegenwoordigen het standpunt van een van de twee partijen (de Labourpartij geeft zelf twee kranten uit), het partijbureau is tevens een café en de verenigingen die de festi (de grote dorps- of wijkfeesten) organiseren, zijn niet alleen verbonden met een bepaalde heilige, maar soms ook met de socialistische partij.

EEN STABIELE ECONOMIE

De eilandeconomie is niet sterk, maar de laatste jaren redelijk stabiel. Dat is bijvoorbeeld te merken aan de waardevastheid van het Maltese pond, die tot de komst van de euro stond op de vroegere waarde van het Engelse pond waar ze van afgeleid was – ongeveer 2,50 euro.

Die economische stabiliteit is vooral te danken aan het bloeiende toerisme. Malta heeft, net als Nederland, een 'open' economie, het wel en wee van de handelspartners beïnvloedt via de stijgende of dalende export het succes van handel en industrie. In een moeilijk jaar

MALTESE HOOGTEPUNTEN

- **Steden**

Valletta heeft de meeste bezienswaardigheden en musea, maar Mdina is als geheel stiller en beter bewaard gebleven.

- **Prehistorische tempels**

Ħaġar Qim, Ġgantija (op Gozo, de oudste en zo 'gigantisch' als de naam aangeeft) en het Hypogeum. Het Hypogeum is het indrukwekkendst, maar kaartjes zijn beperkt in aantal en niet makkelijk te krijgen.

- **Natuur**

Buskett Gardens in de eerste plaats. Wie even de stadsdrukte moe is, kan zijn heil zoeken in het ruige noordwesten van Malta of op het eiland Comino.

- **Vissershavens**

Marsaxlokk is het mooist. De felgekleurde vissersbootjes ontbreken in geen folder of reisgids. Minder fotogeniek maar rustiger is Marsaskala.

- **Grotten**

Blue Grotto is veruit het fraaist.

- **Gozo**

Geen vakantie op Malta is compleet zonder een bezoek aan het buureiland. Trek er minstens een dag voor uit, al was het alleen maar vanwege de tijd die u nodig hebt om er te komen.

als 1993 bracht het toerisme echter al zoveel geld in het laatje dat het de gevolgen van wereldwijde economische recessie compenseerde.

Het is jarenlang het beleid van de regering geweest het eiland in eigen behoeften te laten voorzien. Er waren Maltese levensmiddelen, dranken, metaal, tapijt, textiel, snoep, papier, elektronica en zelfs tabakspijpen. De lokale producten werden beschermd met flinke importheffingen of zelfs importbeperkingen. In het kader van de toetreding tot de EU (1 januari 2004) en de Eurozone (1 januari 2008) heeft Malta voor een open markt moeten zorgen en zijn de importbeperkingen vanuit de EU opgeheven – de liefde kan niet van één kant komen. Ook worden er staatsbedrijven geprivatiseerd, zoals de posterijen.

De regering stimuleert het toerisme, de industrie in het algemeen en de haven- en scheepsbouwindustrie in het bijzonder. De landbouw is niet belangrijk op Malta zelf, maar wel op het eiland Gozo. Visserij wordt bedreven op Malta en Gozo; vis wordt veel gegeten en is een belangrijk onderdeel van de Maltese keuken. Marsaxlokk is de grootste vissershaven.

De havens

Een heel belangrijke werkgever is de havenindustrie. Tot 1979 was er op Malta een Engelse vlootbasis en 'dreef' de economie letterlijk op de klandizie van de Royal Navy. Daarnaast leverde de vlootbasis 14 miljoen pond aan huur op. Bij hun vertrek boden de Engelsen de Maltezen hulp aan bij het veranderen van de marinefaciliteiten in scheepswerven en havens die voor burgerdoeleinden geschikt waren. Dankzij langdurig gelonk van premier Dom Mintoff (📖 pp. 148-9) naar het Oostblok was communistisch China bereid een kolossaal dok te bouwen in de Grand Harbour, tegenover Valletta. Ook Libië gaf economische steun.

Bij Birżebbuġa, aan de oostkust, is een vrijhaven aangelegd. Grote, internationale bedrijven kunnen hier goederen opslaan zonder ze officieel te hoeven invoeren. Vanuit de vrijhaven wordt de handelswaar dan verder verscheept naar Afrika of het Europese vasteland, wanneer er daar behoefte aan is. Dit levert Malta werkgelegenheid op en spaart de leverancier van de goederen invoerrechten uit.

Oude ambachten

Een kleine bedrijfstak waar u als bezoeker zeker mee geconfronteerd zult worden, betreft de ambachtelijke nijverheden als glasblazen, kantklossen en keramiek. Ook deze worden door de regering gestimuleerd. Op verschillende plaatsen is een Arts and Crafts Centre opgericht. Hier vinden toeristen een nagenoeg compleet overzicht van wat er op dit gebied te koop is. Het bekendste op het hoofdeiland is het Centre op het voormalige Engelse vliegveld Ta' Qali. In de oude golfplaten loodsen waar eens het RAF-personeel in bivakkeerde, ope-

Visser in Marsaxlokk. Een luzzu, of zijn grotere broer de kaiki, kan generaties lang meegaan, dankzij liefdevol onderhoud en het onheil-afwerende paar ogen in de boeg.

reren nu allerlei bedrijfjes, van juweliers en pottenbakkers tot een smederij van namaakharnassen (vraag vooral naar het model met ingebouwde drankkast!). Een bezigheid als kantklossen wordt echter vooral thuis uitgeoefend. Het eiland Gozo staat erom bekend.

Toerisme

De 1,2 miljoen toeristen die per jaar naar Malta komen, zijn te verdelen in twee soorten. De grootste groep bestaat uit zonnebaders, badgasten en feestgangers. Hieronder is een groot aantal jongeren. Ze bevolken het eiland in groten getale tijdens de zomermaanden. Zeggen dat ze 'het eiland' bevolken, is overigens niet helemaal juist: ze concentreren zich in en rond de disco's van Saint Julian's en Paceville.

De tweede groep bestaat uit bezoekers die naar Malta komen voor de sfeer, doe-vakanties en de bezienswaardigheden. Ze komen in de rest van het jaar, voor periodes van een week of iets langer. Malta is dan ook een geliefde bestemming voor 'tussendoorvakanties'.

Het belang van het toerisme voor de eilandeconomie is groot. Zoals hierboven gezegd, het kan de gevolgen van recessie in andere sectoren van de economie zelfs compenseren. Toch is Malta niet uit op het blind omhoogjagen van het aantal bezoekers, maar stimuleert bijvoorbeeld 'actief' toerisme. Eerst vooral duiken, maar nu ook andere sporten, tot bergbeklimmen toe. Het echte massatoerisme heeft namelijk een laag rendement voor het eiland. De doorsneestrandgast geeft naar verhouding weinig geld uit, dat bovendien voor een deel 'weglekt' naar buitenlandse reisbureaus, chartermaatschappijen en onroerendgoedbezitters. De druk van het massatoerisme op energie en de beschikbare watervoorraad is hoog. De gemiddelde Noord-Europese toerist gebruikt op Malta vier keer zoveel (schaars) water als thuis en ook veel meer dan de gemiddelde Maltees.

Gelukkig zijn de gevolgen van het massatoerisme voor Malta beperkt gebleven. De veranderingen van de laatste tientallen jaren zijn het gevolg van de groei van de eigen bevolking en economie, niet zozeer van het toerisme. Slechts in enkele kustplaatsen, zoals Sliema, Saint-Julian's, San Pawl en Buġibba is het toerisme overheersend aanwezig. En wat de leefstijl en het karakter van de Maltezen zelf aangaat: Malta is door de langdurige buitenlandse overheersing en zijn rol als strategische haven altijd al internationaal georiënteerd geweest en ingesteld op het omgaan met vreemdelingen. Waar men vriendelijk en gastvrij was, is men dat gewoon gebleven.

Een bijzonder positieve rol speelt de toeristische school van het eiland. Deze levert per jaar zo'n 1500 professionele obers, koks, gidsen en ander toeristisch personeel. U zult nog wel eens aan ze terugdenken als u op een Nederlands terras weer begroet wordt met 'Zeg het maar!' De school trekt ook de belangstelling van de reiswereld buiten Malta.

EEN SMAKELIJKE KEUKEN

De Maltese keuken is eenvoudig, bijna boers, maar origineel en smakelijk. Vet, zout, eieren en kruiden worden niet geschuwd, zodat veel Maltezen van middelbare leeftijd en ouder een respectabele buik voor zich uitdragen. De recepten zijn ingesteld op boeren en vissers die de hele dag zwaar werk hebben verricht.

Souvenir- en delicatessenwinkel annex lunchrestaurant in Victoria, Gozo

GOZO
MALTA

BRAĠOLI

Braġoli is een echt Maltees recept, en zorgt bij geregelde consumptie ook voor een echt Maltees postuur: het zit zo vol calorieën dat u er ook nog een noordelijke winter mee door zou komen. Het is eenvoudig klaar te maken.

Ingrediënten:
8 ons plakken rundvlees
2 ons half-om-half of varkensvleesgehakt
twee eetlepels peterselie
1 ons in kleine stukjes gesneden spek
2 eieren
3 teentjes knoflook
2 gesnipperde uien
een handvol broodkruimels
1 glas rode wijn

Bak gehakt en spek met knoflook en zout. Gebruik de eieren om het geheel te binden. Peper en peterselie toevoegen. Smeer dit geheel uit over de plakjes rundvlees en rol deze dan op en bindt ze vast. Bak alles tot het bruin is. Leg de vleesrollen op de afzonderlijk gefruite uisnippers, voeg de wijn toe en laat alles nog een uurtje sudderen.

Enkele basisingrediënten zijn: konijn *(fenek)*, vis, pasta, carob (vrucht van de johannesbroodboom). Voor een zuidelijke keuken maakt men relatief veel gebruik van groenten: erwten, wortelen, courgettes, selderij, andijvie en bloemkool.
Vooral de Italiaanse keuken heeft veel invloed uitgeoefend op het Maltese koken en eten. De rol van de Engelse keuken is (gelukkig) beperkt gebleven.

Ontbijt

Zoals alle zuidelijke volkeren doen de Maltezen niet of nauwelijks aan ontbijten. In goede hotels kunt u echter kiezen uit een *continental* of een *English breakfast.*

Tussendoor

Het overslaan van het ontbijt wreekt zich natuurlijk later op de ochtend. Dan is het tijd om naar de bakker te gaan. Maltezen staan bekend als zoetekauwen en er is dan ook een ruime sortering aan gebak te krijgen. Wie echter zin heeft in iets hartigs, neemt een *pastizzi*, een pasteitje. Een geloofsartikel voor de Maltees is dat de pastizzi een Maltese uitvinding is en dat er buiten Malta ook geen pastizzi denkbaar zijn. Beide opvattingen zijn onjuist, maar dat maakt de Maltese pasteitjes er niet minder lekker om. Ze zijn gevuld met kaas of met groente en vlees.
Een andere mogelijkheid is *Hobz Biz Zejt*: een stevig bruin of desnoods wit broodje, belegd met tonijn, gedroogde tomaten, tomatenpuree of tapenade,

wat kappertjes en basilicum, eventueel peper en zout.

Middageten

Vroeger at men de hoofdmaaltijd 's middags, maar dit gebruik is aan het verdwijnen. Maltezen gaan het liefste 's avonds uit eten, dus er zijn nogal wat restaurants die 's middags niet open zijn. De gelegenheden die dan wel open zijn, serveren vaak een stevige lunch, die in Nederland al als een hoofdmaaltijd zou tellen.

Avondeten

De Maltezen beginnen pas om een uur of acht met eten; in de restaurants kunt u echter vanaf zeven uur terecht, in toeristische restaurants al eerder.
De smakelijkste schotels zijn gebaseerd op vis en konijn. De konijnen die gegeten worden, zijn een ander ras dan het kleine, wilde konijn dat op sommige plekken op de eilanden rondloopt. Typisch Maltees is het gerecht spaghetti in konijnsaus. Het wordt vooral gegeten als voorgerecht. In de herfst maakt men *fenkata*, gebakken konijnenvlees gestoofd met aardappels, uien, erwten en rode wijn.
Rundvlees en dergelijke moet worden geïmporteerd, wat de kwaliteit niet altijd ten goede komt. Hoe het ook zij, de *bragoli*, een erg machtige, gekruide rundvleesrollade, is iets voor als u echt honger hebt (📖 p. 32). *Ross il-forn* is gebakken rijst met ei en gehakt.
Minder zwaar zijn de visgerechten; er is keus uit tong, makreel, zwaardvis, tonijn, ansjovis, kreeft en de lokale vissen *acciola*, *dentici*, *cerna* en *pixxispad*. Het populairst is gebakken *lampuki*, die wordt opgediend in tomaat, ui, olijf, erwten, peterselie en bloemkool. Er zijn goede visrestaurants in onder meer Marsaxlokk en in Mġarr (Gozo).

Vegetarisch

Vegetariërs moeten zich op Malta uitstekend kunnen redden. Er zijn genoeg Italiaanse restaurants waar u een pizza zonder vlees kunt krijgen (vraag ernaar als het niet op de kaart staat). Naast de Maltese en Italiaanse restaurants komen er ook steeds meer gelegenheden waar u kunt proberen bij keukens van andere nationaliteiten vleesloos te eten. Zo bezit Marsaskala al twee Chinese restaurants en Sliema minstens één.
Van de *rikotta*-kaas zullen de meeste mensen vinden dat hij te weinig smaak heeft. Hij komt vooral tot zijn recht als vulling bij andere gerechten, niet als vervanger van vlees.

Drinken

De Maltese wijnen zijn te klasseren als heel eenvoudig. Bij de stevige, gekruide vleesgerechten komen ze echter goed tot hun recht. Als de beste merken gelden Lachryma vitis en Marsovin.
Malta brouwt zijn eigen bier: Cisk (pils), Hopleaf (pale ale) en Blue Label (brown ale) worden veel gedronken en smaken uitstekend na een dag in de warme zon.
Het Maltese water is een beetje een zorgenkindje. Het is drinkbaar, maar niet echt lekker. Het wordt deels uit zeewater gefabriceerd en kan een wat chemische smaak hebben. Bij schaarste kan het voorkomen dat het water op sommige plaatsen een paar uur wordt afgesloten. Mineraalwater is overal te krijgen.

Archeologie en geschiedenis

2

De oudste sporen van menselijke aanwezigheid op de Maltese eilanden dateren van ongeveer 5500 v.Chr., uit het Neolithicum, de 'nieuwe steentijd'. Waarschijnlijk was het vruchtbare Gozo eerder bewoond dan Malta zelf.

PREHISTORIE

De Maltese prehistorie wordt meestal ingedeeld in perioden die genoemd zijn naar de verschillende prehistorische vindplaatsen en tempelcomplexen. Dit laatste is enigszins misleidend. De tempelcomplexen kwamen namelijk niet binnen één van die periodes tot stand, maar verrezen tempel voor tempel in een tijdsspanne van honderden jaren. Omdat er op bordjes in musea en in de boeken vaak naar verwezen wordt, gaan we hier toch van deze indeling uit.

De jaartallen en veel informatie over de culturele achtergronden zijn onder voorbehoud. Ongetwijfeld zult u in musea en folders jaartallen tegenkomen die honderden jaren afwijken van wat hieronder staat vermeld. De archeologen zijn nog steeds bezig hun dateringen te verbeteren en te verfijnen, en over de oudste jaartallen van de prehistorie zal men het wel nooit helemaal eens worden.

Vroeg- en middel-Neolithicum (ca. 5500-ca. 3600 v.Chr.)

De periode waarin de mens van de landbouw ging leven en leerde keramiek te vervaardigen, noemen de archeologen het Neolithicum (5500–2500 v.Chr.).

De eerste Maltezen waren boeren. Ze hielden vee (varkens, schapen, geiten en runderen) en vervaardigden keramiek. Ze kwamen waarschijnlijk van Sicilië. Dat is het dichtstbijzijnde land en het oudste gevonden aardewerk lijkt sterk op de Siciliaanse keramiek die uit die tijd bekend is. Beeldjes, en versieringen en symbolen op voorwerpen wijzen erop dat de godsdienst van de landbouwculturen van het Maltese Neolithicum draaide om begrippen als vruchtbaarheid, moederschap en de cyclus van ontstaan en vergaan. Men had mogelijk een cyclisch wereldbeeld: zaden sterven in de grond en brengen planten en de

oogst voort, met nieuwe zaden, volgens de herhaling van de seizoenen.
Zo werd de gestorven mens ook in foetushouding in de grond begraven om later 'wedergeboren te worden'. Uit de beeldjes van slapende vrouwen die teruggevonden zijn in grafruimtes op Malta leidt men af dat zwangere vrouwen in die tijd misschien één of meer nachten doorbrachten tussen de graven van de doden. Zo kregen de zielen van de gestorvenen de kans om in het nieuwe kind te worden wedergeboren.

De oudste prehistorische resten op Malta rekent men tot de zogeheten Għar-Dalamcultuur (5500–4500 v.Chr.). Deze is genoemd naar een grot op oostelijk Malta, waar behalve aanzienlijk oudere resten van prehistorische dieren ook menselijke sporen te voorschijn zijn gekomen. In deze tijd leefde men nog in de grotten; misschien was de grot echter ook een soort bronnenheiligdom. Waarschijnlijk waren potten voor de Għar-Dalammensen nog belangrijke symbolische en religieuze voorwerpen: ze verenigden de belangrijkste elementen van de vruchtbaarheid, aarde (klei) en water, met een vorm die de baarmoeder kon symboliseren.
Uit de Għar-Dalamcultuur kwamen de Grijze- (4500–4400 v.Chr.) en Rode-Skorbacultuur (4400–4100 v.Chr.) voort. De mensen verlieten de grotten en gingen in kleine dorpjes met ronde hutten wonen. De vondsten lijken een tijd van verval te vertegenwoordigen. De vindplaatsen zijn minder in aantal en kleiner dan die van de Għar-Dalamcultuur. Het Skorba-aardewerk is nauwelijks versierd en er is veel minder variatie in de vormen van de potten. Wel dateren de eerste beeldjes van de 'moeder aarde' of vruchtbaarheidsgodin van deze periode. Dat het om een vruchtbaarheidsgodin gaat, leidt men af uit de zware heupen en vlezige dijen van de beeldjes. Deze zouden hun voortzetting vinden in de steeds grotere godinnen- of vrouwenbeelden van de culturen uit de 'Tempeltijd'. Beeldjes van goden en mannen zijn opvallend afwezig.
Over de jaren tussen 4100 en 3600 v.Chr. is niets bekend.

Laat-Neolithicum of Tempeltijd (ca. 3600–ca. 2500 v.Chr.)

Omstreeks 3600 v.Chr. kwamen mensen naar de eilanden, die behoorden tot de zogenoemde megalietcultuur. Deze cultuur liet sporen achter in het hele gebied van de westelijke Middellandse Zee en is genoemd naar de bouwwerken van 'grote stenen' (in het Grieks: *megaloi lithoi*) die de vertegenwoordigers ervan oprichtten.
De tempels zijn de oudste vrijstaande gebouwen ter wereld. Ter vergelijking: het monument van Stonehenge dateert van ca. 2300 v.Chr., de piramide van Cheops uit ca. 2500 v.Chr. en de Nederlandse en Belgische hunebedden van ca. 2700–ca. 2400 v.Chr.

De Tempeltijd kan als volgt worden ingedeeld:

- Żebbuġ (4100–3800 v.Chr.)
- Mġarr (3800–3600 v.Chr.)
- Ġgantija (3600–3300/3000 v.Chr.)
- Saflieni (3300–3000 v.Chr.)
- Tarxien (3300/3000–2500 v.Chr.)

In de fase van Żebbuġ legde men nog eenvoudige graven aan, uitgehakt in de rots. De graven uit de fase van Mġarr hebben een niervormige omtrek, die ook de basisvorm is bij de latere tempels.
In de fase van Ġgantija worden voor het eerst tempels opgericht. Deze tijd is ge-

Tempel van Ħaġar Qim

noemd naar het grote tempelcomplex op Gozo. Tijdens deze fase ontwikkelde de simpele niervormige tempel zich via een plattegrond in de vorm van een klavertjedrie naar een ruimte met vijf 'kapellen'.
De tempels hadden zelf geen direct verband met de dood of begrafenissen, al lagen er vermoedelijk wel grafvelden in de buurt. De tempels dienden niet alleen om er offers te brengen, men kon er ook orakels aanhoren. Daarvoor waren speciale kamertjes geconstrueerd, waarin een priester of priesteres plaatsnam die als 'medium' dienst deed. Deze orakelkamers zijn te herkennen aan een rechthoekig gat van enkele decimeters hoog, waardoor het stemgeluid van de orakelpriester naar buiten kwam. Wat voor indruk zo'n orakelstem maakte in de schemerige, galmende ruimte van de tempels is nu moeilijk meer voor te stellen. Behalve bij het Hypogeum is van alle tempels het dak verdwenen en staat u altijd onder een stralend blauwe hemel in de felle Maltese zon.
Bij de tempels zijn geen resten van nederzettingen teruggevonden. Men vermoedt daarom dat de heiligdommen zijn aangelegd door de bevolking van een groot gebied en dat ze toebehoorden aan complete stammen. Sommige geleerden hebben zelfs de mogelijkheid geopperd dat Malta en Gozo als een soort 'Heilige Eilanden' het religieuze centrum vormden voor het omliggende deel van de Middellandse Zee.
De fase van Saflieni is genoemd naar het Hypogeum van Ħal Saflieni, een ondergrondse begraafplaats die niet al te ver verwijderd ligt van de tempels van Tarxien. Hier werden de resten van maar liefst 6000 doden gevonden. Het Hypogeum bleef lange tijd in gebruik; bij ruimtegebrek schoof men de halfvergane resten die er lagen, wat naar ach-

KARRENSPOREN NAAR HET NIETS

Na de megalithische tempels zijn de zogeheten karrensporen (cart ruts) het opvallendste overblijfsel uit de prehistorie. Dit zijn dubbele sleepsporen die uitgesleten zijn in de kalksteenbodem. De sporen liggen 1,2 tot 1,4 m uit elkaar en zijn tot 75 cm diep. De sporen zijn door hun oriëntatie meestal in verband te brengen met nederzettingen uit de bronstijd. De karrensporen vormen nog moeilijker te verklaren raadsels dan de tempels. In hun 'rangeerterreinen' is de logica vaak zoek. De sporen lijken soms zomaar ergens heen te lopen, sommige gaan zelfs naar de rand van de klippen en houden daar plotseling op. Ze komen zowel op Gozo als op Malta voor. De bekendste cart ruts zijn die van Clapham Junction (op de Dingli Cliffs), die hun naam danken aan een groot spoorwegknooppunt bij Londen.

teren om plaats te maken voor een pas overledene.

In de fase van Tarxien verrezen veel minder tempels dan in die van Ġgantija, maar het heiligdom van Tarxien is wel bijzonder uitgebreid en ingewikkeld. Misschien was het een heiligdom dat dienst deed voor het hele eiland.

Onduidelijk is wat het einde van de Tempeltijd bracht. Er zijn geen sporen teruggevonden van een gewelddadige ondergang van de cultuur. Mogelijk is men wegens misoogsten en uitputting van de grond weggetrokken naar Sicilië.

Bronstijd (2500-800 v.Chr.)

De bronstijd is onder te verdelen in:

- Grafveld van Tarxien 2300–1450 v.Chr.
- Borġ in-Nadur 1450–800 v.Chr.
- Baħrija 900–800 v.Chr.

Over de eerste 200 jaar, 2500 tot 2300 v.Chr. is niets bekend. De oudste periode, genoemd naar het grafveld van Tarxien, verliep vreedzaam. De mensen van deze cultuur, afkomstig uit Zuid-Italië, verbrandden hun doden. Het eiland was waarschijnlijk dunner bevolkt dan in de Tempeltijd.

De komst van de mensen van Borġ in-Nadur ging gepaard met gewelddadige verovering. Uit deze tijd stammen door muren omringde nederzettingen op heuvels. De mensen uit de periode van Baħrija, die aan het eind van de bronstijd arriveerden, leefden zij aan zij met de mensen van Borġ in-Nadur op de eilanden.

De bronzen werktuigen waaraan de bronstijd zijn naam dankt, moesten op Malta geïmporteerd worden. Niet zeker is wat de Maltezen in ruil hadden aan te bieden. Omdat er weefwerktuigen zijn teruggevonden, wordt aan textiel gedacht.

Omstreeks het jaar 800 v.Chr. laten de archeologen de prehistorie eindigen. Vanaf die tijd wordt de invloed van de Fenicische Carthagers op de Maltese eilanden merkbaar.

OUDHEID

Feniciërs en Carthago (ca. 1100-218 v.Chr.)

De Feniciërs die in de 11de eeuw v.Chr. het westen van de Middellandse Zee verkenden, ontdekten dat Malta een bijzonder bruikbare haven was op de overesteek van Sicilië naar Afrika. Ze gaven het de naam *Malat*: 'ankerplaats' of 'toevluchtshaven'.

Een handelspost die ze stichtten op de Noord-Afrikaanse kust, ongeveer op de plaats van het huidige Tunis, zou in enkele eeuwen uitgroeien tot de belangrijkste macht in het westelijke Middellandse-Zeegebied: Carthago.

Van omstreeks 800 v.Chr. dateren de eerste sporen van de Fenicische Carthagers op de Maltese eilanden. Zij bouwden er tempels, onder andere in de buurt van Marsaxlokk en op de plaats van de huidige kathedraal van Victoria (Gozo). Egyptische vondsten die uit die tijd stammen, zoals scarabeeën en sieraden, zijn door Fenicische handelaren naar de eilanden vervoerd.

Romeinse tijd (218 v.Chr.-ca. 400 n.Chr.)

Romeinse vlootbasis

In de 3de eeuw v.Chr. streden Carthago en Rome met elkaar om de macht in het westelijke Middellandse-Zeegebied. De Romeinse consul Titus Sempronius Longus bezette tijdens de Tweede Punische ('Fenicische') Oorlog (218–201 v.Chr.) de Carthaagse voorpost Malta.

In de Derde Punische oorlog (146 v.Chr.) werd Carthago verslagen en verwoest; de Romeinen vestigden een vlootbasis op Malta. De Maltezen kregen de status van *socii* ofwel bondgenoten. De Romeinen noemden Malta *Melita*, 'honingeiland'. Honing was in die tijd naast olijfolie, graan en linnen een Maltees exportproduct.

Dit prachtige mozaïek in het Roman Villa-museum in Rabat is een spoor van de luxe waarmee men zich ook in de Romeinse provincie wist te omringen.

Bloei

Onder de Romeinen zou Malta een bloeiperiode doormaken. Een plaats als Mdina (toen de hoofdstad van het eiland) was in de Romeinse tijd groter dan in de middeleeuwen en lang daarna. Mdina heette destijds overigens, net als het eiland zelf, Melita.

Keizer Hadrianus (76–138) verleende Malta en Gozo de status van *municipium*, gemeente: dit was geen veroverd gebied meer, of zelfs een kolonie, maar volwaardig Romeins gebied.

Komst van het christendom

Talloze Maltezen zijn er nog heilig van overtuigd dat Malta gekerstend is door de apostel Paulus en dat het sindsdien een geloofsbolwerk is gebleven. Paulus leed in 59 n.Chr. schipbreuk voor de Maltese kust, toen hij wegens een proces op weg was naar Rome. De eilandbewoners staken een groot vuur aan voor de verkleumde schipbreukelingen. Paulus wilde een handje helpen en gooide ook wat hout op het vuur, toen er een slang tussen de takken vandaan kroop en hem beet. De Maltezen zeiden tegen elkaar dat hij een misdaad begaan moest hebben en dat de godin van de wraak hem op deze manier alsnog te pakken nam, nadat hij de schipbreuk had overleefd. Paulus had echter geen enkele last van de beet. Dat wonder bracht de eilandbewoners ertoe te geloven dat Paulus een god was.

De apostel bracht drie maanden door op het eiland. In die tijd verrichtte hij nog een wonder en genas de doodzieke vader van Publius, de Romeinse gouverneur. Daarop liet Publius zich bekeren en werd – volgens de overlevering, niet volgens de Bijbel – de eerste bisschop van Malta.

Dat er werkelijk sprake is van een ononderbroken christelijke traditie vanaf 59 n.Chr., wordt door nogal wat geleerden bestreden. Hoe het ook zij, door de

Romeins Malta was van alle gemakken voorzien: Romeins sanitair in Għajn Tuffieħa.

centrale ligging van Malta in de Middellandse Zee en het Romeinse Rijk kreeg het christendom naar alle waarschijnlijkheid vroegtijdig vaste voet op het eiland.

Eilanders of barbaren?

De bewoners van Malta bleven nog eeuwenlang Fenicisch spreken. En de evangelist Lucas, die in het bijbelboek Handelingen het bezoek van Paulus aan Malta beschrijft, noemt de eilandbewoners *barbaroi*. In de Nieuwe Bijbelvertaling is daar 'plaatselijke bevolking' van gemaakt, maar het betekent feitelijk 'mensen die geen Grieks (of Latijn) spreken'.

De aanhangers van de theorie dat het Maltees eigenlijk een 'gearabiseerd' Fenicisch is, gaan ervan uit dat de Maltezen nog Fenicisch spraken toen de Arabieren landden in 870.

MIDDELEEUWEN

Barbaren en Byzantijnen (ca. 400-870)

Over de periode na het instorten van het Romeinse Rijk is weinig bekend. De Vandalen, die in Noord-Afrika een groot rijk gesticht hadden, hebben waarschijnlijk ook Malta bezet gehouden (na 455, de val van Rome). Sporen van hun aanwezigheid zijn echter niet bewaard gebleven. In 494 kwam Malta bij het rijk van de Westgoten, dat was ontstaan nadat in 476 het Romeinse Rijk ten onder was gegaan.

Na de barbaren kwamen de Byzantijnen. Het Byzantijnse rijk, eigenlijk de na 395 afgesplitste oostelijke helft van het Romeinse Rijk, zou zich in de 6de eeuw zelfs tot Spanje uitstrekken. In 533 veroverde de Byzantijnse generaal Belisarius Italië en Malta.

Arabieren (870-1090)

In 870 werd Malta geplunderd door Arabische troepen, tijdens een campagne die als hoofddoel had Sicilië te veroveren. Volgens Arabische bronnen werd bij die gelegenheid een massamoord aangericht onder de christelijke eilandbevolking. De bisschop van Malta werd gevangengezet in Palermo. Men was bang dat hij eventueel een opstand zou leiden van de bevolking, of wat daarvan over was.

Na afloop van de strijd werden de christenen waarschijnlijk met rust gelaten; ze moesten alleen een extra belasting betalen, maar dat was een gangbare praktijk in alle landen die door de Arabieren werden bezet.

Arabische erfenis

De Arabieren kozen de Romeinse hoofdstad Melita als hun eigen hoofdstad en herdoopten haar in *Mdina*, 'ommuurde plaats'. Het gedeelte dat niet op de heuvel lag, kreeg de naam *Rabat*, 'voorstad' of eigenlijk 'plek waar men de paarden vastbindt'. In de huidige vestingwerken van de stad zitten nog resten van de versterkingen uit deze tijd.

De irrigatietechnieken die vandaag de dag nog worden toegepast, hebben de Arabieren op het eiland geïntroduceerd. Ook de terrassenbouw en de teelt van citrusvruchten heeft Malta aan hen te danken.

Het opvallendste overblijfsel zijn natuurlijk de talloze Arabische woorden die er in het Maltees zijn overgebleven, als het Maltees zelf al niet afstamt van het Arabisch.

Komst van de Normandiërs

Toen de Maltese Arabieren in 1053 werden aangevallen door een Byzantijnse vloot, zouden ze hun eigen christelijke slaven vrijgelaten hebben, op voorwaarde dat ze meevochten aan hun kant. Die zet had succes: de vrijgelatenen vochten zo goed mee dat de aanval werd afgeslagen.

In 1090 werd Malta opnieuw aangevallen, nu door de Normandische graaf van Sicilië, Roger I. Graaf Roger was een afstammeling van Noormannen die zich in de 9de eeuw in Normandië hadden gevestigd. Hij en zijn broer hadden een rijk opgebouwd in Zuid-Italië en op Sicilië. De aanval van Roger had wel succes. Hij paste een krijgslist toe: een deel van zijn vloot deed een schijnaanval op Saint Paul's Bay, terwijl de soldaten van de hoofdmacht ondertussen tegen de Dingli Cliffs opklauterden en zo de Arabieren in de rug konden aanvallen. Het liep niet uit op een volledige bezetting, want graaf Roger I was er tevreden mee dat de Arabieren hem een jaarlijkse schatting betaalden. Toen de schatting niet betaald werd, volgde een nieuwe aanval van de Siciliaanse Normandiërs (1127) en kwam Malta definitief bij hun rijk.

Volgens de legende zou de Maltese vlag ontstaan zijn dankzij Roger I. Hij scheurde de helft van zijn eigen, geheel rode, vlag af en gaf deze aan de Maltezen, die er een witte helft aan toevoegden. Na 1942 (de Slag om Malta) werd het George Cross op de vlag aangebracht, maar verder is de vlag ongewijzigd gebleven tot de huidige dag.

Normandiërs (1090-1194) en Hohenstaufen (1194-1268)

De verovering van het eiland door de christelijke Normandiërs ging waarschijnlijk niet gepaard met geloofsvervolgingen. Een Arabische grafsteen die gevonden is op Gozo (de steen van Majmuna, 📖 p. 167), bewijst dat er 100 jaar na de komst van de Sicilianen nog steeds islamieten op de eilanden woonden.

Dit past bij wat er bekend is over het koninkrijk Sicilië. Dit had een gemengde Arabisch-christelijke beschaving. Andersdenkenden – behalve Arabieren ook joden – werden niet alleen getolereerd, maar konden er ook een aanzienlijke culturele bijdrage leveren.

In 1168 kreeg Malta voor het eerst sinds eeuwen weer een eigen bisschop. Deze vestigde zich echter niet in Birgù (het tegenwoordige Vittoriosa), maar gaf er de voorkeur aan in Palermo op Sicilië te blijven.

De dynastie van de Normandische koningen stierf in 1194 uit. De Duitse keizer Hendrik IV, uit het huis van de Hohenstaufen, was getrouwd met Constance, een dochter uit de Normandische familie; hij erfde Sicilië en daarmee Malta.

Zijn zoon, Frederik II (1194–1250), liet islamieten uit Sicilië en Malta naar Zuid-Italië deporteren. Veel van de islamitische eilandbewoners kozen er echter voor zich toch maar te laten dopen. Frederik II, bijgenaamd *Stupor mundi* ('het wereldwonder'), een buitengewoon begaafde en veelzijdige figuur, maakte zijn rijk tot een centrum van de toenmalige Europese beschaving. Hij koesterde plannen om uiteindelijk heel Italië te veroveren. Omdat hij al keizer van Duitsland was, zou zo een rijk ontstaan dat zich uitstrekte van Malta tot Denemarken. De paus, die zelf een groot deel van Italië in zijn macht had, had hier om begrijpelijke redenen bezwaar tegen en de twee werden verbitterde tegenstanders. Frederik II stierf in 1250, vermoedelijk vergiftigd door de paus.

Een bondgenoot van de paus, de Franse prins Karel van Anjou, maakte zich meester van Sicilië en daarmee van Malta, en liet Konradijn, de laatste der Hohenstaufen, in 1268 onthoofden.

Mdina. Achter zulke deurkloppers verschool zich de Maltese adel. 'Nooit langs de weg van de minste weerstand' luidt het trotse devies onder deze klopper.

Spanjaarden (1284-1531)

Het Franse bewind op Sicilië duurde niet lang. Na de 'Siciliaanse vespers' (een bloedige Siciliaanse opstand tegen de Fransen) werd Karel van Anjou verdreven van Sicilië. Degene die Sicilië eigenlijk van Konradijn had moeten erven, koning Peter van Aragón, voegde het in 1283 bij zijn koninkrijk. Anjou wist zich met Engelse steun nog een jaar op Malta te handhaven, maar toen werd zijn vloot vernietigd in een zeeslag in de Grand Harbour.

In de Spaanse periode kregen edellieden uit Aragón (Noord-Spanje) en Sicilië gebieden op Malta en Gozo in leen. Ze vestigden zich op de eilanden en gingen uiteindelijk op in de Normandische adel die al op het eiland woonde. Voor de eenvoudige Maltees maakte het overigens weinig uit of hij nu voor een Aragonees, een Normandiër of (heel vaak) voor de kerk werkte, hij moest hard ploeteren om uit de grond een bestaan te halen. Dat aangaande zou er eeuwenlang weinig op het eiland veranderen. Malta produceerde in de 14de eeuw linnen voor steden in Noord-Italië. Om een vuist te kunnen maken tegen deze handelspartners organiseerde de adel zich in de *Universitá*, een soort adellijk parlement. In 1428 werd dit lichaam erkend door koning Alfons v. En, zo beloofde hij, Malta en Gozo zouden 'voor eeuwig' een leengoed blijven van de koning van Aragón.

Het was deze belofte die zijn nakomeling, keizer Karel v, zou schenden toen deze de Maltese eilanden in leen gaf aan de johannieter ridders, eveneens 'voor eeuwig'.

In 1469 werd de grondslag gelegd voor het huidige Spanje, toen Isabella van Castilië trouwde met Ferdinand van Aragón. Voor de Maltese eilanden brak echter een periode van verval en misère aan. De koning beleende telkens andere Siciliaanse edellieden met stukken land op de eilanden. Deze nieuwe adel deed nog meer dan de oude zijn best om met hoge belastingen zijn bezit op de eilanden zoveel mogelijk uit te melken. Bovendien namen de aanvallen van de islamieten in hevigheid toe. Een grote aanval in 1429 verwoestte zowel Malta als Gozo. In 1488 plunderde een Turkse vloot Birgù en voerde de bewoners als slaven weg. Aanhoudende droogte ruïneerde de oogsten.

JOHANNIETER RIDDERS

De ridders in Palestina (ca. 1100-1299)

Wie in de middeleeuwen in een ziekenhuis belandde, of wat daarvoor doorging, moest maar afwachten of er iemand aan zijn bed verscheen om hem te verzorgen. Ook in het Heilige Land, vlak nadat dit veroverd was door de kruisvaarders, was dat zo. Pelgrims zetten er na een lange reis ziek of verzwakt voet aan wal en verder waren er natuurlijk de gewonden die vielen in de strijd tegen de islamieten. Waar thuis in Europa meestal een weldoende kloosterorde de zorg op zich nam, ontbraken die orden in Palestina.

Omstreeks 1100 verenigde een groepje mannen zich in de 'orde van het hospitaal van Sint-Jan' en nam de zorg op zich voor de zieken van het pelgrimshospitaal in Jeruzalem. Vijftig jaar eerder was dit hospitaal gebouwd door kooplieden uit Amalfi.

Veel ridders in Palestina voelden de aandrang hun leven in te richten op een religieuzer manier dan tevoren. Het meest voor de hand liggend was monnik te worden, maar er was ook een voortdurende behoefte aan vechtjassen die de christelijke gebieden verdedigden tegen de Arabieren, en de pelgrims beschermden op hun weg naar de heilige plaatsen. Toen de orde groeide, kreeg zij deze taak erbij. In de orde werden de ridderidealen (trouw en dapperheid) gecombineerd met die van de monniken (armoede, kuisheid en gehoorzaamheid). Omdat het woord 'vreedzaamheid' in deze beide rijtjes ontbrak, konden de ridderlijke monniken onbekommerd ten strijde trekken tegen heidenen en rovers. De plicht om zieken te verzorgen zou de orde haar hele bestaan aan haar leden blijven voorschrijven: zelfs de grootmeester werd geacht een dag per week in het hospitaal dienst te doen.

Organisatie

Het politieke en militaire hoofd van de orde was de grootmeester. Omdat de orde 'soeverein' was, stond hij op gelijke voet met koningen en andere staatshoofden. De orde was georganiseerd in acht *langues* of 'tongen' (eigenlijk taalgroepen): Frankrijk, Provence, Auvergne, Italië, Duitsland, Engeland/Beieren,

Aragón en Castilië/León/Portugal. De Engelse langue zou opgeheven worden tijdens de Reformatie en pas later, aan het eind van de 18de eeuw, weer opgericht worden. De langues hadden in de stad die op dat moment de hoofdzetel van de orde was – eerst Jeruzalem, later Acco, Rodos, Birgù of Valletta – een *auberge*. Hier woonden de ridders van zo'n langue, die gezamenlijk ten strijde trokken: op Rodos en later op Malta waren ook de vestingwerken onder de verschillende langues verdeeld. Het voordeel van deze organisatie was natuurlijk dat een ridder de strijdmakkers in zijn omgeving altijd kende en kon verstaan.

Binnen enkele tientallen jaren groeiden de beide orden uit tot machtige organisaties, die rijke bezittingen geschonken kregen ten behoeve van de geldverslindende strijd tegen de ongelovigen – ook kuise, nederige en armoedige soldaten kostten immers geld. De johannieter ridders hadden in ieder Europees land een zogeheten balije, die het plaatselijke bezit beheerde en de opbrengst ervan naar de zetel van de orde stuurde.

Niet alle leden van de orde waren overigens van adel. Buiten de groep van een paar honderd hoogadellijke ridders waren er ook speciale ordegeestelijken, alsmede een groep niet-adellijke dienaren en soldaten.

De johannieter ridders worden ook wel aangeduid als de hospitaalridders, de ridders van Rodos of de Maltese ridders.

Op Rodos

Nadat de kruisvaarders en ook de johannieter ridders uit Palestina verdreven waren, rees voor de orde natuurlijk de vraag: wat nu? Eerst zetten de johannieter ridders de strijd voort vanaf Cyprus, waar ze onderhorig waren aan de plaatselijke koning. De toenmalige grootmeester zocht een plek waar ze in grotere vrijheid verder konden vechten tegen de islamieten. In 1305–1306 wisten ze met enige moeite Rodos te veroveren, dat in theorie bij het Byzantijnse rijk hoorde, maar in de praktijk onafhankelijk was.

In de twee eeuwen dat de ridders op het eiland verbleven, rukten de Turken steeds verder op over het vasteland van Klein-Azië en in Griekenland zelf. Het Byzantijnse rijk was nauwelijks nog een partij voor hen en raakte evenals Rodos min of meer omsingeld. De val van Constantinopel in 1453 betekende het einde van het rijk.

Hoe verder de Turken oprukten, hoe meer ze de hinderlijke aanwezigheid van de ridders begonnen te voelen. De laatsten zagen piraterij tegen islamitische schepen namelijk als onderdeel van hun heilige roeping en Rodos lag precies op de scheepvaartroute tussen Constantinopel en de oostelijke delen van het Osmaans-Turkse rijk.

In 1480 ondernamen de Turken een grote belegering van de stad Rodos. Ze brachten Rodos bijna op de knieën, maar de stad hield stand.

In 1522 sloten de Turken Rodos-stad opnieuw in voor een belegering. Sultan Suleiman II zou volgens de kronieken naar het eiland zijn gekomen met 300 schepen en 100.000 soldaten. Maandenlang bood de stad taai tegenstand. Turkse boogschutters schoten boodschappen de stad in: de stad zou als ze zich overgaf, gespaard worden, maar als ze moest worden veroverd, zouden plundering en moordpartijen volgen. De grootmeester, Philippe Villiers de l'Isle Adam, zwichtte voor de druk van de inwoners. Hij bedong redelijke voorwaarden tot overgave bij de sultan: de ridders mochten met hun bezittingen ongedeerd wegtrekken, de stadsbewoners kregen ook de tijd om

het eiland te verlaten en de eerste jaren zouden er geen kinderen geronseld mogen worden voor het leger van de sultan.
Op 2 januari 1523 vertrokken de ridders in een aantal galeien, vergezeld van een menigte geestelijken en dienaren. De volgende jaren zouden ze deels rondzwerven op zee en deels in Rome doorbrengen. Opnieuw zochten ze nu een plek waarvandaan ze de islam konden bestrijden. Hun probleem werd in 1530 opgelost door keizer Karel v (1500–1557), die ook koning van Spanje was, en daarmee van Sicilië en Malta. De johannieter ridders ontvingen Malta in eeuwigdurende leen; bovendien kregen ze een christelijke enclave op de kust van Noord-Afrika onder hun hoede, het hertogdom Tripolis (het gebied rond de huidige hoofdstad van Libië). In ruil voor dit alles moesten ze de koning van Spanje jaarlijks een valk betalen. Dan weet u meteen waar Dashiel Hammett, de schrijver van het boek achter de Humphrey Bogart-film *The Maltese Falcon* (📖 pp. 114-5) het idee voor zijn titel kreeg.

Komst naar Malta

Al was het alweer acht jaar geleden dat ze het paradijselijke Rodos achter zich hadden gelaten, de meeste ridders zullen even hebben moeten slikken toen ze in 1531 voet aan wal zetten. Malta was droog, er groeide weinig en tot het in bezit van de ridders kwam, was het een provinciale uithoek geweest van het grote Habsburgse rijk.
De ridders vestigden zich niet in Mdina, de oude hoofdstad, maar bij de Grand Harbour, om dicht bij hun schepen en de havens te zijn. Vóór alles was Malta voor hen een vesting en een vlootbasis. Hun nieuwe hoofdstad werd voorlopig Birgù, het huidige Vittoriosa. Omdat duidelijk was dat de Turken hen ook hier eens zouden aanvallen, werd een kring van forten aangelegd rond de Grand Harbour. De hete adem van de islam werd voelbaar toen in 1551 het hertogdom Tripolis viel.
De galeien van de ridders bleven een probleem voor de Turkse scheepvaart. Juist het feit dat ze niet meer opereerden vanuit een basis vlak voor de Turkse kust, maakte dat ze moeilijker in de gaten te houden waren. De sultan had na verloop van tijd spijt als haren op zijn hoofd dat hij de ridders de vrije aftocht had gegeven uit Rodos. Bovendien wilde de sultan, die een agressieve veroveringspolitiek voerde, niet alleen oprukken over het vasteland van Europa, maar ook via de Middellandse Zee. Daar vond hij Malta en de johannieter ridders op zijn weg.

Het Grote Beleg: 1565

Malta heeft twee grote belegeringen doorgemaakt, in 1565 en in 1942, maar de eerste spreekt veel meer tot de verbeelding: het was geen strijd van anonieme bommen, knagende honger en taai volhouden in de schemer van de schuilkelders, maar van uitzonderlijk begaafde generaals en grote persoonlijke moed van gewone soldaten. Lichtbewapende Arabieren en Turken klommen letterlijk met doodsverachting keer op keer tegen de vestingmuren op. De ridders werden door de Maltese julizon haast gekookt in hun harnas, maar sprongen toch steeds weer op de bres om telkens nieuwe golven aanvallers af te slaan. De Maltezen vochten dapper mee tussen het voetvolk, maar werden zelden opgemerkt door de kroniekschrijvers. Er is echter ook een bloedig gevecht bekend waarin ze zwemmend, met succes, onderwaterversperringen verdedigden tegen een Turkse aanval.

Het Grote Beleg op een muurschildering in het Palazzo Parisio, Naxxar

Generaals

De Turkse armada die voor Malta verscheen, had eigenlijk twee bevelhebbers: de bekwame admiraal Piali, van christelijke afkomst maar nu een schoonzoon van de sultan, en Mustafa Pasja, een lid van een oude en aanzienlijke Turkse familie.

Zij zouden bijgestaan worden door Dragut, die als veldheer eigenlijk kundiger was dan dit tweetal. Dragut was van piraat opgeklommen tot generaal en admiraal. Hij was zo machtig dat hij meer een bondgenoot dan een onderdaan van de sultan was.

De grootmeester en opperbevelhebber van de ridders was Jean Parisot de la Valette. Evenals Dragut was hij een heel begaafde leider; toevallig waren beiden ook als krijgsgevangene galeislaaf geweest op de vloot van hun tegenstander. Het overleven van een periode als roeier op de galeien alleen al getuigt van hun uithoudingsvermogen. Ze schijnen elkaar twee keer ontmoet te hebben, beurtelings in de rol van kapitein en gevangene. La Valette had gevochten in alle rangen van de ridders, sprak vijf talen, was moedig en ook bijzonder fanatiek. Ironisch genoeg had hij, net als de sultan, besloten dat dit beleg niet zou eindigen met de overgave en aftocht van de ridders. Ze zouden vechten tot de laatste man.

Legers

Op 18 mei verschenen de Turkse schepen bij Malta. Volgens moderne schattingen hadden de Turkse commandanten 30.000 soldaten tot hun beschikking. Daartegenover stonden 700 ridders, deels haastig opgetrommeld van het vasteland van Europa, en ongeveer 8500 gewone soldaten, onder wie ook de nodige Maltezen.

Belegering

In de strijd hing het voortbestaan van

christelijk Malta diverse keren aan een zijden draadje. Een geluk voor de ridders was dat de ervaren Dragut pas later arriveerde en in het verloop van de strijd sneuvelde. Mustafa Pasja maakte in diens afwezigheid een paar kapitale vergissingen. Had hij zelfs maar één van die fouten niet gemaakt, dan was Malta naar alle waarschijnlijkheid gevallen. Een voorbeeld: bij zijn aankomst viel Mustafa niet het slecht verdedigbare Mdina aan, maar liet hij eerst het fort Saint Elmo bestormen. Via Mdina kon La Valette ondertussen contact houden met Sicilië, waar de Spaanse gouverneur tergend traag een ontzettingsleger verzamelde. Het fort Saint Elmo, dat de toegang tot de Grand Harbour beheerste, hield boven verwachting lang stand en zo wonnen de ridders kostbare tijd. De bezetting van het fort vocht letterlijk tot de laatste man.

Toen de Turken vervolgens de andere vestingen van de ridders aanvielen, vochten ze zich uiteindelijk toch nog tot binnen Birgù. Op het moment dat alles verloren leek en feitelijk ook verloren was, zaaide uitgerekend een ruiteruitval uit Mdina paniek in de Turkse gelederen. De islamieten dachten dat het ontzettingsleger uit Sicilië was geland en trokken zich terug. Zoals in een traditionele western werden de ridders gered door de cavalerie.

Redding

Uiteindelijk werkte de tijd net iets meer in het voordeel van het hongerende en dorstige Malta dan van de Turken. De Turkse soldaten werden moreel en fysiek uitgeput door de bloederige, maar uiteindelijk altijd vergeefse aanvallen op de forten van de ridders. Steeds als ze zich door een bres in de muur hadden gevochten, doken er wel één of meer ridders op – voor de licht bewapende Turken onkwetsbaar in hun harnas – en wisten het tij te keren. Er begon dysenterie te heersen in het leger van de sultan; La Valette had de schaarse Maltese waterbronnen laten vergiftigen. Eén voor één begaven bovendien de Turkse kanonnen het. Ze hadden zoveel salvo's afgevuurd dat ze bezweken aan pure slijtage.

Eindelijk, eindelijk, na een belegering van meer dan vier maanden durfde de Spaanse gouverneur zijn ontzettingsleger naar Malta te sturen. Op 8 september scheepte de gehavende Turkse legermacht zich in en keerde terug naar Constantinopel.

Die dag, de feestdag van Onze-Lieve-Vrouw-Geboorte, kreeg nu de naam Onze-Lieve-Vrouw-van-de-Overwinning en wordt nog steeds gevierd. Ook de stadjes aan de Grand Harbour kregen een nieuwe naam. Birgù herdoopte men in *Vittoriosa* (Zegevierende), Bormla in *Cospicua* (Opvallende) en Senglea kreeg de bijnaam *Invitta* (Onoverwonnene). De laatste bijnaam is echter nooit in zwang gekomen. De belegerden hadden 8000 omgekomen soldaten en burgers te betreuren, en 219 ridders.

Bloeitijd ridders op Malta (1565-1798)

Kort na de belegering viel het besluit om een stad te stichten op kaap Sciberras, die de inham Marsamxett scheidt van de Grand Harbour. Op de punt van deze kaap had het fort Saint Elmo gelegen, dat door zijn taaie weerstand Malta had gered. Voor het geval van een toekomstige belegering oordeelde men het beter als de ridders hun macht geconcentreerd zouden hebben op deze strategische landtong. De nieuwe stad kreeg imposante vestingwerken en smalle, dus goed verdedigbare straten.

Onder de indruk van de heldhaftige weerstand tegen de Turken schonken be-

Een van de bolwerken van de johannieter ridders in Grand Harbour

vriende mogendheden geld, dat gebruikt werd om de in puin geschoten vestingwerken te herstellen en de belangrijkste gebouwen neer te zetten in de nieuwe stad, die naar de grootmeester 'Valletta' werd genoemd. De eerste steen voor de stad werd gelegd op 28 maart 1566; het eerste gebouw was de kerk Onze-Lieve-Vrouw-van-de-Overwinning.

Toen La Valette in 1572 overleed, was Valletta nog niet echt als stad herkenbaar. Toch was de stichting van Valletta het begin van een periode van grote bloei voor Malta en de ridders. Weliswaar lag het eiland aan de rand van de christelijke wereld, maar de hoogadellijke ridders die zich er vestigden, hadden nu genoeg gelegenheid om zich met kunst en cultuur bezig te houden, want de Turken keerden nooit terug. Dat wilde overigens niet zeggen dat de ridders hun piratenbestaan opgaven: ze bleven een plaag voor de islamitische scheepvaart op de Middellandse Zee. De ridders die echter na een succesvolle loopbaan als scheepskapitein terugkeerden naar de vaste wal, werden daar geacht hun promoties luister bij te zetten door op eigen kosten opdracht te geven voor een of andere fraaie kapel, of voor een nuttig openbaar werk.

Niet alleen waren de ridders vaak erg rijk, ze waren ook gewend aan een bepaalde manier van leven. De theater- en muziekuitvoeringen, de schilderkunst, de beeldhouwwerken die ze kenden van thuis, wilden ze op Malta ook om zich heen hebben. Daarom verrees bijvoorbeeld het schitterende barokke Manoel Theatre en kregen schilders als Caravaggio (📖 p. 68) en Preti belangrijke opdrachten.

Een deel van de Maltese bevolking profiteerde van de weelde van de ridders: men vond werk als bediende, handwerksman en bouwvakker. De rest van de bevolking bleef echter zwoegen op het land. Velen hoopten een stukje van de Maltese rots te ontginnen en zo een eigen akkertje te hebben. Dat werd op den duur een probleem, want zelfs de bolwerken van de ridders werden van aarde ontdaan door gretige boeren in spe, tot een verbod hier een eind aan maakte.

De oude Maltese adel bleef zich afzijdig houden en sloot zich op in zijn middeleeuwse paleizen in Mdina – waar een aantal van hun nakomelingen nog steeds leeft – en liet zich niet zien.

De taak van de ridders als ziekenverzorger, een overblijfsel uit het grijze verleden van de kruistochten, bleven ze serieus nemen. Iedere vrijdag kwam de grootmeester naar het ziekenhuis om daar te helpen bij de verpleging. Het hospitaal kreeg alle aandacht en behoorde tot de allermodernste en best uitgeruste ziekenhuizen van Europa. Erg prettig voor de Maltese zieken was dat de ziekenzorg ook gratis was. En dan mochten ze bovendien eten met zilveren bestek. Het Museum van Schone Kunsten in Valletta bewaart hier nog voorbeelden van. Een ander museum, het huiselijke Casa Piccola Rocca, bezit enkele chirurgische instrumenten uit het hospitaal – die in ieder geval voor de leek niet van moderne zijn te onderscheiden.

Verval van de orde

Natuurlijk trad er na verloop van enige tijd decadentie en verval op. Ook op Rodos was er al sprake van ridders geweest die het met alle ridder- en monniksgeloften niet zo nauw namen.

Een politiek probleem was dat de orde gebonden was aan neutraliteit en met geen van de christelijke mogendheden een afzonderlijk verbond mocht sluiten. Zolang geen van de christelijke landen Malta aanviel, was dat echter nog niet het ergste.

De vloot verouderde. De galeien van de orde, wendbare en op zich geschikte vaartuigen voor de vaak windstille Middellandse Zee, waren zeker aan het einde van de 18de eeuw geen partij voor de steeds grotere conventionele oorlogsschepen, die van boeg tot achtersteven vol stonden met zware kanonnen, waarbij de zware scheepskanonnen van één schip opwogen in vuurkracht tegen die van een heel landleger.

De orde kreeg, ondanks de rijkdom van haar leden, te maken met financiële en economische problemen. De financiele en politieke genadeslag voor de orde was de Franse Revolutie. De 400 Franse ridders (op een totaal van 600) wisten eigenlijk niet welke partij ze moesten kiezen: voor hun land of voor hun stand en orde. In 1791 beroofde een Frans decreet de ridders die bij de orde bleven, van hun nationaliteit. In 1792 werd het omvangrijke Franse ordebezit (de helft van het totale ordebezit en daarmee de helft van de orde-inkomsten) in beslag genomen.

Komst van Napoleon

In 1798 verscheen Napoleon met een vloot bij het eiland. Eigenlijk was hij op weg om Egypte aan te vallen, maar hij had aan een paar dagen op Malta voldoende om op het eiland alles op zijn kop te zetten.

De merendeels Franse ridders en hun soldaten boden niet of nauwelijks weerstand. De laatste grootmeester, de Duitser Von Hompesch, was een aardige en goedwillende man (hij was de eerste grootmeester die het Maltees beheerste), maar geen krachtfiguur. Napoleon beloofde de ridders een pensioen en joeg ze min of meer van het eiland af. Hij reisde verder naar Egypte en liet een Frans garnizoen achter. Napoleon introduceerde ook nieuwe wetgeving, de Co-

Dit portret van grootmeester Pinto in de kathedraal van Valletta lijkt op afstand een schilderij, maar is een mozaïek. De ridders verfraaiden stad en kerken met geld uit hun eigen (gelukkig goedgevulde) zak.

de Napoléonique, die ten dele nog steeds wordt gebruikt.
De Fransen maakten één fatale fout: ze vergrepen zich aan kerkelijke bezittingen. De met armoede bedreigde priesters begonnen de diep religieuze bevolking op te stoken, wat hun niet veel moeite kostte. In minder dan geen tijd werd het Franse garnizoen belegerd in Valletta door de anders zo vreedzame, maar nu met jachtgeweren en hooivorken bewapende Maltezen. De Engelsen, erop uit Napoleon te bestrijden waar ze konden, stuurden op verzoek van de ridders hulp en in 1800 waren de Fransen vertrokken.

ENGELSE TIJD

19de eeuw

In 1802 (Vrede van Amiens) waren de grote mogendheden het eens geworden over een teruggave van Malta aan de ridders, maar de orde was toen al zover uiteengevallen dat dat geen reële mogelijkheid bleek. Bovendien was de vrede tussen Frankrijk en de geallieerden buitengewoon wankel. De Maltezen zelf gaven de voorkeur aan een Engels bewind; voorlopig bleven de Engelsen officieus op Malta. Pas in 1814 (Vrede van Parijs), na de val van Napoleon, zou de status van Malta definitief geregeld worden: het eiland werd een Britse kroonkolonie, bestuurd door een gouverneur.

Handelshaven en vlootbasis

De 19de eeuw begon met een tijd van welvaart voor Malta. Napoleon had een handelsblokkade ingesteld tegen Engeland, die gold op een groot deel van het Europese vasteland. De handel die wel doorging, liep voor een belangrijk deel via Malta. Aan deze periode kwam echter een eind toen Napoleon verslagen werd (1813) en de handel weer volgens de normale kanalen ging lopen. Bovendien werd Malta in 1812 getroffen door een ernstige pestepidemie, die ook de handel verlamde. Daarna kon ook de niet al te grote werkgelegenheid dankzij de Britse vlootbasis weinig soelaas brengen. In 1844 werd echter een groot dok gebouwd voor oorlogsschepen, wat direct en indirect een bijdrage leverde aan de eilandeconomie.
In 1869 ging het Suezkanaal open en werd Malta van meer belang als vlootbasis. Het beschermde nu ook de scheepsroute van Engeland naar India. Door de positie langs die verbinding verbeterde ook de handel op het eiland en kwam er meer welvaart. Aan het einde van de 19de eeuw nam de bevolking echter zo sterk toe dat er niet genoeg werkgelegenheid op het eiland was. Veel Maltezen emigreerden, vooral naar Noord-Afrika, maar ook naar andere landen aan de Middellandse Zee.

Engels bestuur

Voorzichtig voerden de Engelsen kleine hervormingen door op juridisch en bestuurlijk gebied. Wat de kerk betrof had een commissie in 1812 al vastgesteld dat men daar maar beter van af kon blijven, om 'de verontwaardiging van een boze priesterklasse' te vermijden. De Engelsen hadden de les van de Fransen geleerd. Ook op ander gebied hoefde er weinig te veranderen, stelde de commissie vast. De meeste Maltezen waren tevreden, omdat er eindelijk eens flink verdiend kon worden. Alleen wat onruststokers uit 'de hogere klassen en bepaalde beroepen' stelden prijs op een democratische volksvertegenwoordiging.
Een bescheiden verandering die wél welkom was, hield in dat de rechters voortaan een vast salaris kregen: ze hadden namelijk de neiging om zaken oneindig lang te rekken om er zo meer aan te verdienen.

JOHANNIETER ORDE NA 1800

Ten gevolge van de Hervorming bestaat de johannieter orde tegenwoordig eigenlijk uit twee takken: de protestantse orde van Sint-Jan (in Nederland 'johannieter orde in Nederland' geheten) en de rooms-katholieke 'soevereine en militaire orde van Malta', die haar hoofdkwartier in Rome heeft. De protestantse tak ontstond toen Duitse ridders zich tot het protestantisme bekeerden, maar toch de orde niet in de steek wilden laten. Hier komt verder uitsluitend de katholieke afdeling aan de orde; die heeft nog altijd de nauwste banden met Malta.
Na het vertrek uit Malta raakte de orde in een crisis. Ridders die de capitulatie van Von Hompesch niet erkenden, riepen in 1799 tsaar Paul I uit tot beschermer van de orde en verplaatsten de zetel van de orde naar Sint-Petersburg. Later verhuisde de hoofdzetel van de orde naar Catania (Sicilië), Ferrara en ten slotte Rome (1834).
De orde heeft zich na 1834 weer toegelegd op de ziekenzorg, zoals in haar allereerste tijd. Ook geeft ze steun bij grote rampen en verleent hulp aan pelgrims. De orde heeft waarnemersstatus bij de Algemene Vergadering van de Verenigde Naties. Goedkeuring van de gekozen grootmeester zou voor een nog steeds soevereine orde strikt genomen niet nodig zijn, maar omdat men tenslotte deel is van de rooms-katholieke Kerk, is instemming van de paus vereist. Binnen de Kerk komt de grootmeester in rang onmiddellijk na de laagste kardinaal. Het voorlaatste hoofd van de soevereine orde van Malta was Andrew Bertie (1929-2008), die voor zijn verkiezing tot grootmeester op Malta woonde en daarom door de Maltezen als een soort landgenoot gezien werd. Zijn volledige titel was Zijne Hoogst Eminente Hoogheid Fra Andrew Willoughby Ninian Bertie, Prins en Grootmeester van de Soevereine Militaire Hospitaalorde van St.-Jan van Jeruzalem, van Rodos en van Malta, Hoogst Nederige Wachter van de Armen van Jezus Christus.

Eerste Wereldoorlog

De strijd van de Eerste Wereldoorlog ging aan het eiland zelf voorbij, maar men kreeg er wel indirect mee te maken. Ongeveer 30.000 Maltezen vochten mee in het Britse leger. De oorlog zorgde ook voor veel werk in de haven, en de scheepsdokken en -werven werkten op volle toeren. In 1915 ondernamen Engeland en Frankrijk een aanval op de Dardanellen, wat uitliep op een mislukking. De gewonden van het front werden naar Malta gebracht, waar 27.000 bedden voor hen klaar stonden. Daardoor kreeg het eiland de bijnaam 'verpleegster van de Middellandse Zee'.

Zelfbestuur

Op Malta liet de Eerste Wereldoorlog een kater achter. Niet alleen waren er Maltezen gesneuveld in de loopgraven, maar ook zakte de eilandeconomie in. De vloot vertrok grotendeels en het werd weer stil in de havens en op de werven. Er bleven veel Maltezen emigreren, nu onder andere naar Australië en Zuid-Amerika. Onder de jongere generatie kwam het echter tot ongeregeldheden (1919) en men riep om zelfbestuur.

Na de allereerste commissie in 1812 waren er nog diverse pogingen van de Britten geweest het eilandbestuur goed te regelen. Eén probleem was daarbij nooit opgelost: dat Malta een vlootbasis had, maakte het voor de Britten onmogelijk veel van het gezag over het eiland af te staan. Aan de andere kant hadden de Maltezen er inmiddels wel degelijk behoefte aan hun eigen zaken te regelen. Ze eisten een redelijk aandeel in het bestuur van het eiland.

In 1921 hakten de Engelsen de knoop door en gaven Malta zelfbestuur op het gebied van interne zaken. Er kwamen Maltese ministers, een senaat en een wetgevende vergadering, waarvan de prins van Wales (de latere, kortstondige koning Edward VIII) de eerste bijeenkomst voorzat.

De oudste partijen waren de Anglo-Maltese Partij (later de Constitutionalistische Partij) en de Nationalistische Partij. De leider van de Anglo-Maltese Partij was Lord Gerald Strickland, die van 1927 tot 1932 premier was. Hij voerde een aantal hervormingen door, maar raakte in conflict met de kerk. De verkiezingen in 1930 werden door de Britten opgeschort en de grondwet van 1921 werd tijdelijk buiten werking gesteld. Bij de verkiezingen van 1932 leed Strickland door zijn conflict met de kerk een nederlaag en kwam de pro-Italiaanse Nationalistische Partij aan de macht. Het gebral van Mussolini, die graag aansluiting zag van Malta bij Italië, sloeg echter niet aan bij het Maltese volk. Ook de Engelsen, bezorgd over hun vlootbasis, waren er verre van gelukkig mee. Ondertussen begon de Nationalistische Partij het Italiaans (eeuwenlang op Malta de taal van adel, betere standen en hogere beroepsgroepen) in te voeren op school. Het Maltees, dat de Engelsen in 1931 als officiële taal hadden geïntroduceerd bij de rechtbanken, schaften de Nationalisten weer af.

Opnieuw grepen de Engelsen in en stelden het zelfbestuur buiten werking. In 1933 werd het Italiaans als officiële taal afgeschaft; de Italiaanse school en het Italiaanse cultuurinstituut werden gesloten.

In de tweede helft van de jaren dertig ging het economisch beter: in verband met de dreiging die uitging van nazi-Duitsland en het fascistische Italië werd de vlootbasis versterkt. Het eiland was nog altijd afhankelijk van de Royal Navy. Vroege pogingen om het toerisme op gang te brengen, werden belemmerd door het imago dat Malta had als grimmig eilandfort.

Tweede Wereldoorlog

Toen Engeland en Frankrijk in september 1939, na de Duitse inval in Polen, aan Duitsland de oorlog verklaarden, merkte Malta daar aanvankelijk nauwelijks iets van. Alleen de vloot en de luchtmacht werden, zoals dat heet, in verhoogde staat van paraatheid gebracht. Op 10 juni 1940 koos Italië echter de kant van Duitsland. De volgende dag al vlogen de eerste Italiaanse bommenwerpers boven het eiland.

Het eiland was eigenlijk niet voorbereid op de strijd die komen ging. De marine had het belang van Malta ingezien: vanaf Malta kon de zeeroute tussen Gi-

Oorlogsschip in Grand Harbour

braltar en Egypte worden verdedigd en anderzijds de verbinding tussen Italië en de Italiaanse koloniën afgesneden. De marine wilde het eiland dan ook verdedigen, maar de luchtmacht oordeelde dat het niet te verdedigen was tegen luchtaanvallen, onder andere omdat Sicilië te dichtbij was.

In de loop van de oorlog kreeg de marine gelijk. Vanuit Malta opererende schepen waren een plaag voor de aanvoerlijnen van de Italianen en het Duitse Afrikakorps, toen ook de Duitsers zich in de strijd om Noord-Afrika mengden.

De *Luftwaffe* kwam de Italianen te hulp en begon Malta eveneens te bombarderen. Malta zat aanvankelijk zonder jachtvliegtuigen. Met veel kunst- en vliegwerk wist men enkele ouderwetse Gloster Gladiator-dubbeldekkers strijdklaar te maken, die de bijnamen *Faith*, *Hope* en *Charity* kregen: Geloof, Hoop en Liefde. Later konden deze toestellen gelukkig worden vervangen door de moderne Hurricanes en Spitfires.

Voedsel en munitie moesten van buiten Malta worden aangevoerd: konvooien uit Gibraltar en Alexandrië verduurden zware aanvallen van Duitse vliegtuigen en onderzeeërs om met maar een deel van de schepen aan te komen in de Grand Harbour: meestal vlak voor de volgende luchtaanval.

Op het somberste ogenblik van de strijd kreeg het eiland van koning George VI van Engeland het George Cross, dat nog steeds de nationale vlag siert. Het was ook de enige keer dat deze hoge onderscheiding niet aan een individu, maar aan een hele gemeenschap – soldaten en burgers – werd uitgereikt.

Niet alleen deze morele steun was hard nodig. In mei 1942 was de situatie wanhopig. De Britse gouverneur Dobie had uitgerekend dat er zo weinig voorraden waren dat hij in augustus zou moeten capituleren. Zelfs de aankomst van vijf vrachtschepen van een konvooi van veertien voelde men al als een triomf. Daarvan werd de tanker Ohio de haven 'ingedragen', ingeklemd tussen twee andere schepen die zo voorkwamen dat het lek geschoten schip met zijn kostbare lading naar de zeebodem verdween. Dit konvooi noemden de gelovige Maltezen het Santa-Marijakonvooi, want de Ohio was binnengelopen tijdens de *festa* van Maria-Hemelvaart (15 augustus 1942).

Aan de andere kant, de aanvallen die bommenwerpers vanaf het eiland ondernamen op de Duitse en Italiaanse transportschepen, richtten zo veel schade aan – in één bepaalde maand 60 procent van de lading – dat de opmars van generaal Rommels geduchte Afrikakorps haperde en tot stilstand kwam.
Doordat de Duitse bommenwerpers nodig waren bij de strijd in Rusland (vanaf 10 juni 1942) nam de hevigheid van de Duitse luchtaanvallen af en kon Malta zich herstellen. Montgomery rukte op in Noord-Afrika en schakelde daarmee ook een aantal Duitse vliegvelden uit die langs de konvooiroute lagen. Langzaam herademde het aan puin gebombardeerde Malta.
Ondanks haastig in de rots uitgehakte schuilkelders waren er onder de burgerbevolking 1490 slachtoffers gevallen. Er waren 35.000 huizen vernietigd door de bommen; de straten van Valletta lagen vol met metershoog puin.
In juni 1943 diende Malta als uitvalsbasis bij de geallieerde landing op Sicilië. Voor Malta was toen het ergste leed van de oorlog achter de rug.

Naar zelfstandigheid

Na de oorlog kreeg Malta veel geld van Engeland voor de wederopbouw. De vraag was echter wat er met de politieke status van het eiland moest gebeuren. In 1947 herkreeg het zijn zelfbestuur en hield het bovendien op kroonkolonie te zijn. Er kwam een nieuwe grondwet en het vrouwenkiesrecht werd ingevoerd.
Bij de verkiezingen kwam voor het eerst Labour aan het bewind, onder premier Paul Boffa. In zijn kabinet zat ook een politicus met een grote toekomst: Dom (Dominic) Mintoff, de minister van Openbare Werken (pp. 148-9). In 1950 volgde een conflict tussen de twee mannen en een splitsing in de partij: Labour koos de zijde van Mintoff, terwijl Boffa de Onafhankelijke Labourpartij oprichtte. Door het conflict verloor Labour echter de volgende verkiezingen (1951) en kwam de Nationalistische Partij aan de macht.
In 1955 werd Dom Mintoff premier. Hij diende het plan in voor een referendum voor volledige aansluiting bij Groot-Brittannië: Malta zou een integraal deel worden van het Verenigd Koninkrijk, met drie zetels in het Lagerhuis. Aan het referendum namen 90.000 kiezers deel, waarvan er maar liefst 60.000 vóór stemden. De Britse regering, hoewel enerzijds aangetrokken tot het voorstel, vond anderzijds dat er te veel haken en ogen aan zaten. Men kwam met de smoes 'dat het referendum niet de mening vertolkte van degenen die niet gestemd hadden'. Anders gezegd: wie zwijgt, stemt tegen.
Malta en Engeland waren nog steeds aan het overleggen over het idee toen bekend werd dat Engelse defensiebezuinigingen 13.000 Maltese werknemers op de vlootbasis werkloos dreigden te maken. Mintoff draaide om als een blad aan de boom. Wat hij nu wilde, was niets minder dan volledige onafhankelijkheid.
Dit leidde tot nieuwe onrust en de Engelsen schortten weer eens de Maltese grondwet op, van 1958 tot 1962, en namen daarbij alle touwtjes in handen. De grote Engelse marinedokken waren echter een te zware financiële last geworden. 'Malta,' zo zei een nota van de *Colonial Service*, 'moet in de grote wereld erop uitgaan om zijn eigen geld

te gaan verdienen.' Toen dit standpunt eenmaal was ingenomen en ook de twee grote Maltese partijen voor volledige onafhankelijkheid bleken te zijn, was de Maltese onafhankelijkheid in twee jaar een feit (1964).

ONAFHANKELIJKHEID

Jaren zestig

Op 21 december 1964 werd Malta definitief onafhankelijk, nadat er nog een referendum was geweest over de vraag hoe de nieuwe staat eruit moest zien. Malta trad toe tot de Raad van Europa, de Verenigde Naties en het Britse Gemenebest. Ook werd het geassocieerd lid van de EEG. Een door de Engelse kroon benoemde gouverneur-generaal, en daarmee eigenlijk de Engelse koningin zelf, zou nog staatshoofd blijven.

Bij de verkiezingen van 1964 waren de Nationalisten weer aan het bewind gekomen, vermoedelijk omdat een conflict van Mintoff met de kerk de Maltese kiezers kopschuw maakte. George Borg Olivier werd de eerste 'onafhankelijke' minister-president. Gedurende de jaren zestig bleef zijn partij aan de macht.
Nog altijd leunde Malta economisch op de Engelse militaire aanwezigheid. De wereld was echter sinds het einde van de oorlog veranderd; Egypte noch India behoorde nog tot het Engelse koloniale rijk, en de vrije doorvaart door de Middellandse Zee was meer een NAVO-belang geworden. Dat belang kon bovendien beter vanaf bases op Sicilië en desnoods met vliegdekschepen beschermd worden dan met een paar verouderende oorlogsschepen vanaf Malta. Engeland wilde dus af van de dure basis. In 1967 stelde de regering voor om de marinebasis te sluiten, het garnizoen terug te trekken en alleen nog een militair vliegveld te handhaven. Dit leidde op het eiland tot heftige verontwaardiging, vanwege de rampzalige gevolgen die deze plannen zouden hebben voor de werkgelegenheid.
Engeland bood toen aan te helpen bij het geschikt maken van de werf voor burgeropdrachten en bij het stimuleren van industrie en toerisme. De basis zou echter in 1979 sluiten.

Terugkeer van Dom Mintoff (1971-1984)

In 1971 brak een lange periode aan waarin Labour en Dom Mintoff aan de macht waren. De laatste staatkundige banden met Engeland werden doorgesneden in 1974. Dom Mintoff riep de republiek uit: een Maltese president verving de Engelse koningin als staatshoofd.
Zonder de dierbare neutraliteit op te geven zocht Dom Mintoff toenadering tot China, Libië, Italië en de Sovjet-Unie. Dat leverde het economisch zwakke Malta respectievelijk het volgende op: goedkope leningen van China, goedkope olie uit Libië, erg weinig uit Italië, en klandizie van de Russische vloot.
Met Libië had het in de tussentijd (1980) ook nog een conflict over olieboringen in het zeegebied tussen de beide landen. Libië weigerde mee te werken aan een oplossing bij het internationale gerechtshof in Den Haag en stuurde een oorlogsschip naar het Italiaanse schip dat namens Malta boringen deed. Mintoff zond vervolgens de Libische adviseurs en studenten op Malta naar huis en sloot het Libische radiostation.
Binnenslands stuitte Mintoffs beleid op verzet, onder andere natuurlijk bij de conservatieve Nationalisten. Die vroegen zich bijvoorbeeld af wat een rooms-katholiek land als Malta voor heil te verwachten had van een islamitische leider als Gadaffi. En de verhouding tussen

Mintoff en de kerk was toch al nooit erg warm geweest.
In de jaren tachtig verscherpten de politieke tegenstellingen zich. In 1981 beschuldigde de Nationalistische Partij de Labourpartij ervan geknoeid te hebben met de grenzen van het kiesstelsel. Labour had bij de verkiezingen namelijk minder dan 50 procent van de stemmen gehaald, maar verwierf wel de meerderheid van de zetels. De Nationalistische afgevaardigden zouden pas in 1983 hun plaats in het parlement innemen.
Het laatste jaar waarin Mintoff regeerde, 1984, was erg gewelddadig. Er werden brandstichtingen en zelfs politieke moorden gepleegd. Er was ruzie met de kerk over de vraag of het rooms-katholieke (particuliere) onderwijs ook gratis moest zijn; dit leidde tot een bestorming van de curie in Floriana.

Na Mintoff

In december van 1984 trad Mintoff af en werd opgevolgd door zijn vice-premier, Mifsud Bonnici, een minder provocerende figuur dan zijn voorganger. Hij wist wat olie op de golven te gooien, onder andere door de relatie met het Vaticaan te verbeteren. Bonnici sloot echter ook verdragen met de landen van het Oostblok.
In 1987 dreigden de verkiezingen weer uit de hand te lopen. Er werd een aanhanger van de Nationalistische Partij vermoord en er waren ernstige ongeregeldheden. Labour beloofde de regering over te dragen aan de Nationalisten als het de verkiezingen verloor. Die machtsoverdracht was gezien de gebeurtenissen in de jaren daarvoor minder voor de hand liggend dan op het eerste gezicht lijkt. Mogelijk door deze belofte verliepen de eigenlijke verkiezingen echter rustig. Labour verloor en hield zich aan zijn afspraak. Eddie Fenech Adami werd de nieuwe eerste minister.
De Nationalisten namen afstand van het Labour-beleid om vooral contact te zoeken met het Oostblok. 'Malta's natuurlijke plaats is in het westen,' verklaarden de Nationalisten.

Bij Europa

In 1992 werd het lidmaatschap van de EU aangevraagd. Het economische beleid werd aangepast met privatiseringen en het opheffen van importheffingen en andere belemmeringen. De zuidelijke EU-leden, zoals Spanje en Portugal, zagen Malta graag toetreden, nu het zwaartepunt van de groeiende Europese markt zich meer naar Noord- en Oost-Europa leek te verplaatsen. Het nieuwe beleid was echter een radicale breuk met het oude socialistische protectionisme en in 1996 besloot men de banden met de EU niet nauwer aan te halen. Vier jaar later kwam er toch weer beweging in, ondanks weerstand van de socialistische vakbond, de General Workers Union, wat er uiteindelijk toe leidde dat Malta volwaardig EU-lid (mei 2004), Schengenland (december 2007) en onderdeel van de Eurozone (januari 2008) werd. De dagen van het excentrieke buitenlandbeleid van Dom Mintoff lijken voorgoed voorbij.

En met Dom Mintoff, mocht u dat zich afvragen, gaat het goed. In 1998 vloerde hij als een krasse *éminence grise* de regering van zijn eigen Nationalistische Partij door een conflict met de opvolger van zijn opvolger. Hij brak daarop met de partij en deed voor het eerst in decennia niet mee aan de verkiezingen, maar zelfs nu hij 84 jaar is, schat de *Times of Malta* zijn aanhang op 5000 man, genoeg voor een politieke aardverschuiving op Malta. Binnen zijn eigen district Cospicua, de arbeidershavenwijk waar hij geboren en getogen is, kan hij ook nog altijd rekenen op honderden stemmen. Genoeg om nog jaren velen dwars te zitten.

SALVS IN PERICV

Kunst en cultuur 3

Maltezen zijn bovenal bouwers, en dan vrome bouwers en bouwers in het groot, lijkt het. De oudste vrijstaande gebouwen ter wereld staan op de Maltese eilanden, en dat zijn tempels. De afgelopen eeuwen gold de grootste inspanning kerken. Er zouden er 365 zijn op Malta, zegt men, één voor iedere dag van het jaar. Hun formaat is eerder dat van Wenen of Rome dan van dorpen als Mosta of Naxxar.

De grootste bloeitijd van de kunst na de prehistorie is onbetwist de bloeitijd van de johannieter ridders op het eiland, de 16de en 17de eeuw. Ook de beste beeldende kunst is daarom religieus geïnspireerd – afgezien van enkele portretten en standbeelden – en naar de mode van die tijd in renaissance-, maniërisme- en barokstijl. Vooral de barok is nooit meer weggegaan en vloeit naadloos over in neobarok. Een kerk met de karakteristieke koepels en krullen kan op Malta evengoed 20 als 200 jaar oud zijn.

In de schaduw van uit het buitenland gehaalde grootheden werkten de toegewijde Maltese handwerkslieden, grotendeels anoniem maar heel bekwaam. Hun Versailles – zo goed als dat van de eigenaar – is het ook al weer barokke Palazzo Parisio in Naxxar.

ARCHITECTUUR

Prehistorie en oudheid

De prehistorische tempels (ca. 3600–ca. 2500 v.Chr.), die in het vorige hoofdstuk aan bod kwamen, vormen een eenzaam hoogtepunt in de geschiedenis van de architectuur op Malta. Uit de lange periode tussen de ondergang van de tempelculturen en de komst van de Romeinen (218 v.Chr.) is geen architectuur bewaard gebleven. In de Fenicische en Carthaagse tijd (ca. 1100–218 v.Chr.) stonden er op diverse plaatsen tempels, maar daar is nu niets meer van te zien.

De Romeinen die zich op Malta vestigden, brachten al het comfort mee waaraan ze elders in het Romeinse Rijk gewend waren geweest. Bij Rabat is een Romeinse villa opgegraven waarin men nu een museum heeft ingericht. Deze villa vertoonde overeenkomst met

Mariabeeld in Mdina

Romeinse villa's in Noord-Afrika. Bij Għajn Tuffieħa zijn nog de ruïnes van Romeinse thermen (baden) te zien, die werden aangelegd om te profiteren van de plaatselijke bronnen.
De Romeinen bouwden tempels op de restanten van Fenicische heiligdommen, zoals op de citadel van Victoria (Gozo) en mogelijk bij Marsaxlokk. Al deze heiligdommen hebben echter plaats moeten maken voor christelijke kerken. In een van de redevoeringen van Cicero komt een rijke Maltese tempel ter sprake, die zou zijn leeggeplunderd door de toenmalige stadhouder van Sicilië, Verres (Cicero, *In Verrem* IV, 46, 103 e.v.). Mogelijk was dit de tempel die gevonden is bij Marsaxlokk.
De indrukwekkendste overblijfselen uit de Romeinse tijd zijn de catacomben. Vermoedelijk vanaf de 2de eeuw n.Chr. begon men met het uithakken ervan. Doordat men voor de ene na de andere heidense, christelijke of joodse familie graven uithakte in de koraalkalksteen, ontstonden in de loop der eeuwen ingewikkelde gangenstelsels. De graven in de catacomben verdeelt men onder in verschillende typen. Een *loculus*-graf is een eenvoudige, rechthoekige lage nis in de muur. De *loculi* ('plekjes') zijn vaak klein; dan gaat het om kindergraven. Een ander type is het zogeheten vloergraf. Dit is een ondiepe, rechthoekige

Rabat, catacomben van Sint-Agatha

uitholling in de vloer, al dan niet voorzien van een hoofdsteun. Deze graven komen vaak voor in paren. Tafelgraven zijn paarsgewijs uitgehakt in een plateau, dat wordt overspannen door een paar bogen die één geheel vormen met het dak van de catacomben. Een ingewikkelder type is het doodskistgraf: zoals de naam zegt, is dit de nabootsing van een doodskist. In een borsthoog plateau is een kamertje uitgehakt van ongeveer een meter hoog. Als 'dak' heeft dit type een in de rots uitgehakte plaat die het deksel van een doodskist imiteert. Een *arcosolium*-graf ten slotte bestaat uit een kamertje in de zijwand van de catacomben, toegankelijk via een nis met een boogvormige ingang. De zogeheten *agapè*-tafels zijn geen graven, maar aanligbanken waarop men een begrafenis- of *agapè*-maal ('liefdesmaal', voorloper van het Laatste Avondmaal) kon gebruiken. Het zijn rechthoekige plateaus, enigszins aflopend vanuit een cirkelvormig 'tafelblad' in het midden.
De graven en gangen werden hier en daar versierd met schilderingen (nu bijna allemaal verloren) en uitgehakte symbolen, die nu nog verraden welk geloof de overledenen aanhingen. Kruisen, vissen en duiven zijn voor de christenen, en menora's (zevenarmige kandelaars) voor joden. De catacomben bleven in gebruik tot aan de komst van de Arabieren. Vanaf dat moment begroef men de doden op bovengrondse begraafplaatsen.

Middeleeuwen

De oudste nog bestaande kerken waren holenkerken, nauwelijks meer dan in de rots uitgehakte kamers. De oorspronkelijke Mariakerk in Mellieħa was een voortzetting van een Fenicisch en later Romeins heiligdom, en de Immaculatakerk in Msida bevond zich op de plaats waar een joodse synagoge was. Hoe oud deze kerken zijn, is niet bekend, maar ze zijn in de periode voor de komst van de Arabieren (870) in gebruik genomen. Men bouwde ook bovengrondse kerken, maar deze waren heel klein en er is weinig over bekend.
Vervolging door de Arabieren was aanleiding voor de christenen om nog meer dan tevoren ondergronds te gaan, letterlijk en figuurlijk. Dit leidde tot een lange traditie van ondergrondse kerken op Malta, die zich voortzette tot lang na het vertrek van de islamieten.
In de eeuw na de komst van de Normandiërs (1090) werd een groot aantal kerken gebouwd. De kleine, eenvoudige en kubusvormige kerken uit deze tijd zijn nagenoeg allemaal vervangen door grotere, modernere kerken.
De Siciliaanse adel bouwde in Mdina en in Victoria (Gozo) paleizen in de Normandisch-Siculische stijl. Deze stijl was op het door de Normandische Vikingen geregeerde Sicilië ontstaan als een uitbundige mengvorm van West-Europese, Arabische en Byzantijnse bouwkunst: een kerk in West-Europese basiliekvorm werd dan bijvoorbeeld versierd met mozaïeken (een Byzantijns gebruik) en ingelegde vloeren (in Arabische stijl). Van deze uitbundigheid is op Malta echter niets terug te vinden. De paleizen van de adel die zijn overgebleven, telden aanvankelijk slechts één verdieping en waren nauwelijks gedecoreerd. Dikke muren met kleine vensters hielden de Maltese zomerhitte én eventueel ongenood bezoek buiten. Later in de middeleeuwen kregen de paleizen er een etage bij en voorzag men vooral de vensters en de deuropening van verfijnde, gebeeldhouwde versieringen. Aan deze bouwstijl bleef men zo lang vasthouden dat er nauwelijks gotische bouwkunst op Malta aanwezig is.

Middeleeuwse architectuur in Mdina

risme op Malta. De late Renaissancestijl hanteerde nog steeds de bouwelementen die in de eerdere fasen van de Renaissance uit de klassieke oudheid waren overgenomen – zuilen, frontons, sierlijsten en rondbogen –, maar kenmerkte zich door een zekere strengheid. In het maniërisme bleef men ook gebruik maken van de antieke bouwelementen, maar men voegde een overvloedige decoratie toe, om de laatrenaissancistische strakheid te doorbreken en te verlevendigen.

Aan het einde van de middeleeuwen werd er bijna niet meer gebouwd. De voortdurende piratenaanvallen, de schraapzucht van de Aragonese adel en pestepidemieën ontvolkten het eiland en brachten de overlevenden tot de bedelstaf.

Renaissance, maniërisme en barok

De komst van de johannieter ridders bracht een opleving in bouwactiviteit. Hun architecten introduceerden ook de late renaissancestijl en het maniërisme op Malta.

In het begin concentreerden de ridders hun bouwactiviteit in Birgù (nu Vittoriosa), waar ze de bescheiden, kloosterachtige *auberges* (hoofdgebouwen van de verschillende *langues* of nationaliteiten) neerzetten. Hun grootste besogne was echter de vestingbouw. Pas na het Grote Beleg (1565), toen de Turkse dreiging geweken was, kwam het tot een echte bloeiperiode in de architectuur. De plannen voor de aanleg van Valletta werden gemaakt door Francesco Laparelli da Cortona, een leerling van

Michelangelo. Bijzonder productief was de Maltese bouwmeester Girolamo Cassar (1520–1586). Hij ontwierp het Grootmeesterpaleis, Saint John's Co-Cathedral, zeven auberges en een aantal kloosters, parochiekerken en windmolens. In zijn werk gebruikte hij zowel laatrenaissancistische als maniëristische stijlelementen.

Na Cassar volgde nog een rij van Maltese bouwmeesters, die in Valletta het ene paleis na het andere bouwden en een aantal Maltese dorpen van een kolossale parochiekerk voorzagen. Cassars zoon Vittorio (1550-1610) bouwde de grote Assumptionkerk in Birkirkara; Tommaso Dingli bouwde het bisschopspaleis in Valletta; Lorenzo Gafà (1630–1704), de eerste Maltese barokarchitect, bouwde naast een groot aantal andere kerken de kathedraal van Mdina; Domenico Cacchia ontwierp de nieuwe Sint-Helenakerk in Birkirkara. De Maltese inbreng in de toenmalige bouwkunst was veel groter dan die in de schilder- en de beeldhouwkunst.

De barok maakte in de loop van de 17de eeuw haar entree. Zij onderscheidde zich van renaissancestijl en maniërisme door een imposant uiterlijk, bedoeld om het gezag van kerk of vorst te onderstrepen; op Malta ging het daarbij natuurlijk vooral om de grootheid van de johannieter orde. Anders dan in de renaissancestijl werd een grote gevel of muurpartij niet onderverdeeld in stroken met kleine zuilen en pilasters, maar koos men voor grote, vaak logge zuilen die bijna zo hoog waren als de muur waar ze voor of tegenaan stonden. Een nieuw basiselement in de barok was de ellips, die (als halve ellips) werd toegepast in gewelven en in de plattegrond van kerken.

Na 1800

Dankzij de toegenomen welvaart verrezen in de 19de eeuw nog meer grote

ARCHITECT RICHARD ENGLAND

Richard England zou geen echte Maltese architect zijn als zijn werk niet grotendeels religieus geïnspireerd was. Er staan veel kapellen en gebedsruimtes op zijn naam, zoals de kerk van Manikata, 1964-1972. Bovendien mocht hij het podium ontwerpen waarop paus Johannes Paulus II de mis opdroeg bij diens bezoek aan Malta. Hij werkt in een speelse, moderne stijl. Hij maakte ook een ontwerp voor het Valletta Entrance Project, dat de toegang tot Valletta behelst, met een nieuw busstation, winkelcentrum, en een algehele, broodnodige opknapbeurt voor het terrein van de verwoeste opera, waarin een theater moet worden gebouwd. Er zijn ook concurrenten en voortzetting van het project is onzeker. Hij was al betrokken bij het Centre for Creativity, een tentoonstellingsruimte in het bolwerk St. James Cavalier (www.sjcav.org). Richard England is ook actief als schrijver, dichter, schilder, beeldhouwer en fotograaf.

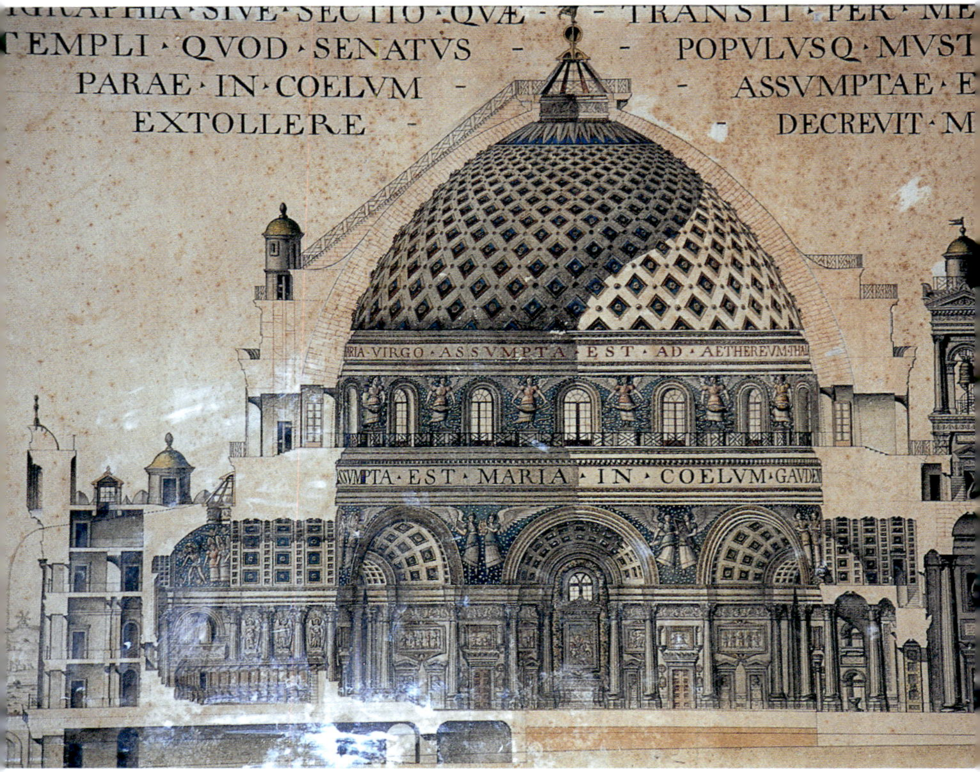

Tekening van de koepelkerk van Mosta

dorpskerken dan in de eeuw ervoor. Naast de barok konden andere bouwstijlen zich maar moeizaam een plaatsje verwerven en van verdringen – zoals dat elders gebeurde – was al helemaal geen sprake. De ronde koepelkerk van Mosta (1833, naar voorbeeld van het Pantheon, Rome) en het gebouw van de Nationale Bibliotheek (1794) vertegenwoordigen het classicisme. Ook zijn er enkele neogotische kerken, zoals in Għajnsielem (Gozo). Wel combineerde men in de 19de en 20ste eeuw vaak elementen uit de neoromaanse en neoclassicistische stijl met de neobarok.

Het Engelse bestuur voerde in de 19de eeuw strakke regels in om de kwaliteit van woonhuizen te verhogen. Dit leidde tot lange straten met allemaal eenvormige huizen: Coronation Street op zijn Maltees.

Vandaag de dag worden nog veel huizen in een soort barokstijl gebouwd. Omdat het bouwmateriaal, de globigerinenkalksteen, goedkoop en makkelijk te bewerken is, kan men zonder al te veel moeite zijn huis voorzien van sierlijsten, balustrades en balkons. Vooral in de toeristenplaatsen zult u echter ook veel moderne gebouwen zien die door bogen en patio's herinneren aan traditionele mediterrane of Italiaanse architectuur.

De laatste architectonische stijl, het postmodernisme, heeft het strikte functionalisme achter zich gelaten en 'citeert' uit vooral de antieke bouwstijl. Hij sluit dus naadloos aan op de van oudsher 'barokke' en eclectische Maltese architectuursmaak. Deze stijl wordt vooralsnog veel toegepast bij openbare en bedrijfsgebouwen. De meest vooraanstaande Maltese architect op dit moment is Richard England, wiens bekendheid zich inmiddels ook tot het buitenland uitstrekt (📖 p. 65).

SCHILDERKUNST

Middeleeuwen

De oudste vondsten op het gebied van de Maltese schilderkunst zijn schilderingen in de vroegchristelijke catacomben in Rabat. Dit zijn fragmenten die volgens kunsthistorici sterk lijken op schilderingen in de catacomben van Syracuse (Sicilië), en dateren van de periode dat het Romeinse Rijk tot het christendom was overgegaan (4de–5de eeuw). In de chaotische eeuwen daarna viel de artistieke productie stil en pas uit de late middeleeuwen, vanaf de 13de eeuw, is er weer schilderkunst bewaard gebleven. Het gaat om muurschilderingen die zijn aangetroffen in de catacomben van Sint-Agatha te Rabat, die nog steeds – of weer – in gebruik waren als heiligdom. Ook de zeer vereerde afbeelding van Maria in het grotheiligdom van Mellieħa is oud: ze zou van omstreeks 1300 dateren. Al deze schilderingen, met hun stijve, sjabloonachtig afgebeelde heiligen, vertonen invloed van de Byzantijnse kunst, maar zijn waarschijnlijk vervaardigd door Italiaanse of Siciliaanse kunstenaars.
Het museum van de kathedraal van Mdina bewaart een interessante verzameling middeleeuwse Maltese schilderkunst.

De tijd van de ridders (1530-1798)

De culturele bloei onder de ridders weerspiegelde zich ook in de schilderkunst. De autochtone Maltese schilders werden echter overvleugeld door vooral Italiaanse schilders die door de orde naar het eiland werden gehaald. De Maltese musea en kerken bewaren ook enkele doeken van 17de-eeuwse Noord- en Zuid-Nederlandse schilders die in Rome of Napels werkten of op studiereis waren (Matthias Stomer, Jean-Baptiste van Loo) of werken die aan hen worden toegeschreven (een lid van de familie Bloemaert en Jan Mostaert).
Het merendeel van de schilderkunst was religieus geïnspireerd: met veel dramatiek werd het gruwelijke einde van allerlei heiligen weergegeven. Verder maakte men natuurlijk portretten van johannieter ridders en grootmeesters.

De andere grote schilder van het 17de-eeuwse Malta, naast Caravaggio (📖 p. 68), was Mattia Preti (1633–1699). Hij kwam uit Zuid-Italië, bracht 34 jaar door op Malta en overleed er ook. Preti was onder meer beïnvloed door Caravaggio.
Toen Preti naar Malta kwam, was hij al tamelijk succesvol. In ieder geval kon hij het zich veroorloven om een genereus aanbod te doen: hij zou de plafonds van de Saint John's Co-Cathedral op eigen kosten beschilderen. De orde stemde natuurlijk toe en was tevens zo sportief om de schilder tot ridder te verheffen. Preti was bijzonder productief: alle belangrijke kerken bezitten werk van hem en ook het Museum van Schone Kunsten in Valletta heeft een grote verzameling van zijn schilderijen.
Net als Caravaggio had Preti een aantal navolgers op het eiland. Van hen had Giuseppe d'Arena (ca. 1633–1719) de stijl van Preti zo goed in de vingers dat mensen zijn werk soms voor dat van zijn grote voorbeeld aanzagen.

CARAVAGGIO

Aan het begin van de Maltese schilderkunst van de 17de eeuw staat Caravaggio (1573-1610), voluit Michelangelo Merisi da Caravaggio, hoewel hij minder dan twee jaar doorbracht (1607-1608) op Malta. In die korte tijd speelde hij het klaar om achtereenvolgens lid te worden van de johannieter orde, een onbekende misdaad te begaan, gevangengezet te worden, uit de gevangenis te ontsnappen en tussen de bedrijven door een aantal prachtige schilderijen te schilderen. Caravaggio onderscheidde zich door het realisme en het dramatische gebruik van licht en donker in zijn schilderijen. Zijn werken maakten grote indruk, maar riepen ook weerstand op: het idee dat een smerige bedelaar als model kon dienen voor een bijbelse figuur was ongekend in een tijd waarin de meeste schilderijen bol stonden van geïdealiseerde en geëxalteerde heiligen. Op Malta bevinden zich nog twee meesterwerken van Caravaggio: *De onthoofding van Johannes de Doper* (in het Oratorium in de Saint John's Co-Cathedral in Valletta; een hoogtepunt in zijn werk) en *De heilige Hiëronymus* (in de Italiaanse kapel van de Saint John's Co-Cathedral). Een prachtig portret van zijn beschermheer, grootmeester Alof de Wignacourt, hangt in het Louvre.
Caravaggio stond bekend als arrogant en gewelddadig. Hij werd geregeld gearresteerd wegens vechtpartijen en had wegens doodslag ook al uit Rome moeten vluchten. Hij overleed in Porto Ercole. Ook hier was hij weer eens gearresteerd (men had hem voor een bandiet aangezien, deze keer ten onrechte naar het schijnt) en toen hij twee dagen later weer vrijgelaten werd, was zijn schip vertrokken – met zijn bagage, dacht Caravaggio. Hij kreeg een verschrikkelijke woedeaanval, werd onwel en overleed aan de koortsaanvallen die daarop volgden. Het meest ironische is dat de kapitein de bagage keurig had laten afgeven in een nabije herberg. Een paar dagen later arriveerde ook een brief van de paus: na hevig aandringen van vrienden en beschermers had deze de schilder gratie verleend. Caravaggio was weer welkom in Rome; althans tot de volgende vechtpartij, zal de Heilige Vader er wel bij gedacht hebben.

Na de barok

Een belangrijke Maltese schilder van het einde van de tijd van de ridders was Giuseppe Grech (1706–1789), die schilderde in de sobere classicistische stijl. Van hem zijn slechts weinig werken bekend. Des te vervelender dat het grote portret dat hij maakte van grootmeester De Rohan begin 2001 uit het Nationale Museum in Valletta werd gestolen. Zijn tijdgenoot, de Franse schilder Antoine de Favray (1706–1798), kwam op Malta en bleef er werken tot aan zijn dood, bijna vijftig jaar lang. Hij schilderde land-

schappen, genrestukken en een aantal portretten.
Het vertrek van de ridders betekende een terugslag voor de Maltese schilderkunst. Met de johannieters verdween een aantal belangrijke opdrachtgevers. Van de schilders na de periode van de johannieters kan de Maltees Giuseppe Cali (1846–1930) genoemd worden. Hij werkte in allerlei genres: landschappen, stillevens, portretten en religieus werk.

De huidige Maltese schilderkunst onderscheidt zich niet of nauwelijks van die uit andere Europese landen. Als u een indruk wilt krijgen van de lokale productie, kunt u rondkijken in het Museum van Schone Kunsten (benedenverdieping) te Valletta of in het Kathedraalmuseum van Mdina.

LITERATUUR

Literatuur in het Maltees

In de 16de eeuw schreef Pietro Caxaro een gedicht in het Maltees, dat nu als mijlpaal voor het begin van het geschreven Maltees geldt. Toch zou het nog tot de 20ste eeuw duren voordat er sprake was van een geregelde literaire productie. Dat het Maltese taalgebied klein is, wreekt zich echter: er zijn geen Maltese schrijvers die het tot grote internationale faam hebben gebracht. Wat er in het Maltees geschreven wordt, onttrekt zich door het ontbreken van vertalingen aan het oog van de geïnteresseerde buitenlander.

Literatuur over Malta

Als deel van het Britse *empire* ontving Malta een aantal Engelse schrijvers die meestal op doorreis waren. In 1811 mopperde de licht kreupele Lord Byron (1788–1824) op rijm – ook kreupel – over de talloze trappen van Valletta: *Adieu, ye cursed stairs! How surely he who mounts you swears!* Geen hoogtepunt in zijn oeuvre dus. De dichter Samuel Coleridge (1772–1834) en de romantische romanschrijver Sir Walter Scott (1771–1832, de schrijver van *Ivanhoe*), waren wel te spreken over Malta, maar het eiland deed evenmin meesterwerken uit hun pen vloeien.
Diverse minder grote schrijvers lieten zich inspireren door het Grote Beleg van 1565 of door de Slag om Malta (1940–1943). Bij de Slag om Malta gaat het helaas vooral om veteranenliteratuur; daarin kunnen de overlevende RAF-piloten nazoeken waar, hoe en wanneer hun minder fortuinlijke kameraden zijn neergestort. Een positieve uitzondering is *Siege: Malta 1940–1943*, van de zeezeiler-schrijver Ernle Bradford (1922–1986).
Deze schreef bovendien over het Grote Beleg van 1565 het meeslepende *The Great Siege*, en op basis van zijn ervaringen als zeiler op de Middellandse Zee *The Mediterranean*, waarin Malta ook aan de orde komt.
Nicolas Monsarrat, bekend door zijn boek *The Cruel Sea*, schreef de sfeervolle roman *The Kapillan of Malta* (*De Pastoor van Malta*, Baarn: De Boekerij, 1973), dat speelt tijdens de Slag om Malta.
De Nederlandse literatuur heeft zich nauwelijks met het eiland bemoeid. Bertus Aafjes voer met een boot langs Gozo en wijdde een hoofdstukje aan de nimf Calypso (in *In Odysseus' kielzog*), maar ging niet aan wal. Bibliofiel en eilandenspecialist Boudewijn Büch bezocht de Nationale Bibliotheek (*Bibliotheken*) in Valletta en bracht voor het oog van de televisiecamera nog een bezoek aan het eiland Filfla.

Mocht u geïnteresseerd zijn in allerlei aspecten van de geschiedenis van

Malta, dan boft u: de Maltezen zijn op dit gebied niet te remmen en de meeste werken verschijnen – met het oog op de toeristenmarkt – in het Engels.

BEELDHOUWKUNST

Prehistorie

De oudste voorbeelden van beeldhouwkunst op Malta en Gozo zijn zelfs nog ouder dan de tempels. Ze stammen uit de Għar-Dalamcultuur (5500–4500 v.Chr). De beeldjes waren afbeeldingen van de vruchtbaarheidsgodin: een vrouw met kolossale heupen en dijen. Aanvankelijk waren de beeldjes vrij klein (minder dan 20 cm), maar in de loop van het Neolithicum werden ze groter, tot de meer dan levensgrote, staande godinnenbeelden aan toe zoals er één teruggevonden is in Tarxien (nu in het Archeologisch Museum in Valletta). Deze grote beelden zijn voor zover bekend de oudste sculpturen van dit formaat in de wereld. Men hield het overigens niet bij één type: deze vlezige godin wordt ook zittend en liggend afgebeeld. Sommige cultusbeelden hadden losse hoofden, die al naar gelang de tijd van het jaar werden verwisseld.
Verder tooide men de tempels met in de muren uitgehakte reliëfversieringen: slangen en spiralen. De geleerden zeggen dat dit symbolen zijn van de cyclus van geboorte, dood en wedergeboorte.

Oudheid en Middeleeuwen

Na de bloei in de prehistorie nam de productie sterk af. Uit de Fenicische tijd stamt een doodskist van klei, die gemaakt lijkt te zijn naar het voorbeeld van Egyptische mummiekisten (Archeologisch Museum, Valletta).
De sculptuur in de Romeinse tijd week niet af van de beeldhouwkunst die elders in het Romeinse Rijk geproduceerd werd. Uit die periode bewaart het Romeins Museum in Rabat een aantal realistische of geïdealiseerde portretkoppen, meestal van de keizerlijke familie. Dergelijke koppen en beelden werden neergezet op openbare plaatsen (markten, het forum, de thermen) en dienden als propaganda voor de regerende keizer en zijn familie.
Uit de vroege middeleeuwen (ca. 400–870) en de Arabische tijd (870–1090) is nauwelijks beeldhouwkunst bewaard gebleven. In de Arabische tijd mocht men zelfs niet eens beelden vervaardigen; de koran verbiedt dat.
In de middeleeuwen was de beeldhouwkunst op Malta, zoals ook in de rest van de christelijke wereld, uitsluitend religieus geïnspireerd: men beperkte zich tot heiligenbeelden en grafmonumenten. Piratenovervallen hebben ervoor gezorgd dat er ook uit deze tijd bijna niets is overgebleven.

Barok en daarna

Na de komst van de johannieter ridders (1531) bleef men aanvankelijk veel religieuze beeldhouwkunst produceren. De rijkdommen die binnenstroomden uit het privé-bezit van de ridders en uit de bezittingen van de orde op het Europese vasteland zorgden ervoor dat de hoeveelheid sculptuur toenam. Het ging daarbij vooral om de bekende suikerzoete barokke heiligen en om grafmonumenten van johannieter ridders en grootmeesters.
Heiligenbeelden bleef men overigens na de barok in dezelfde stijl maken, tot op de dag van vandaag; het verschil tussen een barok en een neobarok beeld is daarbij voor lekenogen niet te zien. De Maltese religieuze smaak is buitengewoon conservatief.
Vanaf de 17de eeuw lieten de ridders steeds vaker hun paleizen en tuinen ver-

Speed van Antonio Sciortino in het Museum of Fine Arts in Valletta

sieren met heidense goden, giganten en nimfen, naar het voorbeeld van de klassieke oudheid en van wat men thuis in Frankrijk, Italië of Duitsland gewend was geweest. De enige Maltese schilder en beeldhouwer die buiten Malta succes had, Melchiorre Gafà (1635–1667, broer van de architect Lorenzo Gafà), kreeg in 1666 een opdracht van de johanniter orde voor een beeldengroep getiteld *De doop van Christus*, te plaatsen in de Saint John's Co-Cathedral in Valletta. Hij werkte er anderhalf jaar aan, maar overleed voordat hij het werk kon voltooien.

De belangrijkste Maltese beeldhouwer uit de 20ste eeuw is Antonio Sciortino (1881–1947). Zijn werk wordt gerekend tot het futurisme (ca. 1910). Typerend voor een aantal van zijn beelden is dat ze beweging proberen weer te geven, op een manier die doet denken aan een foto die is genomen met een te trage sluitersnelheid. Een goed voorbeeld is het beeld *Speed* in het Museum voor Schone Kunsten in Valletta. Op het eerste gezicht lijkt dit alleen uit strepen te bestaan, maar wie goed kijkt, ziet dat het eigenlijk drie paarden zijn, alle drie op volle snelheid gevangen in hun beweging.

MINISTRY OF EDUCATION
RESTORATION WORKS
BY
GEROLAMO CASSAR
SCHOOL OF BUILDING
ISUZU

Valletta en Floriana 4

Valletta is het politieke en historische hart van Malta, als een oester verscholen achter de hoge wallen die de johannieter ridders in de 16de eeuw lieten aanleggen. Overdag is het in de rommelige grandeur van de straten een komen en gaan van ambtenaren, toeristen en winkelpubliek. Rond de (Noord-Europese) etenstijd – 18, 19 uur – blijft de stad een beetje stil achter: in ieder geval buiten het hoofdseizoen vindt u verbazend gemakkelijk een plekje op de absolute A-locatie: de terrassen voor de Nationale Bibliotheek. Het is het uur van de eigenzinnige toerist die in alle rust de oude huizen en paleizen wil bekijken, of die na enig zoeken een tentje gevonden heeft waar hij of zij gewoon tussen de Maltezen een goedkope pizza kan eten.

GESCHIEDENIS

Na het Grote Beleg van 1565 besloten de johannieter ridders een nieuwe hoofdstad te bouwen op de strategisch tussen de Marsamxett Harbour en de Grand Harbour gelegen rotsheuvel Sciberras. De Italiaan Francesco Laparelli da Cortona ontwierp een dambord van kaarsrechte straten, dat grotendeels zou worden volgebouwd met gebouwen van de Maltese bouwmeester Girolamo Cassar (1520–1586). Men begon Sciberras te egaliseren, maar dit karwei bleek uiteindelijk te omvangrijk. Sommige straatjes golven daarom als achtbanen op en neer, of zijn voorzien van trappen.

De indrukwekkende forten en bastions waren bedoeld om de stad tegen de Turken te verdedigen, maar deze hebben zich na 1565 nooit meer op het eiland vertoond. Het enige echte beleg van Valletta vond plaats van 1798 tot 1800. De stad werd toen belegerd door de Maltezen zelf, die massaal in opstand waren gekomen tegen het Franse bewind. Het Franse garnizoen had zich teruggetrokken in Valletta, in de hoop dat er versterkingen zouden komen. De Maltezen waren te zwak bewapend om Valletta stormenderhand in te nemen. Gesteund door een aantal Britse oorlogsschepen besloot men de Fransen uit te hongeren. Slechte oogsten zorgden er echter voor

Men had voor de aanleg van Valletta het terrein willen effenen, maar dit bleek uiteindelijk te veel werk.

N
Marsamxett Harbour
Saint Paul's Cathedral
Karmelietenkerk
Manoel Theatre
National Museum of Fine Arts
South Street
Melita Street
National Museum of Archeology
St. John's Co-cathedral
Street
Great Siege Square
Sint-Barbarakerk
Republic
St. Zachary Street
Freedom Square
Pope Pius V
Kerk van St.-Catharina van Italië
Auberge van Italië
City Gate
Ta' Vittoria-kerk
Street
Palazzo Parisio
Auberge van Castilië en León
Battery St.
Busstation
FLORIANA
Upper Barracca Gardens

Valletta

Saint Elmo Bay
War Museum
Fort Saint Elmo
English Curtain
French Curtain
West Street
Bakery Street
Strait Street
Republic Street
St. Nicholas Street
Casa Rocca Piccola
St. Christopher Street
Malta Experience Sacra Infermeria
Malta Wartime Experience
Merchants Street
Old Theatre Street
Oude Universiteit en Jezuïetenkerk
Republic Square
National Library
Grootmeesters-Paleis
Lower Barracca Gardens
Mediterranean Street
East Street
Saint John's Street
Grand Harbour
0
200 m

dat de belegeraars zelf nauwelijks minder honger leden dan de belegerden. Omdat de Fransen tussentijds toch nog kans zagen om voorraden aan te voeren, duurde het nog twee jaar voor ook de laatste honden, katten en ratten in de stad waren opgegeten en het garnizoen moest capituleren.

De grootste beproeving hadden Valletta en het gebied rond Grand Harbour te doorstaan in de jaren 1940–1942. Terwijl boven hun hoofd huizen werden gereduceerd tot puinhopen, leefden de Maltezen als holbewoners in de schuilkelders die men in de kalksteenbodem had laten uithakken. Net als bij de belegeringen van 1565 en 1798–1800 was het de vraag hoe lang men het zou kunnen uithouden voor de voorraden op waren. Uiteindelijk redde Malta het maar net.
Het stadsbeeld uit de tijd van de ridders is tot de dag van vandaag in essentie ongewijzigd gebleven. Weliswaar lag na de bombardementen het puin vele meters hoog in de nog nauwelijks herkenbare straten, maar bij de herbouw paste men meestal de barokke stijl toe die men al eeuwen gebruikte. Een lichte verwaarlozing heeft ervoor gezorgd dat het nu lijkt alsof ook de naoorlogse gebouwen er al weer tweehonderd jaar staan.
De bevolking van Valletta en Floriana neemt sinds het midden van de 19de eeuw af. De gestegen levensstandaard bracht de mensen ertoe de overvolle stad uit te trekken naar plaatsen waar ze grotere huizen konden krijgen. Valletta zelf (1861: 25.000) telt nu minder dan 9000 inwoners, mede omdat talrijke grote gebouwen door regeringskantoren of bedrijven zijn ingenomen.

LANGS REPUBLIC STREET

Freedom Square en omgeving

Het vanzelfsprekende punt om een bezichtiging van Valletta te beginnen is Freedom Square, bij de City Gate. De grootste parkeerterreinen liggen links en rechts van de poort op de bastions, en het grote busstation ligt vóór de poort, dus de kans is groot dat u hier als vanzelf terechtkomt. Banken, het postkantoor, toeristenbureau, winkels en de belangrijkste bezienswaardigheden liggen allemaal in de buurt.

PARKEREN. In ieder geval zolang er nog geen nieuwe parkeergarage gereed is, wordt op weekdagen de broodnodige capaciteit van de parkeerplaatsen op de bastions opgevoerd door parkeerwachters, die voor u de auto zonodig drie- of vierdubbel parkeren. Het achterlaten van de autosleutels voelt wat onwennig, maar voor ongeveer een Maltees pond bent u een dag verlost van de auto. Informeer natuurlijk wel wanneer u terug moet zijn om uw auto of in ieder geval uw autosleuteltjes op te halen. De wachters gaan aan het eind van de werktijden of anders aan het begin van de siësta naar huis. En vergeet niet wanneer u uw auto krasvrij terug vindt – we hebben het niet anders meegemaakt – een fooi te geven.

Lascaris War Rooms

Diep onder en in de johannieter vestingwerken liggen de Lascaris War Rooms. De naam verwijst naar een grootmeester van de johannieter ridders, maar het gaat hier om het hoofdkwartier van de luchtverdediging tijdens het Beleg van Malta in de Tweede Wereldoorlog, en het geallieerde hoofdkwartier van de invasie op Sicilië. Met behulp van een walkman en een koptelefoontje krijgt u uw rondleiding door de oorspronkelijke ruimtes van het hoofdkwartier, die zo goed mogelijk opnieuw zijn ingericht, met behulp van authentieke apparaten, kaarten en documenten, aangeklede etalagepoppen, aangevuld met diorama's en maquettes. U kunt bovendien ondergaan wat het was om in een landingsvaartuig te zitten – dit voor het geval u zich afvraagt waarom de vloer beweegt bij één diorama. De expositie is interessant en helder, maar als u het bandje – behalve het commentaar vol met dramatische muziek en spannende geluiden – niet gebruikt misschien wat statisch. Omdat dit zo ongeveer de eerste attractie is die u tegenkomt, is het verleidelijk om hier meteen naar binnen te gaan, maar het is misschien praktischer om dit uit te stellen tot de eventuele warmte van de dag het prettig maakt om de koele kelders van de vesting op te zoeken.

LASCARIS WAR ROOMS. Tel. (0356) 21234936. Op dit moment voor onbepaalde tijd gesloten.

City Gate

De City Gate is in 1968 neergezet om een oudere poort te vervangen die te klein was geworden en in de Engelse tijd 'Kings Gate' heette. Dit is voor voetgangers de belangrijkste toegang tot de stad; het autoverkeer komt Valletta binnen via Great Siege Road (langs Marsamxett Harbour) en Girolamo Cassar Road.

Vanaf de brug voor de poort kijkt u de diepe stadsgracht in. Deze moest Valletta in een soort eiland veranderen, maar het is nooit gelukt om de gracht zover uit te graven dat er water in kon lopen. Niet dat dit nodig was, want zelfs zonder water is hij al een formidabel obstakel voor belegeraars. De bodem van de gracht is te bereiken via een trap, waarvan de toegang zich in de doorgang door de City Gate bevindt.

Ruïne operagebouw

Aan de oostkant van Freedom Square (dat wil zeggen, als u van het busstation komt: rechts achter) liggen nog steeds de puinhopen van het oude **operagebouw**. Het kwam gereed in 1866, naar een ontwerp van de architect E.M. Barry, de ontwerper van het Covent Garden Theatre in Londen. Barry, die Valletta niet kende, had het gebouw ontworpen voor vlak terrein; door middel van toegevoegde trappen moest hij de helling van het bouwterrein corrigeren. De pompeuze, neobarokke opera bood ruimte aan 1000 man publiek.

Kennelijk stond het gebouw niet onder een goed gesternte: al in 1873 brandde het af. Gelukkig had men de plannen van Barry nog liggen, zodat men die kon gebruiken voor de herbouw. In 1942 werd de opera voor de tweede keer verwoest, nu door Duitse bommenwerpers. De bouwval is de enige plaats in de stad waar de verwoestingen ten gevolge van de Slag om Malta nog goed zichtbaar zijn. Men heeft er nu winkeltjes in ondergebracht en een parkeerplaats, in afwachting van de afloop van de inmiddels een halve eeuw durende discussie over wat er met de bouwval moet gebeuren.

Republic Street

Recht in het verlengde van de doorgang van City Gate ligt Republic Street, voorheen Strada San Giorgio, Rue de la République, Strada Reale en Kingsway geheten. Dit is de as en de ruggengraat van Valletta, die over een kilometer afstand helemaal doorloopt naar het andere einde van de stad, waar fort Saint Elmo ligt. Langs deze straat liggen de belangrijkste regeringsgebouwen, musea, banken en winkels. Aan het eind van de middag verandert de straat in een deinende zee van hoofden: de kantoren gaan uit en tout Malta slentert hier rond voor de pantoffelparade en om (wat dure) inkopen te doen. Het voorste gedeelte van

INTERNET

Malta is al jaren aanwezig op het web en veel informatie wordt goed actueel gehouden, vooral die van het toeristenbureau en uiteraard de Maltese kranten.

Het toeristenbureau op Malta gaat schuil achter www.visitmalta.com. Een mogelijke plek om met Malta-gangers en Maltezen van gedachten te wisselen (chatten, forum), plus allerlei andere informatie, vindt u op www.searchmalta.net

Internetcafés
Als u een snelle e-mail naar het thuisfront wil sturen of uw online mailbox wil bekijken: zowel in Valletta, Sliema en Gozo als in andere toeristenplaatsen zijn er al internetcafés. Energy Shopping Complex in de Republic Street in Valletta ligt mooi centraal. Het is echter verstandig om voor vertrek via e-mail te informeren of u voor een uurtje of een halfuurtje terechtkunt, en zo ja, wat de beste tijden zijn voor bezoek. 's Ochtends tot een uur of 11 zijn de verbindingen op zijn snelst, maar dat was u misschien thuis ook al opgevallen. Ook enkele van de grotere hotels hebben pc's staan waar u tegen een redelijke vergoeding terechtkunt.

- www.aboutmalta.com/internet/netcafes.shtml (de volledigste lijst)

De *Times of Malta* vindt u op www.timesofmalta.com

de straat, van City Gate tot Saint John's Square, is voetgangersgebied.
Wie overigens wat rustiger en misschien goedkoper wil winkelen kan dat bijvoorbeeld doen in de oostelijke parallelstraat, St. Zachary Street.

Als eerste komt u rechts de **Sint-Barbarakerk** tegen, waar ten behoeve van de toeristen missen in het Engels, Frans en Duits worden opgedragen. In de tijd van de ridders was dit de kerk die hoorde bij de langue en de auberge van de Provence. De kerk werd gebouwd in 1739, naar een ontwerp van de Maltese architect Giuseppe Bonnici. Aan het ovale interieur zit een ronde apsis, die fungeert als priesterkoor. Liefhebbers van 18de-eeuwse schilderkunst vinden hier een aan de heilige Barbara gewijd schilderij, door Antoine de Favray, en enkele werken uit de Siënese school.

De **Sint-Franciscuskerk**, iets verderop aan de overzijde, is ouder (1681), maar onderging na haar bouw diverse wijzigingen. Het aan de patroonheilige van de kerk gewijde schilderij *De verheerlijking van Sint-Franciscus* is van de hand van de Maltees Giuseppe Calì (1846–1930). Omstreeks 4 oktober (de naamdag van dierenliefhebber Franciscus en daarom ook Dierendag) haalt men het beeld van de kerkpatroon uit zijn nis en zet het midden in de kerk, die dan met rood damast is versierd.

Vervolgens passeert u het National Museum of Archeology, gehuisvest in de auberge van de Provence, links (zie ook p. 97). Rechts van Republic Street, in Saint John's Street, ligt de Saint John's Co-Cathedral, de voormalige hoofdkerk van de johannieter orde.

Saint John's Co-Cathedral

De Saint John's Co-Cathedral verrees in de jaren 1573–1577, kort na de stichting van Valletta, en werd in 1578 ingewijd. De kerk kreeg in 1816 van paus Pius VII de eretitel Co-Cathedral ('medekathedraal'). De eigenlijke kathedraal van het eiland was de kerk van de bisschop van Malta, die toen zijn zetel in Mdina had. Bouwmeester Girolamo Cassar ging bij het ontwerp van de kerkfaçade uit van een heel sobere vorm van de maniëristische stijl. De ingang wordt geflankeerd

Saint John's Co-Cathedral in Valletta

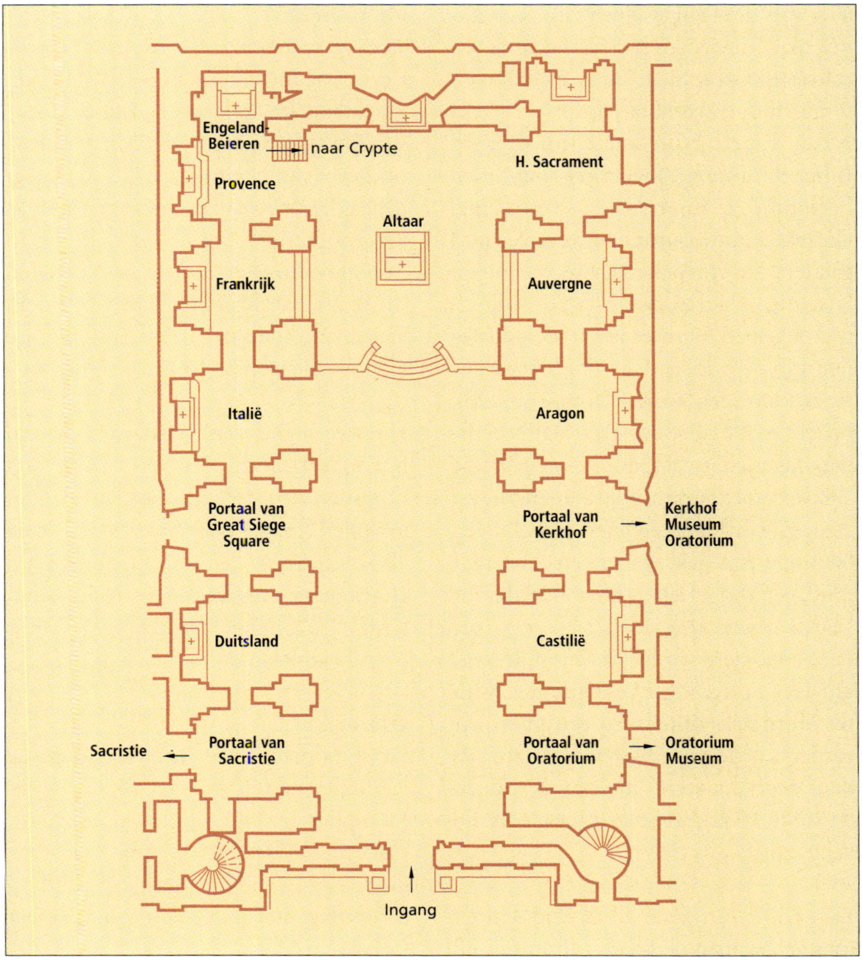

door twee Toscaanse zuilen; een klassiek fronton bekroont de gevel. De twee rondboognissen zijn in hun huidige vorm aangebracht naar een idee van de schilder Mattia Preti (1665). De façade, met haar twee torens aan weerskanten van een teruggetrokken gevel, wordt door sommige kunsthistorici wel vergeleken met een stadspoort. In de 17de eeuw werden aan weerskanten van de kerk twee vleugels gebouwd voor de prior en de vice-prior van de orde.

De kerk heeft een langwerpig grondplan (58 x 39 m) met ongewoon diepe zijkapellen. Deze waren stuk voor stuk toegewezen aan een langue van de orde. Vier van deze zijgewelven zijn geen kapel, maar dienen als portalen naar de sacristie en Great Siege Square (links) en Oratorium en kerkhof (rechts).

Na de sobere buitenkant van de kerk is het uitbundige, kleurrijke maar toch harmonieuze interieur een verrassing. Geen vierkante centimeter is onversierd gelaten. De vloer dankt zijn warme en levendige kleuren mede aan de talloze, met ingelegd marmer versierde grafstenen van de ridders. De rijk geornamenteerde wanden waren oorspronkelijk bedekt met bladgoud, maar dat is er allang afgesleten. Daardoor is de Maltese kalksteen te voorschijn gekomen, die na eeuwen van kaars- en wierookwalm een bruinige tint gekregen heeft. Het plafond, een tongewelf, is beschilderd door Mattia Preti (1613–1699); hij was met deze en andere schilderingen in de kerk vijf jaar bezig. Preti betaalde het werk uit eigen zak, omdat hij een paar jaar eerder tot de orde was toegelaten. Als dank hiervoor werd hij door de orde in de ridderstand verheven (niet ieder lid van de orde was ridder).

De kerk is een goed voorbeeld van de manier waarop de grote gebouwen en kunstwerken door de ridders werden gefinancierd. Het was gebruikelijk dat men een ridder na zijn inwijding of na een benoeming op een belangrijke post een som geld (de *bijou* of *gioia*) gaf om een kerk te bouwen of te verfraaien, of om een openbaar werk te bekostigen dat het eiland als geheel ten goede kwam. Het sprak dus haast vanzelf dat grootmeester Jean l'Évêque de la Cassière de bouw van deze kerk betaalde toen hij in 1572 aan het bewind kwam. Latere grootmeesters schonken bij hun verheffing geld om de kapel van hun langue te versieren met prachtige schilderijen, beeldhouwwerk, inlegwerk of andere verfraaiingen.

Al deze schenkingen en de schat die de ridders hadden meegenomen uit Rodos, maakten deze kerk tot een van de rijkste van Europa. Helaas werd de kerk in 1798 op bevel van Napoleon nagenoeg leeggehaald. Slechts enkele belangrijke stukken mocht men voor heel weinig geld 'terugkopen'. De schatten die Napoleon meenam, verdwenen naar de bodem van de zee toen de Engelsen de Franse vloot versloegen bij Aboukir (Egypte).

Hoewel er dus veel verdwenen is, kan het onderstaande overzicht van de rijkdommen van de kerk niet anders dan onvolledig zijn. Wie echt alles over de kerk wil weten – en over de nodige tijd en voldoende uithoudingsvermogen beschikt – kan in het Oratorium literatuur over de kerk kopen.

Oratorium

Het Oratorium was de plaats waar de leerlingen van de orde ter kerke gingen. De zaal werd door Preti van schilderingen voorzien. Hier hangt Caravaggio's (📖 p. 68) meesterlijke schilderij *De onthoofding van Johannes de Doper* (1608).

Kathedraalmuseum

Een bezoek aan het kathedraalmuseum is de moeite waard vanwege de verzameling van 29 wandkleden. Grootmeester Perellos gaf de Belg Judicus de Vos opdracht deze te maken, ter gelegenheid van het feit dat hij grootmeester was geworden (1697). Naar verluidt kostte de hele serie evenveel als de bouw van twee forten: 40.000 scudi. Als voorbeeld voor de voorstellingen op de wandkleden dienden onder andere tekeningen van Rubens (de serie vierkante kleden op één na, die een Laatste Avondmaal van Poussin als voorbeeld had). Gebruikelijk was de tapijten jaarlijks op 24 juni (Sint-Jansfeest, de dag van Johannes de Doper) in de kathedraal op te hangen, maar nu beperkt men dat tot speciale gelegenheden, zoals het bezoek van de paus (1990).

Koor

Het grote altaar is vervaardigd uit marmer en lapis lazuli en werd geschonken door grootmeester Carafà (1686). De koorbanken zijn van verguld houtsnijwerk (Zuid-Italiaans, eind 16de eeuw) en er zijn twee oude orgels, gebouwd door Antonio da Valle (1664). De marmeren beeldengroep *De doop van Christus* werd in Rome ontworpen door de Maltese beeldhouwer Melchiorre Gafà; door diens vroegtijdig overlijden moest Giuseppe Mazzuoli (1644–1725) het werk voltooien.

Kapel van Castilië, Leon en Portugal

Let op het portret van grootmeester Pinto, boven diens sarcofaag: het is geen schilderij, maar een mozaïek. De Byzantijnse Maria-icoon werd door de ridders aangetroffen op een schip van de sultan dat ze gekaapt hadden. Het andere grafmonument is van grootmeester Antonio Manoel de Vilhena (1729). Ook hier maakte Mattia Preti schilderingen.

Kapel van Aragón, Catalonië en Navarra

Hier staan grafmonumenten van de grootmeesters Raphaël en Nicola Cotoner, Ramon Perellos en Martin de Redin. Preti's schilderij *Sint-Joris* werd op bestelling van de toenmalige grootmeester gemaakt toen Preti in Napels was. Het was zo'n succes dat men de schilder naar Malta uitnodigde.

Kapel van Auvergne

Grafmonument van grootmeester Annet de Clermont-Gessan; schilderingen van Giuseppe d'Arena. In de kapel ligt ridder Melchiorre de Robles begraven, een held uit het Grote Beleg. Onder aanvoering van een klein groepje strijders wist hij zich van buitenaf door de Turkse linies naar de belegerde ridders te vechten; kort daarna sneuvelde hij. Nog steeds draagt men elk jaar op 8 september een requiemmis op om hem te herdenken.

Sacramentskapel

Bereikbaar via de kapel van Auvergne. Het 18de-eeuwse zilveren koorhek zou volgens de overlevering aan de aandacht van de Franse soldaten ontsnapt zijn, omdat men het in allerijl zwart geschilderd had. Of was het zilver zwart geworden omdat men het niet gepoetst had?

Kapel van Duitsland

Hier ziet u een altaarschildering *Aanbidding van de wijzen* (Erardi) en een marmeren altaar (1730). In de doorgang naar de sacristie, links van de kapel, ligt de schilder Preti begraven.

Interieur van Saint John's Co-Cathedral

Kapel van Italië

De heilige Hiëronymus (1608, Caravaggio) werd in 1984 gestolen uit het museum van de kathedraal, teruggevonden en gerestaureerd; de kerkvader is afgebeeld met het gezicht van grootmeester Alof de Wignacourt. Het grafmonument is dat van grootmeester Gregorio Carafà (late 17de eeuw, gemaakt in Florence).

Kapel van Frankrijk

Hier hangen *De bekering van Paulus* (Mattia Preti) en schilderijen van Fattorino (16de eeuw), een leerling van Rafaël.

Kapel van Provence

In deze kapel staan grafmonumenten van de grootmeesters Antoine de Paule (gestorven 1636) en Jean Paul Lascaris Castellar (gestorven 1657).

Kapel van Beieren-Engeland

De Engelse langue was door de Engelse koning Hendrik VIII opgeheven, toen hij het katholicisme in de steek liet om een Engelse staatskerk op te richten. In de 18de eeuw werd de Engelse langue heropgericht als de gecombineerde langue van Beieren-Engeland en kreeg ze het hoekje achter de kapel van Provence toegewezen. In een nis links van het altaar staat een houten figuur die de heilige Johannes voorstelt. Dit beeld is afkomstig van de Gran Caracca of 'Grote Kraak', het vlaggenschip van de orde toen de ridders nog op Rodos waren gevestigd.

Crypte

Onder anderen grootmeester Jean de la Valette en de grootmeesters die waren overleden in Birgù voordat Valletta gesticht was (onder meer L'Isle Adam, La Sengle) kregen hier een grafmonument. Andere overleden grootmeesters werden hier tijdelijk bijgezet, totdat enkele jaren later hun tombe in de kerk voltooid was. De enige 'niet-grootmeester' die hier begraven ligt, is Oliver Starkey, de vriend, secretaris en raadsman van La Valette. Na de opheffing van zijn langue door Hendrik VIII bleef hij toch bij de orde en was hij de enige Engelsman op Malta.

SAINT JOHN'S CO-CATHEDRAL EN MUSEUM. Geopend: ma.-vr. 9.30-16.30, za. 9.30-12.30, geen toegang na 30 min. voor sluitingstijd. Internet: www.stjohnscocathedral.com.

Drie pleinen

Voor en naast de St. John's Co-Cathedral en voor de Nationale Bibliotheek liggen drie pleinen. Hier vindt u redelijk geprijsde, goede restaurantjes en terrasjes met als uitwijk het plein voor het Grootmeestersplein, waar zich achter de auto's van de parlementsleden en onder de bomen enkele restaurants en kleine terrasjes verschuilen. En vergeet op zoek naar een goede maaltijd ook de zijstraten niet te verkennen.

Saint John's Square, het plein voor de kathedraal, past zo goed bij de kerk dat het er al eeuwen lijkt te liggen. Toch werd het grotendeels pas na de Tweede Wereldoorlog aangelegd. Het standbeeld is dat van Enrico Mizzi, een voorman van de Nationalistische Partij en een voormalig premier. In de winkelgalerij huist onder meer een Malta Crafts Centre, dat een overzicht geeft van alle ambachtelijke producten die op Malta en Gozo gemaakt worden. Het is niet zo spectaculair als het Arts and Crafts Village bij Ta' Qali.

Via Saint John's Street kunt u terugkeren naar Republic Street. Het volgende plein aan die straat, **Great Siege Square**, wordt aan één kant begrensd door de zijkant van de kathedraal. Een beeldengroep van de Maltees Antonio Sciortino herdenkt de Maltese heldenmoed tijdens het Grote Beleg van 1565. De drie figuren symboliseren de idealen moed, vrijheidsliefde en godsvertrouwen. Aan de overkant staat het gerechtshof *(Law Courts)* op de plaats van de in de Tweede Wereldoorlog verwoeste auberge van Auvergne.

Even verderop ligt **Republic Square**, voorheen Queen's Square, waar het beeld van koningin Victoria boven de terrasjes audiëntie lijkt te houden. De Duitse bommen kregen deze 19de-eeuwse Iron Lady niet van haar plaats en nu wijkt ze ook niet voor de toeristen.
Het plein lijkt helemaal omringd door eetgelegenheden en zou een natuurlijk centrum zijn voor het avondleven van Valletta, ware het niet dat het echte avondleven natuurlijk ten westen van de stad plaatsvindt (in St. Julian's, Paceville en nog een beetje Sliema). Nu genieten toeristen boven discoleeftijd en wat verdwaalde theatergangers er van een drankje en hapje, zo nu en dan geteisterd door hemeltergende muziek van de installatie van een van de cafés. Toch, als er plaats is, een ideale plek om het leven van Valletta aan u voorbij te laten trekken.
In **café Cordina** zijn plafondschilderingen te bezichtigen die gemaakt zijn door de Maltese schilder Calì – werp in ieder geval een blik naar binnen in dit paleisje, ook al wilt u er niets bestellen.
Op de hoek van Old Treasury, in het ge-

bouw van de National Library (zie hiernaast; de door dames in klederdracht op straat uitgereikte folder zegt 'naast het Grootmeesterpaleis'; dat is misschien niet helemaal onjuist, maar wel verwarrend) vindt u het multimedia- en dioramaspektakel **The Great Siege of Malta (& the Knights of Saint-John)**. Malta krijgt steeds meer van dit soort Amerikaans geïnspireerde attracties, en deze geldt als een van de betere. Zoals duidelijk moge zijn, komt hier het Grote Beleg van 1565 aan de orde, met aandacht voor de geschiedenis van de johannieter orde in het algemeen. U zit niet passief in een zaaltje, maar moet zelf langs de taferelen lopen, tot leven gebracht door computertechniek en vrij goede wassen beelden, waarbij een draagbare cd-speler commentaar geeft (ook Nederlandstalig). De tocht vergt ongeveer drie kwartier.

THE GREAT SIEGE OF MALTA, Republic Square, Valletta, tel. (356) 21247300. Geopend: dag. 9-ca. 17 uur (geen toegang na 16 uur). Men heeft moeite gedaan om de attractie toegankelijk te maken voor bezoekers in rolstoelen. Internet. www.visitmalta.com/great-siege-of-malta-the-knights-of-st-john.

National Library

Het gebouw

Achter de rug van het beeld van koningin Victoria ligt de Nationale Bibliotheek. Het huidige neoclassicistische gebouw van de bibliotheek is het laatste grote bouwwerk dat onder de johannieter orde op Malta tot stand kwam. Het werd in 1796 voltooid, maar het duurde nog tot 1812 voordat de bibliotheek in gebruik genomen kon worden. De ridders zelf hebben er dus geen plezier van kunnen hebben.

De grote leeszaal ligt op de eerste verdieping en rust gedeeltelijk op een rij zuilen van de galerij aan de voorkant van het gebouw. Rondom de wand van de hele zaal loopt een smal en nogal stoffig balkon, dat niet door gewone stervelingen te bezoeken is. U mist er niet zoveel aan. U bereikt de leeszaal via lange trappen en passeert daarbij het beeld van priester Dum Karm. Hij schreef de tekst van *Innu Malta*, het Maltese volkslied. 'Dum Karm' is de Maltese vorm van 'Don Carmelo', zoals de dichter oorspronkelijk heette.

De verzamelingen

De bibliotheek bezit een belangrijke verzameling manuscripten en incunabelen (gedrukte boeken van vóór 1501). De johannieters waren verplicht hun bezit na te laten aan de orde; hun boeken gingen naar de ordebibliotheek. De bibliotheek ontstond aan het begin van de 16de eeuw en was oorspronkelijk bedoeld voor de geestelijken van de orde. De collectie is op diverse plaatsen in Birgù en Valletta opgeslagen geweest, zoals in het Oratorium van de Saint John's Co-Cathedral. Halverwege de 18de eeuw werd de bibliotheek openbaar, wat destijds niet zo vanzelfsprekend was als tegenwoordig. In 1798 telde deze verzameling 80.000 banden.

Al wordt er aan gewerkt, de toestand van veel boeken in de verzameling is niet rooskleurig: u ziet er veel in deplorabele staat. Half opgegeten en gerafeld staan ze in de kasten. Er is veel te weinig geld om de gevolgen van ongedierte, verzuring en verwaarlozing te bestrijden. Daar komt nog bij dat het Maltese zeeklimaat wel gezond is voor mensen, maar niet voor boeken. Boudewijn Büch (*Bibliotheken*, Amsterdam: De Arbeiderspers, 1984): '*Rijen boeken waarvan men watertandt staan door de boekwurm aangetast, met vliegertouw bijeengehouden, op de plank. Deze boek-*

werken worden niet uitgeleend, erger nog: ze worden zelfs niet van de plank gehaald. Er zou slechts pulp overblijven. Zaagsel en wormen.' Kortom, de stelling van Büch dat men in deze wereld beter een zeehondje kan zijn dan een boek, gaat zeker op voor de verzameling van de Maltese bibliotheek.

Maltese uitgevers zijn wettelijk verplicht van ieder boek dat ze maken, een exemplaar naar de bibliotheek te zenden. De bibliotheek beheert ook een grote verzameling antieke Maltese kranten. De collectie reikt terug tot de allereerste officiële krant die op Malta verscheen. Deze werd uitgegeven door de Engelsen als een soort 'Staatscourant' maar bevatte ook het normale nieuws.

De bibliotheek bewaart niet alleen boeken, maar fungeert ook als nationaal archief en bewaart het belangrijkste deel van de archieven van de johannieter orde. Deze laatste reiken ver terug. Zo bewaart men nog de oprichtingsoorkonde van de orde, die paus Paschalis II in 1113 aan grootmeester Gérard de Marigues uitreikte, alsmede de akte waarin keizer Karel V de johannieter orde beleende met Malta en het graafschap Tripolis (1530). In hun lange bestaan overleefden de archieven minstens twee aardbevingen, zwerftochten op zee (na de val van Rodos), Napoleon (die de archieven van de orde wilde vernietigen) en de Duitse bombardementen.

Een bezoek aan de bibliotheek is vooral iets voor liefhebbers van oude boeken en documenten. Het gebouw is niet berekend op grote groepen, maar als individuele belangstellende bent u welkom. U kunt niet zelfstandig door de schappen neuzen, afgezien van de handbibliotheek in de grote leeszaal. De archieven zijn alleen toegankelijk voor

National Library

wetenschappers. In de leeszaal is echter een permanente tentoonstelling ingericht van boeken die speciaal op Malta betrekking hebben (met name op het Grote Beleg van 1565) en van kopieën van documenten aangaande de johannieter orde. Het tentoongestelde kattebelletje waarmee koning George VI aan Malta het George Cross verleende, is echter wel echt. Overigens dienen de lappen stof op de vitrines alleen om het kwetsbare papier tegen het licht te beschermen: u mag er gerust onder kijken, als u ze maar weer teruglegt.

NATIONAL LIBRARY. Geopend: 's winters ma.-vr. 8.30-18, za. 8.30-13.30, 's zomers ma.-za. 8.30-13.30 uur.

Saint George Square

Saint George Square, schuin tegenover Republic Square, is het grootste plein van Valletta. Het doet dienst als parkeerplaats (voor de helft gereserveerd voor parlementsleden) en standplaats voor de karozzin, de koetsjes waarmee u een rondrit door de stad kunt maken.

Tijdens het beleg van 1798–1800 werd op dit plein door de Fransen een aantal stadsbewoners gefusilleerd die hadden samengezworen met de opstandelingen buiten de stad. Ze hadden een stadspoort willen bezetten en zo de belegeraars willen binnenlaten. Een beeldengroep is het monument voor enkele Maltezen die in 1919 bij ongeregeldheden doodgeschoten zijn door de Engelsen (zie ook p. 54).

Afgezien van het Grootmeesterspaleis, dat hieronder ter sprake komt, telt het plein een paar bijzondere gebouwen. De Old Main Guard, recht tegenover het Grootmeesterspaleis, is een van de weinige neoclassicistische gebouwen op Malta en dateert van 1814.

Rechts van dit gebouw staat het Hostel de Verdelin (1672). Daarin is de **Malta Wartime Experience** ondergebracht, een dia-, geluid- en muziekshow over de Slag om Malta, die in opzet te vergelijken is met de *Malta Experience* (in het oude Hospitaal) en de *Mdina Experience* (in Mdina); van de drie is de Wartime Experience de luidruchtigste. Bij het diazaaltje is een kleine tentoonstelling van wapens en voorwerpen uit de Tweede Wereldoorlog.

MALTA WARTIME EXPERIENCE. Shows: dag. 10, 11, 12 en 13 uur. Internet: www.visitmalta.com/wartime-experience.

Grootmeesterspaleis

Het Grootmeesterspaleis werd ontworpen door Girolamo Cassar, die ook de Saint John's Co-Cathedral ontwierp. Sinds het tussen 1568 en 1574 gebouwd werd, is het Grootmeesterspaleis op Malta het centrum van de macht geweest. Eerst was het de residentie van de grootmeester van de johannieter orde (1574–1798), na 1800 het paleis van de gouverneur en tegenwoordig dient het als zetel van het parlement (sinds 1928) en kantoor van de president. Bovendien is het nu ook nog museum. In de Tweede Wereldoorlog werd het paleis voor meer dan de helft verwoest, maar het is nadien vrij grondig gerestaureerd.

De wat saaie gevel beslaat de hele lengte van Saint George Square. Verschillende gevelstenen herinneren aan recente hoogtepunten in de Maltese geschiedenis: het toekennen van het George Cross aan Malta door koning George VI (1942), een boodschap van president Roosevelt (1945), de onafhankelijkheidsverklaring (1964) en het uitroepen van de republiek (1974).

Via de linker ingang van het paleis betreedt u **Neptune's Courtyard**. Deze binnenplaats is genoemd naar een Neptunusbeeld, dat vroeger bij Grand Harbour, op de vismarkt, stond. Grootmeester De Wignacourt liet het beeld daar neerzetten, toen het aquaduct gereedkwam dat voor Valletta water aanvoerde uit Rabat. De tekst in de dakrand, *Dieu et mon droit*, is het devies van het Engelse koningshuis en betekent 'God en mijn recht'.

Vanaf deze binnenplaats bereikt u de **Armoury**, vroeger een paardenstal. Het arsenaal van de orde kon een leger van 50.000 man uitrusten. In de Armoury staat de resterende wapenvoorraad: een verzameling kanonnen, geweren en wapenrustingen. Vooral de twee pronkharnassen zijn de moeite waard. Ook liggen er Turkse wapens uit de tijd van het Grote Beleg (1565).

Een trap van Neptune's Courtyard voert naar het **Prince Alfred's Court**, een door bomen beschaduwde binnenplaats met een fontein. Prins Alfred, de tweede zoon van koningin Victoria, bracht ooit een bezoek aan Malta. Vanaf de binnenplaats hebt u uitzicht op een oud uurwerk, Pinto's Clock (1745). Twee figuren in Turkse kledij slaan de tijd tegen drie bronzen klokken. De wijzerplaten geven de stand van de zon, de juiste tijd, de datum en de maand aan.

Op deze binnenplaats bevindt zich de toegang tot de staatsievertrekken op de eerste verdieping. De eerste zaal die u boven tegenkomt, is de **Tapestry Chamber**, genoemd naar tien kostbare wandtapijten, die grootmeester Ramon Perellos als *bijou* (donatie) ten geschenke gaf aan de orde. Ze zijn in het begin van de 18de eeuw vervaardigd in de koninklijke Parijse Gobelinfabrieken. De tropische dieren en planten op de wandkleden zijn nagevolgd van schilderijen van Pieter Post en Albert Eckhout. Deze schilders volgden prins Johan Maurits van Nassau, de bouwer van het Haagse Mauritshuis, op zijn reizen naar Brazilië en Afrika.

In de Dining Room, de eetzaal van de ridders, staan twee kostbare Mingvazen. De portretten stellen de Engelse koningen en koninginnen voor uit de tijd dat Malta bij het Britse Rijk hoorde, dat wil zeggen van George III tot Elizabeth II (1800–1974).

De **Throne Room** noemt men ook wel de Sala del Maggior Consiglio, of Hall of Saint Michael and Saint George. Hier vergaderde het generale kapittel van de orde, de grote raad. Op de gouden troon, onder een baldakijn met twee maniëristisch gedraaide zuilen, placht de grootmeester te zitten en later, bij officiële gelegenheden, de Britse gouverneur, als vertegenwoordiger van de Engelse koning of koningin. De zaal wordt nu gebruikt voor officiële ontvangsten.

Het balkon, dat aan de muur hangt, vormde de balustrade boven de achtersteven van de Grote Kraak, het vlaggenschip van de orde. Bij feestelijke plechtigheden zaten hierop muzikanten te spelen. De panelen van de balustrade zijn beschilderd met scènes uit het bijbelboek Genesis.

Boven aan de muur loopt een fries waarop gebeurtenissen uit het Grote Beleg (1565) zijn afgebeeld. De schilder, Matteo Perez d'Aleccio (1547–1616), zou gebruik gemaakt hebben van ooggetuigenverslagen. Hij werkte er vijf jaar aan (1576–1581); toen de schilderingen na de Tweede Wereldoorlog gerestaureerd moesten worden, duurde dat zelfs twintig jaar.

Ook in de aan de troonzaal grenzende **Red Room** of ambassadeurskamer loopt een fries langs de wanden. Dit verbeeldt scènes uit de geschiedenis van de johannieter orde. De kamer is geheel bekleed met rood damast. Er hangen grote portretten van Europese vorsten (onder anderen Catharina II van Rusland,

Lodewijk xiv, xv en xvi van Frankrijk) en enkele grootmeesters. Het portret van Lodewijk xv is geschilderd door de Fransman van Vlaamse origine Jean-Baptiste van Loo (1684–1745).

De **Yellow Room** of Conference Room was vroeger de Pageria, de plaats waar de zestien pages van de grootmeester verbleven. Dit waren zonen uit adellijke families, die op twaalfjarige leeftijd als bedienden naar de grootmeester werden gestuurd om een soort opvoeding te krijgen. Op hun achttiende jaar konden ze ridder worden. In de vitrines zijn voorwerpen te zien die afkomstig zijn uit het hospitaal van de ridders. Het fries (D'Aleccio) toont taferelen uit de tijd dat de orde nog in het Heilige Land vocht. Onder de schilderijen bevinden zich twee werken van de Spanjaard José Ribera, Jacob als schaapherder en De droom van Jozef, en een portret van grootmeester La Valette door de Franse schilder Antoine de Favray.

i GROOTMEESTERSPALEIS. Geopend: okt.-half juni ma.-wo. 8.30-15.45, do.-vr. 8.30-16, half juni-sept. ma.-vr. 8-12.45 uur, za.-zo. op afspraak.

ARMOURY. Geopend: okt.-half juni ma.-za. 8.15-17, zo. 8.15-16.15, half juni-sept. ma.-zo. 7.45-14 uur (geen toegang vanaf kwartier voor sluitingstijd).

Als u het Grootmeesterspaleis verlaat en Republic Street blijft volgen, bereikt u het Casa Rocca Piccola (op nr. 74).

Casa Rocca Piccola

Wie een indruk wil krijgen van het leven in de betere kringen op Malta, moet zeker een bezoek brengen aan het Casa Rocca Piccola. Wat het bijzonder maakt, is dat u door nog steeds bewoonde vertrekken loopt – 'geen museum maar een woonhuis', is het devies. Bovendien hebt u kans dat de rondleiding gegeven wordt door een lid van de familie zelf. Dat betekent dat veel voorwerpen geen dorre kunsthistorische objecten zijn of slechts jaartallen vertegenwoordigen, maar herinneren aan ooms, tantes en een nog levende overgrootmoeder.

Het 16de-eeuwse huis kreeg zijn naam waarschijnlijk omdat het diende als dependance van het Casa Rocca Grande, dat iets verderop aan Republic Street ligt, op de hoek met Saint Christopher Street. Beide huizen waren eigendom van admiraal Pietro la Rocca en na diens dood van de langue van Italië. Het huis is vanaf het begin een adellijke woning geweest; toen de langue het verkocht, kwam het in het bezit van een Maltese adellijke familie. Nu is het huis een sfeervol museum, waar eeuwen van bewoning hun sporen hebben achtergelaten.

Een voorouder van de huidige eigenaar en bewoner, markies Nicholas de Piro, was een Griek die in het gevolg van de ridders van Rodos naar Malta meekwam. 'Piro' zou komen van 'Epiros' of 'Pyrrhos'. Sinds Giovanni Pio de Piro (1670–1752), een succesvolle graanhandelaar, vanwege zijn diensten voor de orde tot baron en markies verheven werd, is de familie van adel. De schilder Giuseppe Calì was een overgrootvader van de tegenwoordige markies; werk van deze schilder is in het huis aanwezig. De huidige markies is een productief en geestdriftig historicus; dat is merkbaar aan het enthousiasme waarmee het museum wordt gedreven.

De nieuwste toevoegingen aan het museum zijn de schuilkelders en de kostuumcollectie. Tijdens de Tweede Wereldoorlog waren er twee **schuilkelders**. De een was aangelegd in de oude bron die huis en – niet te vergeten – tuin van water voorzag. Deze stond ter beschikking aan alle burgers die bij luchtalarm dicht genoeg in de buurt waren om er gebruik van te maken. De andere had de toenmalige eigenaar, Antonio Cassar Torreggiani, in 1935 aan laten leggen voor zichzelf en zijn familie en bedienden.

Bezoek aan de **kostuumcollectie** kost wat extra maar is de moeite waard voor geïnteresseerden. De verzameling is afkomstig uit familiebezit. Wat luguber oogt de gemaskerde pij van een broederschap waar een (oud)oom lid van was en niet helemaal voor niets: deze broeders hadden als bijzondere taak het collecteren voor de familie van ter dood veroordeelde misdadigers. Was er een executie aanstaande, dan stond er een broeder, anoniem in zijn pij en zwijgend, bij de zondagsmis in een hoek van de parochiekerk, met zijn collectezak. Men gaf gul. Een wat opbeurender aanblik leveren de mooie 19de- en 20ste-eeuwse galajurken en een unieke japon (ca. 1900) gemaakt van Maltees kant. Verder allerlei accessoires: pijpen, zilverwerk, wandelstokken, schoeisel enzovoort.

Vergeet ten slotte niet, al is het maar vanuit de ramen, een blik in de **tuin** te werpen. In Valletta waren tuinen eigenlijk verboden – niet alleen was de ruimte binnen de muren beperkt, maar ook de hoeveelheid water die de bronnen opleverden. Admiraal Rocca had zich echter zo verdienstelijk gemaakt dat hij het privilege van een tuin kreeg.

CASA ROCCA PICCOLA. Rondleidingen ma.-za. 10, 11, 12, 13, 14, 15 en 16 uur. Feestdagen gesloten. Daarbuiten voor grote groepen op afspraak. Schuilkelders alleen 's ochtends, maar gratis. De kostuumcollectie is niet opgenomen in de rondleiding, maar u kunt deze tegen bijbetaling op eigen gelegenheid bezichtigen.
Internet www.casaroccapiccola.com.

Aan de overkant van de straat is een piepklein **speelgoedmuseum**, net als Casa Rocca Piccola in particuliere handen, maar het heeft er verder niets mee te maken. Het is de collectie van een echtpaar, uitgebouwd ter ere van een overleden zoon. In de schaarse reclame beroemt het zich op drie etages, maar u mag ook drie kamers zeggen. De oudste voorwerpen dateren uit de 19de eeuw, en er is grote kans dat u de nieuwste voorwerpen nog uit uw eigen jeugd kent. Ook leuk is dat u zelf even een (niet zo oude) erker van binnen kunt zien en – al is dat misschien niet de bedoeling – er in poseren als u iemand bij u heeft die een foto vanaf de straat kan maken. Pas wel op voor het hobbelpaard.

SPEELGOEDMUSEUM. Geopend: ma.-vr. 10-15 uur. Adres: 222 Republic Street. Tel. 21 251652.

Republic Street loopt nog verder door, maar het volkse, nog wat sjofele noordoostelijke gedeelte van Valletta is minder interessant. 's Avonds kunt u worden lastig gevallen door bedelende kinderen. Als u zich verbaast over het nogal commerciële tarief (1 pond): moeder ziet toe op de achtergrond.

U kunt doorlopen naar het fort Saint Elmo (verderop in dit hoofdstuk beschreven) of terugkeren op uw schreden. Wie behoefte heeft aan een frisse neus kan via Saint Christopher Street naar het park Lower Barracca Gardens lopen. U passeert dan de gebouwen van de Oude Universiteit. De universiteitsgebouwen en de bijbehorende jezuïetenkerk kwamen kort voor 1600 tot stand. De gebouwen worden nu gebruikt door een hogeschool; de universiteit zelf is verplaatst naar Msida.

LANGS DE WALLEN VAN VALLETTA

Deze wandeling voert u langs de wallen van Valletta en begint weer bij de City Gate, op Freedom Square. U loopt achter het operagebouw langs naar rechts, waar u uitkomt tussen twee kerken.
Rechts ligt de Ta' Vittoriakerk, de kerk van Onze-Lieve-Vrouwe-van-de-Overwinning. De kerk staat op de plaats waar Jean de la Valette in 1566 de eerste steen van de stad legde. De steen hoorde bij een eenvoudig kerkje, waarin La Valette zelf tijdelijk begraven heeft gelegen na zijn dood in 1568. De huidige kerk dateert van 1617.

Langs South Street

Links, tegenover de Ta' Vittoriakerk, staat de kerk van **Sint-Catharina van Italië**, gebouwd volgens een achthoekig grondplan. Deze verving een oudere kerk die gebouwd was door Girolamo Cassar. Het waardevolste bezit van de kerk is het schilderij *Het martelaarschap van de heilige Catharina*, door Mattia Preti. Dit was een geliefd onderwerp van de schilder: hij heeft zich er vaker door laten inspireren.
In Merchants Street ligt het **hoofdpostkantoor.** Dit is gehuisvest in de Auberge van Italië, in 1574 gebouwd naar een ontwerp van Girolamo Cassar, op kosten van grootmeester Gregorio Carafà. Als dank voor de gulheid van de grootmeester lieten de Italiaanse ridders een borstbeeld van Carafà plaatsen boven de hoofdingang. Palazzo Parisio (1760) deed in 1798 vijf dagen lang dienst als hoofdkwartier van Napoleon.
De kerk op de hoek van Merchants Street en Melita Street is de **Jacobuskerk** (Saint James Church). Ze was verbonden aan de langue van Castilië: de keuze voor de heilige Jacobus als schutspatroon van de kerk zal geen toeval zijn geweest. De Spaanse ridders kenden de in Santiago de Compostela begraven apostel als Santiago Matamoros, 'Sint-Jacob de Morendoder', die uit den hoge neerdaalde om de Spanjaarden te helpen bij hun strijd tegen de Moren. Ongetwijfeld hoopte men ook op zijn steun bij de strijd tegen de ongelovige Turken.

Auberge van Castilië en Leon

Als u weer terugloopt naar South Street en dan links afslaat, komt u bij de indrukwekkende barokke auberge van Castilië en Leon, misschien wel de mooiste auberge in Valletta (Domenico Cachia, 1744). Dit gebouw verrees onder grootmeester Pinto, wiens wapen boven de hoofdingang hangt. Het verving een oudere auberge die ontworpen was door Girolamo Cassar. De auberge ligt op het hoogste punt van Valletta. Oorspronkelijk had men op deze plek het Grootmeesterspaleis willen bouwen, maar de toenmalige grootmeester prefereerde meer in het centrum van Valletta te zitten. Tegenwoordig zetelt de minister-president in het gebouw.
Het beeld in het plantsoen tegenover de auberge stelt Manwel Dimech voor, een held van het Maltese socialisme (📖 p. 94).

Wanneer u in de richting van de Grand Harbour loopt, komt u bij de ingang van de Upper Barracca Gardens.

Upper Barracca Gardens

De naam heeft niets te maken met het Engelse barrack (kazerne), zal een eventuele gids u vertellen. Een *baracca* is in het Italiaans een hut, een *baraccone* een grote hut. De baraccone die zich hier bevond, was een soort sportzaal. In 1775 werd er een samenzwering gesmeed tegen grootmeester Ximenes. Toen deze 'Priesteropstand' uitlekte, werden de

Grand Harbour: achter de historische haven ligt de moderne. Roeibootjes, cruisepaleizen en oorlogsschepen schuiven langs elkaar, en soms is Grand Harbour ook nog filmset.

daders gestraft. De zaal werd ontmanteld door het dak eraf te halen. Alleen de zijmuren staan er nu nog, midden in een klein park. U hebt er een ongeëvenaard uitzicht over de Grand Harbour, Vittoriosa (de linker landtong, met het fort Saint Angelo), Senglea (de landtong rechts) en oostelijk Malta.

In dit bijzonder populaire park staat onder andere de beeldengroep *Les Gavroches* (de straatjongens) van Antonio Sciortino (1881–1947), een van zijn bekendste werken. Sir Thomas Maitland, een gouverneur die hier ook een beeld heeft gekregen (gouverneur 1813–1824), was zo autoritair dat men hem de bijnaam 'King Tom' toebedeelde. Op Korfoe – ook daar kent men hem nog als King Tom, net als op Ceylon – ontdekte hij eens dat er aan de galg nog maar drie lichamen hingen van de vier die hij had laten ophangen. '*Bangham, waar is die andere kerel, verduiveld?*' zei hij met zijn zware Schotse accent tegen zijn aide. '*Ik liet daar vier gasten hangen en nu zijn er nog maar drie. Zorg dat er morgen nog een andere hangt.*' Overbodig te vermelden dat het kwartet de volgende dag inderdaad weer compleet was.

Naar het oude hospitaal

Langs de wallen kunt u over Battery Street, East Street en Mediterrenean Street naar de **Lower Barracca Gardens** wandelen. In dit park staat een monument voor sir Alexander Ball, de eerste regeringscommissaris voor Malta. Hij steunde de Maltezen bij hun opstand tegen de Fransen en bestuurde in de jaren daarna het eiland.

In 1992 onthulde koningin Elizabeth hier een monument ter herdenking van de doden uit de Tweede Wereldoorlog en van het uitreiken van het George Cross. De Britten hebben wegen, welvaart, onderwijs en elektriciteit op het eiland gebracht, maar als men op Malta

MARKTEN

Een mooie manier om in het gewone leven van Malta te duiken is naar de markt te gaan. Bovendien koopt u uw T-shirt en lekkere hapjes (pastizzi, broodjes) er goedkoper dan in een souvenirwinkel of in de supermarkt. In principe heeft iedere plaats van enige omvang een keer in de week markt.

Als de grootste markt geldt de markt van Valletta op zondagmorgen, heel toepasselijk in Merchants Street gehouden. Dat is achter het Grootmeesterspaleis, dus u komt er altijd wel een keer in de buurt. Deze markt wordt ook door de week gehouden, en heeft dan nog steeds een heel behoorlijke grootte. De sortering reikt van souvenirs tot etenswaren.

De andere plaats waar er eigenlijk elke dag markt is, is Marsaxlokk, aan de zuidoostkust. Ook deze is zondagsochtends het grootst, maar net als in Valletta is er doordeweeks een kleine markt. De sortering is wat je bij iedere markt zou verwachten, van speelgoed en kleding tot vage huishoudelijke artikelen, souvenirs en eetwaar. Mocht u niet gaan duiken, dan geven de viskramen u in ieder geval een indruk van het leven onder de zeespiegel. Malta staat niet als crimineel bekend, maar omdat sommige kooplui hun kraam uitbouwen tot halverwege het wandelpad en de trotse Maltese moeders hun kinderwagen-de-luxe met inhoud het liefst op de markt showen ontstaan er hier en daar flinke opstoppingen – ideaal voor zakenrollers. Na deze waarschuwingen nog wat sterke punten: heeft u geen zin meer in de markt, dan is daar ook nog de prachtige haven met de fel gekleurde *luzzu's* en enkele heerlijke terrasjes en restaurants.

De 'grote' markt van Gozo is aan de voet van de citadel van Victoria – klein en intiem in feite, zoals het hele eiland. Gozo is bekend om zijn kant en dat vindt u ook hier. Laat u echter niet gek maken en koop alleen als u echt helemaal valt voor iets – u kunt dit verschrikkelijk arbeidsintensieve product op veel andere plekken op het eiland kopen, het liefst ook bij mensen die het zelf maken. En er is niets wat kooplui verbiedt om eventueel buitenlandse waar op te hangen.

ergens blij mee is, dan is dat overduidelijk deze medaille.

Aan de zuidkant van het Lascaris Bastion, recht voor de Upper Barracca Gardens, ligt het **Customs House** aan en in het water: de fundamenten steunen gedeeltelijk op de havenbodem. Ingenieur Giuseppe Bonnici ontwierp het in 1774.

Aan de andere kant van het Lascaris Bastion, naast de Lower Barracca Gardens, ligt het kerkje **Notre-Dame-de-Liesse** (1620). Ridder Jacques de Chenu de Ballay liet het bouwen uit verering voor Onze-Lieve-Vrouw van Liesse in

Picardië. In 1740 werd het kerkje ingrijpend gerestaureerd op kosten van de Franse langue.
Mediterranean Street loopt achter het park door naar de gebouwen van de Sacra Infermeria, het hospitaal van de johanniter orde.

Sacra Infermeria

De Sacra Infermeria, het 'Heilige ziekenhuis', noemde men het hospitaal dat de ridders door hun orderegel en gelofte verplicht waren te onderhouden. Het oorspronkelijke gebouw, dat al snel na de stichting van Valletta tot stand kwam, is heel vaak verbouwd. Bovendien werd het in de Tweede Wereldoorlog zwaar getroffen door de bombardementen. Wat er nu staat, is min of meer een reconstructie, die dienst doet als internationaal conferentiecentrum.

In de riddertijd

Het ziekenhuis van de ridders riep terecht veel bewondering op bij tijdgenoten. De zieken hadden een heel bed voor zichzelf, er was een quarantaineafdeling voor mensen met besmettelijke ziekten, men gebruikte gesteriliseerde instrumenten en de zieken aten met zilveren bestek. Dat laatste moest vergiftiging voorkomen.
Iedere vrijdag kwam de grootmeester helpen als een gewone ziekenbroeder. Net als alle andere ridders wanneer ze hun ziekentaak vervulden, moest hij de onderscheidingstekens van zijn rang afleggen. Tegen patiënten was men beleefd, iets waar men in sommige moderne ziekenhuizen nog van zou kunnen leren. Aan patiënten vroeg men niet: 'En hoe voelen we ons vandaag?', nee, die werden keurig aangesproken als 'Heer Zieke'.

Malta Experience

Deze veel bezochte attractie huist in de gebouwen van het hospitaal. U kunt er het beste aan het begin van uw vakantie naar toe gaan. Het geeft u in het kort een overzicht van de Maltese geschiedenis. In essentie is het een diavertoning, maar de dia's worden heel groot vertoond op een breedbeeldscherm. Berekend gebruik van de verschillende projectoren, muziek en geluidseffecten zorgen voor een levendige voorstelling. In een koptelefoontje bij uw stoel is een Nederlandse vertaling te horen. Bij de kassa is een groot aantal boeken over Malta te koop.

ℹ MALTA EXPERIENCE. Shows: ma.-vr. 11-16; za., zo. en feestd. (okt.-juni) 11-14, feestdagen (juli-sept.) 11-13 uur, op het hele uur. Internet: www.visitmalta.com/malta-experience

Fort Saint Elmo

Er zijn talrijke forten op de Maltese eilanden, maar er zijn er maar weinig waar u echt in kunt. Fort Saint Elmo is te bezoeken, omdat het **War Museum** er is ondergebracht. Omdat in het fort ook de Maltese politieschool is gevestigd, is het grootste deel van het fort verboden gebied.
Het War Museum is niet zozeer een oorlogs- als wel een legermuseum. Het is vooral gericht op het onder Britse veteranen populaire 'slagveldtoerisme'. Wie indertijd niet bij de gebeurtenissen betrokken is geweest, raakt al gauw de draad kwijt tussen de decoraties, uniformen en foto's. Tot de grotere stukken in de tentoonstelling behoren de Gloster Gladiator 'Faith', een van de drie dubbeldekkers die Malta moesten verdedigen in de begindagen van de Slag om Malta, zie ook p. 55, en een Italiaanse minitorpedoboot. De Maltezen zelf zijn erg trots op het George Cross, dat ook in het museum bewaard wordt.

ℹ WAR MUSEUM. Geopend: okt.-half juni

MANWEL DIMECH: SOCIALIST EN PATRIOT

Het levensverhaal van de Maltese socialist en patriot Dimech (1860-1921) ziet eruit als de samenvatting van een roman van Dickens. Misschien is het dan ook geen toeval dat er in het jaar 2000 zelfs een (Maltese) musical van gemaakt is: *Manwel! Manwel! Il-Banda tal-Maltin* – 'Manuel! Manuel! Het Maltese Volk'. Als wees groeide hij op straat op. En hij zat 12 jaar gevangenisstraf uit omdat hij betrokken was bij een dodelijke vechtpartij. Vervolgens lukte het hem niet werk te vinden, waarna hij na relletjes met de politie nog eens acht jaar gevangenis uitzat. Na zijn vrijlating stichtte hij een gezin, een school en een krant (*Il-Bandiera tal-Maltin* – 'De Vlag van Malta'), en begon propaganda te maken voor de onafhankelijkheid. Bij de eerste opstand van de Maltezen tegen de Engelsen, in 1919, werd Dimech door de Engelsen verbannen naar Egypte, waar hij werd vermoord. Zijn propageren van feministische idealen (vrouwen mochten lid worden van zijn politieke partij) leidde in 1911 tot excommunicatie door de rooms-katholieke Kerk. Algemeen kiesrecht kreeg Malta overigens pas in 1947.

ma.-za. 8.15-17, zo. 8.15-16.15, half juni-sept. ma.-zo. 7.45-14 uur (geen toegang vanaf kwartier voor sluitingstijd).
Internet: www.heritagemalta.org/warmuseum.html.

Om 12 uur op de eerste drie zaterdagen en de eerste zondag van de maand is het fort het toneel van een militair-historische parade, **In Guardia**, op de laatste zaterdag van de maand voor een opvoering die herinnert aan het beleg van de Fransen in 1800, **Alarme!** Raadpleeg voor de precieze gegevens de Events Calender van het Malta Tourist Office, of de kranten.

Langs Marsamxett Harbour

De wandeling gaat verder langs Saint Elmo Bay, een kleine inham voorbij het fort. Het eerste rechte stuk wal na het fort heet English Curtain, het stuk na de hoek French Curtain. Een *curtain* heeft hier niets met een gordijn te maken, maar is de term voor een stuk vestingmuur. Deze stukken muur waren ter verdediging toegewezen aan de Engelse, respectievelijk Franse langue, zoals iedere taalgroep van de ridders een stuk van de vestingwerken toegewezen had gekregen. U hebt hiervandaan uitzicht over het Manoel Island, Sliema en natuurlijk de Marsamxett Harbour. Deze baai had nooit zo'n belangrijke havenfunctie als Grand Harbour; nu zijn er verscheidene jachthavens in de verschillende inhammen en vertrekken er de rondvaartboten.

Aan West Street ligt een aantal kerken. De **Ta' Pilarkerk** (1670) was verbonden aan de langue van Aragón, waarvan de voormalige auberge vlak bij de kerk staat. Nu is er aan de kerk een nonnenklooster verbonden en worden er af en toe concerten gegeven. Kunsthistorisch interessant is alleen het altaar, toegeschreven aan Stefano Erardi. De kerk dankt haar Spaanse naam aan een beeld van Onze-Lieve-Vrouwe van de pilaar, dat staat in de Templo del Pilar in Zaragoza

De anglicaanse kathedraal **Saint Paul**'s is de grote blikvanger voor wie vanuit Sliema of de Marsamxett Harbour naar Valletta kijkt. Ze is gebouwd door en voor de Britten en bezit daarom kenmerken die afwijken van wat bij echte Maltese kerken gebruikelijk is: ze verrees in een neoclassicistische stijl en kreeg ook een hoge, spitse toren. De kerk werd opgetrokken in de jaren 1836–1843 waar vroeger de Duitse auberge gestaan had. De bouwmeester Scamps was eigenlijk een militaire architect, maar hij wist toch een fraaie kerk neer te zetten.

Aan West Street, tegenover Saint Paul's, ligt de auberge van Aragón, Catalonië en Navarra, nu het gebouw van het ministerie van Industrie. Dit was de eerste auberge die de architect Cassar bouwde. Ze kwam in 1571 gereed.

Ten zuiden van de kathedraal kruist West Street met Old Theatre Street. In deze straat vindt u de Karmelietenkerk. Oorspronkelijk gebouwd door Girolamo Cassar (circa 1575), werd ze in de Tweede Wereldoorlog verwoest en daarna herbouwd. Voor wie Valletta van een afstand bekijkt lijkt het alsof de moderne, ovale koepel van de kerk bij de anglicaanse kathedraal hoort.

Als u nog weer iets verder in de richting van Republic Street loopt, komt u bij een van de mooiste en bijzonderste gebouwen van Valletta, het Manoel Theatre.

De Anglicaanse kathedraal (links) met een van de weinige spitse torens op het eiland. Voor Maltezen heeft een échte kerk een koepel, zoals de Karmelietenkerk (rechts).

Manoel Theatre

Van de Europese theaters die nog min of meer in hun oorspronkelijke staat te bewonderen zijn, is het Manoel Theatre een van de oudste. Grootmeester Antonio Manoel de Vilhena liet het gebouw in 1731 verrijzen, opdat de hoogadellijke ridders van toneel en opera konden genieten in de luxueuze ambiance die ze thuis gewend waren. Op 9 januari 1732 was er de eerste voorstelling. De opera *Merope* werd opgevoerd door een aantal ridders; leerlingen van de orde vertolkten de vrouwenrollen.
Barok houtsnijwerk en verguldsel sieren de loges van de grote zaal. De sfeer lijkt nauwelijks veranderd. Toch is het gebouw in zijn geschiedenis door diepe dalen gegaan. Na de opening van het nieuwe, grote operagebouw bij de City Gate raakte het theater in verval en diende als onderkomen voor bedelaars. Na een opknapbeurt nam men het in 1878 weer in gebruik. Op den duur verkommerde het theater opnieuw. Toen in de Tweede Wereldoorlog bombardementen het operagebouw veranderden in een desolate puinhoop (zie p. 77), was dat een verborgen zegen voor het Manoel Theatre. Men koos ervoor het vervallen theater te restaureren. Dat was minder moeite dan de opera haast van de grond af op te bouwen.

U betreedt het theater via Palazzo Bonnici. Men heeft dit paleisje bij het theater getrokken om het oorspronkelijke gebouw van het Manoel Theatre niet te veel aan te hoeven passen. Palazzo Bonnici dient als boekingskantoor, foyer en extra repetitieruimte; de boekhandel is interessant als u geïnteresseerd bent in de kunst en geschiedenis van Malta. De zalen van deze 'foyer' zijn in 18de-eeuwse stijl ingericht. Beneden bij de trap staan een paar antieke theatermachines, die bij rondleidingen gedemonstreerd worden. De 'windmachine' laat zeildoek langs houtwerk schuren en de 'regenmachine' bereikt het beoogde effect door rijstkorrels in een grote bak te laten vallen.

i MANOEL THEATRE. Rondleidingen ma.-vr. 10.15, 11.00, 11.45 en 12.30, 13.15, 14.00 14.45, 15.15, 15.45, 16.15 en 17 uur. Za. 10.15, 11.00, 11.45 en 12.30 uur. Ze zijn heel populair; zorg dat u ruim van tevoren aanwezig bent en reserveer: via tel. (356) 21 222 618 of e-mail bookings@teatrumanoel.com.mt. Bij uitvoeringen is gepaste kleding verplicht ('geen jeans'). Internet: www.teatrumanoel.com.mt.

Voor het vervolg van de wandeling kunt u terugwandelen naar het water om daar nog wat van het uitzicht te genieten. Er is een plantsoen met enige bankjes. In de buurt ontbreken grote en toeristische restaurants, maar misschien vindt u het wel zo aardig om een snelle hap te nuttigen in een van de cafeetjes of kleinere restaurants.

Wanneer u (al dan niet langs het water van Marsamxett Harbour) naar het zuidwesten loopt, komt u langs South Street. Hieraan ligt het National Museum of Fine Arts.

National Museum of Fine Arts

Het Museum voor Schone Kunsten huist in het Admiralty House, van 1821 tot 1964 het onderkomen van de Britse admiraals. Het gebouw dateert in opzet van vlak na de stichting van Valletta (ca. 1570), maar is in 1720 ingrijpend verbouwd.
De verzameling van het museum omvat vooral schilderijen. Deze zijn op Malta gemaakt of van elders aangekocht door de johannieter ridders. De oudste werken zijn iconen uit de 14de eeuw. Er hangen ook werken van de Nederlandse

schilders Jan van Scorel (1495–1562; *Portret van een vrouw*) en Matthias Stomer (1600–na 1650; werkzaam op Sicilië). Verder zijn er werken van twee buitenlandse schilders die naar Malta kwamen om er nooit meer weg te gaan: Mattia Preti (twee zalen vol) en Antoine de Favray (een zaal met prachtige portretten van enkele grootmeesters). De 17de-eeuwse schilderijen roepen echter het beeld op van een spoedcursus 'Hoe mishandel ik een heilige?' Met name Sint-Agatha heeft het zwaar te verduren, op *Het martelaarschap van de heilige Agatha* (Giovanni Baglione). Iets minder enerverend zijn de zalen met 19de-eeuwse Maltese landschappen en de afdeling Maltese schilderkunst van de 17de eeuw en later.
Tussen de schilderijen staan ook enkele beelden van Antonio Sciortino, onder andere diens *Speed*.

De binnenplaats ligt onder het straatniveau. Rechts achteraan bevindt zich het restauratieatelier; als u het vriendelijk vraagt, mag u er even rondkijken. Op deze benedenverdieping ziet u ook voorwerpen afkomstig uit het hospitaal van de ridders, de Sacra Infermeria. Voorbeelden daarvan zijn het zilveren serviesgoed dat door de patiënten gebruikt werd. Bijna alles van de enorme voorraad zilveren servies van het hospitaal is geroofd door Napoleon.

NATIONAL MUSEUM OF FINE ARTS. Geopend: dag. 9-17, geen entree na 16.30 uur; gesl. 25, 26 en 31 dec., 1 jan., Goede Vrijdag.

NATIONAL MUSEUM OF ARCHEOLOGY

Wie er over denkt om een of meer van de prehistorische tempels op Malta te bezoeken, moet zeker ook het National Museum of Archeology bezichtigen, dat gevestigd is in de auberge van de Provence. Het geeft enige achtergrondinformatie en bewaart het leeuwendeel van de vondsten die er zijn gedaan.
De auberge van de Provence was eveneens een ontwerp van Girolamo Cassar (1570–1575). De langue van Provence was de meest gezaghebbende van de orde. Het hoofd van de langue was tevens schatbewaarder van de orde. In de Britse tijd huisde in het gebouw de Union Club, de club van de strijdkrachten.
Het museum is enkele jaren dicht geweest voor een noodzakelijke verbouwing. Bij het ter perse gaan van deze gids waren de bovenverdiepingen nog niet open, maar de voor de prehistorische culturen belangrijke begane grond wel.

Begane grond

De begane grond van het museum is gewijd aan de prehistorie tot de bronstijd. Hier komen alleen de opvallendste vondsten ter sprake. Wie het Engels beheerst, kan de rest er bij lezen van de uitvoerige informatie op de borden. Een advies: beperk u eerst tot de hoofdzaken voordat u verzandt in de details en halverwege uitgeput raakt.

De meeste grote vondsten staan in één grote zaal rechts van de entreegang. In de vloer zijn vensters aangebracht die u zicht geven op historische gebouwfundamenten op de plek van het museum – 16de en 17de eeuw, lang niet zo oud als wat u boven de vloer ziet, maar juist voor een archeologisch museum is dit natuurlijk een aardig idee.
Een bijzondere vondst is het model van een tempel uit Ta' Ħaġrat. Het is maar enkele centimeters groot: een piepkleine kalkstenen maquette uit de prehistorie. Een beroemd beeldje van een op een rustbank slapende vrouw is gevonden in het Hypogeum, een onderaards hei-

ligdom waar men in de Tempeltijd de doden begroef. Archeologen denken dat zwangere vrouwen een nacht in het Hypogeum sliepen, opdat de ziel van een gestorvene in de foetus in haar buik kon trekken. In de tempel van Tarxien heeft men de 'Priester' gevonden, een van de weinige beelden uit de Tempeltijd die een man voorstellen. Vrijwel alle beeldjes uit die tijd moesten vrouwen of godinnen verbeelden. Het stier- en varkenreliëf is een kopie; het origineel bevindt zich nog in de tempel. Kleine poppetjes met allerlei gebreken zijn prehistorische ex-voto's: men liet deze in de tempel achter als men na gebeden of offers aan de godin was genezen van een ziekte of verwonding.

Verder zijn er voorwerpen uit de bronstijd, onder andere uit het urnenveld van Tarxien – dat niets met de prehistorische tempels daar uitstaande heeft –, Baħria en Borġ in-Nadur. U ziet er keramiek met geometrische versieringen, weefgewichtjes, bronzen bijlen en ook weer beeldjes van de godin van de aarde en de vruchtbaarheid.

Verder zijn er imposante grote vondsten uit de tempels – voornamelijk altaren en stenen die voor de bouw van de heiligdommen gebruikt zijn en voorzien van versieringen in reliëf. Maquettes geven een indruk hoe de heiligdommen er in volle glorie moeten hebben uitgezien.

Eerste verdieping

Op de eerste verdieping staan de vondsten uit de Fenicische, Carthaagse en Romeinse periode. Deze etage was gesloten toen wij het museum het laatst bezochten, dus de beschrijving kan enigszins afwijken van wat u aantreft.

In de entreehal staat een houten afgodsbeeld uit de 5de of 4de eeuw. Het zou een beeld van de god Baäl zijn, de belangrijkste Fenicische god, maar met zekerheid is er niets over te zeggen. De meeste vondsten die hier staan, komen uit 6de- en 5de-eeuwse graven op Malta en Gozo. Deze druk beschilderde zaal was de vergaderzaal van het kapittel van de langue van de Provence en diende in de Engelse tijd onder andere als balzaal.

In de linkerzaal trekt een 5de-eeuwse Carthaagse sarcofaag van aardewerk de aandacht. Hij is gevonden bij Rabat en doet sterk denken aan een Egyptische mummiekist. In een zijvertrek staat Fenicische (7de eeuw v.Chr.) en Griekse (4de eeuw v.Chr.) keramiek. Griekse vazen, vooral die uit Athene en omgeving, waren in de hele Middellandse Zee gewilde handelswaar. Ze zijn meestal tamelijk nauwkeurig te dateren, vaak met een marge van slechts tien of twintig jaar, zodat een archeoloog erg gelukkig is als hij er een uit de grond te voorschijn haalt. In de zaal rechts staat een aantal stenen met Fenicische en Latijnse inscripties erop. Het topstuk is hier de zogenoemde *cippus* (grafsteen of monument), omstreeks 1650 gevonden bij Marsaxlokk. Op de sokkel staat een inscriptie in het Fenicisch en het Grieks, de tekst van een gebed aan de god Melkart. Uitgaande van de veronderstelling dat er in beide talen hetzelfde stond, kon de Franse abbé Barthélemy dankzij deze steen in de 18de eeuw een begin maken met de ontcijfering van het Fenicisch. De cippus maakte deel uit van een paar, waarvan de andere helft zich in het Louvre bevindt en hier in het museum vertegenwoordigd is door een kopie.

NATIONAL MUSEUM OF ARCHEOLOGY. Geopend: dag. 9-17, geen entree na 16.30 uur; gesl. 25, 26 en 31 dec., 1 jan., Goede Vrijdag.

De oude bussen: toeristentrekkers, zelfexpressie, officieus nationaal symbool en ook nog eens handig om ergens te komen

FLORIANA

In 1634 deden geruchten de ronde dat een nieuwe Turkse aanval op Malta dreigde. De grootmeester vroeg paus Urbanus VIII of hij een militaire ingenieur wilde sturen, die kon helpen bij het versterken van de vestingwerken. De paus stuurde Paolo Floriani, die adviseerde om het hele schiereiland Sciberras te versterken door aan het begin van de landtong versterkingen te bouwen. Na enig onderling gekrakeel van de ridders mocht Floriani in 1636 beginnen met de bouw. Naar hem is Floriana ook vernoemd.

Onder grootmeester Antonio Manoel de Vilhena, die regeerde van 1722 tot 1736, verrees er een stad achter de grote muren. Hij had graag gezien dat deze stad naar hem Città di Vilhena werd genoemd, maar in de volksmond was en bleef het Floriana.

Parken in Floriana

Floriana is ruimer opgezet dan Valletta. Het telt meer en grotere parken. De wandeling door Floriana kunt u net als de bovenstaande wandelingen beginnen bij de City Gate Bus Terminal.

De grote **Tritonfontein** midden op het ronde plein voor de City Gate dateert van 1959 en is van de beeldhouwer Vincent Apap. **The Mall** strekt zich uit in het verlengde van de City Gate. Deze straat heeft imposante, bijna on-Maltese proporties. Ze is, evenals de gelijknamige straat in Londen en de Utrechtse Maliebaan, genoemd naar het *paille-maille*, een soort kaatsspel. Dit was in de 17de en 18de eeuw populair in heel Europa. Grootmeester Lascaris liet hier in de 17de eeuw een 'maliebaan' aanleggen. Volgens een Latijns opschrift in de muur van de Maglio Gardens deed hij dit om de jongere ridders van drank, vrouwen en gokken af te houden.

Het beeld Christus Koning – Christus met een gekroonde vrouwenfiguur voor zich geknield – maakte Antonio Sciortino in 1913 ter gelegenheid van een oecumenisch congres.

Links van de Mall, en parallel eraan, loopt Sarria Street. Tussen de Mall en Sarria Street liggen de Maglio Gardens. Maglio was de vroegere, Italiaanse naam van de Mall. Het park is gestoffeerd met monumenten voor heldhaftige, deugdzame of gewichtige Maltezen.

Aan het eind van de Mall en de Maglio Gardens liggen de uitgestrekte **Argotti Botanical Gardens**. Deze tuinen zijn eigendom van de universiteit en het ministerie van Landbouw. Ze danken hun naam aan een voormalige eigenaar van het terrein, ridder Ignatius de Argote de Gusman. De basis voor de verzameling van de tuin werd gelegd door een 19de-eeuwse monnik met de toepasselijke naam Carolus Hyacinthus. Hij werd in 1810 benoemd als de eerste professor in de biologie van de Maltese universiteit.
Ten zuiden van de Argotti Botanical Gardens liggen de **Saint Philip's Gardens**, op het gelijknamige bastion. De twee parken vormen een geheel en u kunt ze alleen verlaten zoals u gekomen bent, door de uitgang aan de zijde van de Mall en Sarria Street.
Aan de oostzijde van de Argotti Gardens steekt de **watertoren van Wignacourt** (1615) omhoog. Hier konden de inwoners van Valletta water tappen dat werd aangevoerd door het aquaduct dat grootmeester Alof de Wignacourt had laten aanleggen tussen Valletta en Mdina.

ARGOTTI BOTANICAL GARDENS EN SAINT PHILIP'S GARDENS. Geopend: 's winters dag. 8-11.30 en 13-15.45, 's zomers dag. 7.30-12.30 uur.

Terug langs Sarria Street

Tussen Sarria Street en Saint Publius Street liggen twee kerken, de Sarria en de Sint-Publius. De **Sarriakerk**, een kerk van de jezuïeten uit 1676, ligt het dichtst bij Argotti Botanical Gardens. Het is niet zeker wie het cilindervormige kerkgebouw ontworpen heeft: Lorenzo Gafà of Mattia Preti. De laatstgenoemde heeft in ieder geval het interieur van schilderingen voorzien.
Grootmeester Nicolas Cotoner heeft de opdracht en het geld gegeven voor de bouw; de katoenbloemen die in en op het gebouw terug te vinden zijn, waren zijn symbool en verwijzen naar zijn achternaam.
Ten noordoosten van de Sarriakerk en Saint Thomas Street ligt de **Sint-Publiuskerk**. Publius was stadhouder van Malta toen Paulus op het eiland strandde (59 n.Chr.). De apostel genas de vader van de stadhouder op wonderbaarlijke wijze van een ziekte. Publius liet zich bekeren en werd volgens de overlevering de eerste bisschop van Malta.
De kerk verrees in 1733 naar een ontwerp van Giuseppe Bonnici, maar van dit kerkgebouw is in feite maar weinig over: de façade met de twee torens werd toegevoegd in 1822 (Nicola Zammit) en alles wat erachter zit moest na de oorlog herbouwd worden door zware bombardementsschade.
Op het plein voor de kerk bevinden zich de **granaries**, de 17de-eeuwse graanopslagplaatsen. In zes lange rijen liggen hier de stenen achter elkaar die de deksels ervan waren. Ze zijn nu veiligheidshalve vastgemetseld.

Via Sarria Street kunt u teruglopen naar uw uitgangspunt, het busstation. U kunt ook omlopen via Saint Anne Street, de drukke maar architectonisch imposante hoofdstraat van Floriana.

MANOEL ISLAND

In het water van Marsamxett Harbour, tussen Sliema en Valletta, ligt Manoel Island. Een bruggetje aan de zuidwestpunt verbindt het eiland met de vaste wal. Het eiland is genoemd naar grootmeester Antonio Manoel de Vilhena, die op de noordpunt van het eiland Fort Manoel liet bouwen, het laatste fort dat onder de johannieter ridders tot stand kwam. Dit fort is niet toegankelijk.

Na jaren van delibereren is er in 1994 eindelijk gekozen voor een ontwikkelingsplan. Gezien de schitterende ligging moet het mogelijk zijn het eiland tot een grote trekpleister te maken, maar vooralsnog lijkt het alleen interessant als u accommodatie of een aanlegplaats huurt op het eiland.

Tot de eilandbevolking behoort volgens sommigen de geest van grootmeester De Vilhena. Hij spookt rond omdat een kapel die hij ter plaatse heeft laten bouwen en waar een aantal ridders begraven ligt, in verval is geraakt.

Aardig voor toeristen is de glasfabriek **Phoenician Glassworks**. U kunt er binnenlopen om de glasblazers aan het werk te zien en er is een winkel. Verder – niet toegankelijk – liggen op het eiland de havens van twee zeilverenigingen, oude fabrieksgebouwen en wat sportvelden.

GLASFABRIEK. Geopend: tijdens werkuren. Bereikbaar per auto of te voet. De fabriek heeft ook een bootje dat klanten ophaalt van de kade van Sliema.

IN TE SPERAVERUNT PATRES NOSTRI
SPERAVERUNT ET LIBERASTI EOS. Ps XXI.V
FIK TEMCHU MYSSYRIJYTNA
TEMCHU U YNTI HLYSTHOM
1719

Noord-Malta en Comino 5

Het noorden van Malta is het gebied van Malta dat zich het meest op het toerisme geconcentreerd heeft. Daarbij is Sliema een goede uitvalsbasis voor toeristen die niet te ver van het knooppunt Valletta willen zitten. Het heeft ook een overloopfunctie voor alles waar in Valletta geen plaats voor is: winkels, hotels en bedrijven.

Niet ver van Sliema, ten westen ervan, ligt een ander toeristisch centrum, Saint Julian's en Paceville, die zich richten op jongeren en uitgaan, met een reeks disco's, clubs en het grote Casino.

Bij geen van de genoemde, toch bijzonder toeristische plaatsen is een echt strand, vreemd genoeg. Daarvoor moet u verder langs de kust naar het westen toe – naar Saint Paul's Bay en omgeving.

MSIDA EN OMGEVING

Veel toeristen zullen voor het verkennen van het noorden van het eiland vanuit Sliema vertrekken. Wie van het goede openbaar vervoer afhankelijk is, zal voor een aantal bestemmingen terug moeten naar het busstation van Valletta.

Als u vertrekt vanaf de City Gate Bus Terminal bij Valletta, passeert u eerst Pietà (met het grote Saint Luke's Hospital) en Msida met de jachthaven in de Msida Creek. Msida bezit een kleine, oude holenkerk, de Immaculata, die voor een deel op de resten van een synagoge is gebouwd. Hoe oud deze kerk is, is niet precies bekend, maar ze dateert van voor de komst van de Arabieren (870). De neobarokke Sint-Jozefkerk bij de haven werd gebouwd in de 19de eeuw. In Msida ligt ook de Maltese universiteit, op een heuvel aan de andere zijde van Sliema Regional Road. Afgezien van deze bescheiden attracties, en de waterkant bij Marsamxett Harbour, is Msida een wat kenmerkend rommelig voorbeeld van de chaotische agglomeratie die er rond Valletta, Floriana en Sliema is gegroeid.

SLIEMA

Niet de hoofdstad Valletta, maar Sliema is met 20.000 inwoners de grootste stad van Malta. Hier, of in het naburige Saint

Mellieħa

Noord-Malta

Julian's en Paceville, vinden de meeste toeristen 's avonds een restaurant en een hotelbed, na overdag Valletta of de rest van Malta bewonderd te hebben. De winkels zijn vooral gericht op de beter gesitueerde Maltees, die graag in Sliema een appartement of een huis koopt: in Maltese ogen heeft dat een zekere standing.

Sliema is niet oud: de stad bestaat nauwelijks meer dan een eeuw. De naam komt van het Maltese woord voor 'vrede', dat in het *Malti* ook het begin is van het Ave-Mariagebed. De plaatselijke vissers zouden dit gebed herhaaldelijk hebben gepreveld als dank voor een behouden thuisvaart.

Sliema telt geen musea en nauwelijks bezienswaardigheden, maar het is heerlijk om er 's avonds voor of na het eten

langs de boulevard te slenteren en af te koelen in de zeewind. Vooral in het weekeinde bent u in het gezelschap van talrijke Maltese families, uit op een praatje met bekenden of op het showen van het nieuwe zondagse pak. Dit is de *passeggiata*, hetzelfde als de Spaanse *ramblas*; in het Nederlands wordt het de 'pantoffelparade' genoemd.

Aan de zuidzijde van Sliema, aan Marsamxett Harbour, ligt The Strand, de lange kade waar allerlei rederijen proberen u te verleiden tot de meest uiteenlopende nautische avonturen, van rondvaarten om het eiland en tochten naar Sicilië tot duiken. Er vertrekken ook veerboten naar Valletta.

Helemaal aan de oostpunt van Sliema

ligt Fort Tigne (niet toegankelijk). Het is aangelegd in 1792, vlak voordat de ridders van Malta werden verdreven. Het was bedoeld om samen met het aan de overzijde gelegen fort Saint Elmo de toegang tot Marsamxett Harbour te beschermen. In de loop van zijn bestaan is het ingrijpend veranderd om te voldoen aan de veranderende eisen van oorlogvoering. Zelfs in de Tweede Wereldoorlog deed het nog mee in de strijd: het stond vol met luchtafweergeschut.

Op de plek van het fort, toen nog een kale landtong, werd tijdens het Grote Beleg (1565) de piratenadmiraal Dragut getroffen door een granaatscherf, waaraan hij later zou overlijden. Dit was een verlies voor de Turken; de twee andere bevelhebbers hadden veel minder ervaring dan hij en zouden de ene fatale fout na de andere maken. De kaap waarop het fort ligt, Dragut Point, is naar hem genoemd.

De boulevard

Een wandeling langs de boulevard kunt u het beste aan de oostzijde van Sliema beginnen, waar Tower Road uitkomt op The Strand. Tegen de tijd dat u hongerig of dorstig naar een terras begint te verlangen, bent u bij het westelijke gedeelte van de stad beland, waar keus genoeg is aan restaurants en bars.

De eerste honderden meters loopt u over de Tower Road dwars door de winkelwijk van Sliema. Als u dat wilt, kunt u hier ook restaurants vinden die wat minder eenzijdig op toeristen zijn georiënteerd dan die aan de westzijde van de stad.

Even voorbij het punt waar Tower Road bij de zeekust uitkomt, ziet u een gebouwtje liggen dat met zijn neogotische stijl wel iets weg heeft van een middeleeuwse kasteeltoren. Oorspronkelijk was dit een Britse bunker, de **Sliema Point Battery**, gebouwd in 1872. In 1905 zette men er een toren bovenop, zodat het kon dienen als uitkijkpost. Nu kunt u er terecht voor een pizza (restaurant Il Fortizza).

Aan het volgende rechte stuk van de boulevard, die hier nog steeds Tower Road heet, zijn de oude, statige huizen van Sliema bijna allemaal vervangen door appartementengebouwen. Bij Saint Julian's Point staat de enige algemeen erkende bezienswaardigheid van de stad: de **Saint Julian's Tower**, een wachttoren van de johannieter ridders. Torens als deze betekenden uiteindelijk de oplossing voor het probleem van de piratenovervallen op de Maltese eilanden. Niet alleen dienden ze als uitkijkpost, maar ze gaven bij onraad door rook- en lichtsignalen aan elkaar door dat er iets aan de hand was, zodat er hulp gezonden kon worden. Als er ergens op het westpuntje van Gozo een piratenschip was gesignaleerd, kon de grootmeester in Valletta dat bij wijze van spreken een half uur later al weten.

Hiervandaan kunt u via Sir Adrian Dingli Street en Guze Howard Street teruglopen naar het uitgangspunt. Eerstgenoemde is de brede straat die vlak bij de Saint Julian's Tower schuin uitkomt op de boulevard. Howard Street is er een dwarsstraat van; ze is wat saai, maar er staan veel huizen uit de goede oude tijd van het chique Sliema.

Blijft u echter doorlopen langs de boulevard, dan komt u vanzelf uit in Saint Julian's. Waar Sliema ophoudt en Saint Julian's begint, weten alleen geboren en getogen Maltezen; de plaatsen liggen naadloos tegen elkaar aan gebouwd.

SAINT JULIAN'S EN PACEVILLE

Saint Julian's was oorspronkelijk een vissersplaatsje. Nu drijft het geheel en al op het toerisme. Er is een ruime keus aan hotels, restaurants, bars en andere uitgaansgelegenheden. Wanneer Valletta al diep in slaap is en de obers van Sliema op hun horloge beginnen te kijken, wordt hier in de disco's de volumeknop nog eens extra opengedraaid.

Het dorp werd ook wel Spinola genoemd, naar een paleis uit 1688 dat op een helling boven de baai staat. Dit paleis is gebouwd voor ridder Raffaele Spinola, voor wie letterlijk 'geen plaats meer was in de herberg'. De auberges ('herberg') van de johannieter orde waren namelijk niet groot genoeg om alle leden van een langue te huisvesten.

Nog totaal onbekend als bezienswaardigheid zijn de **Balluta Buildings**, een kolossaal appartementengebouw uit de jaren twintig. De Maltese architect Joseph Psaila ontwierp het in Italiaans-beïnvloede art-nouveaustijl. Het zou niet misstaan hebben in het New York of Londen van de *Roaring Twenties*, en met wat goede wil ziet u Charlie Chaplin of Harold Lloyd al de voordeur uit tuimelen. Let op de opengewerkte middenpartij met balkon. U vindt het in een hoek van de boulevard; het is niet van binnen te bezichtigen.

In 1565 landde in Saint Julian's Bay de piratengeneraal Dragut met een vloot van vijftien schepen, om de Turken bij te staan bij het beleg van Birgù en de andere vestingen van de johannieter ridders. In 1798 gingen onder andere in deze baai de Fransen aan land, aangevoerd door Napoleon en generaal Vaubois. Ze brachten een vloot mee van meer dan 400 schepen. Ze kregen minder weerstand van de ridders te verduren dan de Turken. Slechts één galei voer uit om de Fransen aan te vallen en slaagde er warempel nog in om een schip tot zinken te brengen. Twee dagen later capituleerde de grootmeester Von Hompesch, zonder dat er verder was gevochten. Langs Spinola Bay is het niet moeilijk om een aardig restaurant te vinden, bijvoorbeeld voor een heerlijk visgerecht.

i WAARSCHUWING. In Saint Julian's wordt 's nachts niet veel geslapen. Dat geldt helaas ook voor de parkeerwachters. Er is te weinig ruimte voor al het toegestroomde blik.

Paceville biedt, vergeleken met de andere wijken van Saint Julian's, meer van hetzelfde: *pump up the volume!* Het uitgaansleven is hier nog meer geconcentreerd op de disco's. Als de toeristen uit het noorden vertrokken zijn, zetten de Maltese jongeren de actie voort, op zijn minst in het weekend. Parkeren kan dan een probleem zijn. Als u hier zelf overnacht en een auto hebt, regel dan een plaats in de garage van uw hotel. Overnachten gaat – eerlijk is eerlijk – prima. De wat betere hotels zijn verbazend rustig en hebben bovendien een schitterend uitzicht over zee.

Het opvallende witte gebouw met de zuilen op de landtong Dragonara Point is het enige casino van Malta. Het is gevestigd in het Dragonara Palace (1875), dat gebouwd werd door Emanuele Scicluna, die na het verstrekken van een gunstige lening aan de paus verheven werd tot markies. De spreuk *Deus nobis haec otia fecit* ('God schiep voor ons deze vrije tijd') is niet het motto van het casino, maar het devies van de markies. Gezien diens levensstijl had deze, in plaats van dit citaat van de dichter Vergilius (*Bucolica* 1, 6), ook 'Wie het breed heeft, laat het breed hangen' boven de deur kunnen spijkeren.

i CASINO DRAGONARA PALACE. Geopend:

Saint Julian's: rechts het neoklassieke Casino, links een neo-klassiek luxe-hotel. Geld moet rollen en het balletje ook.

Geopend: ma.-do. 22-6 uur; vr.-zo. en rond Kerstmis, Pasen en in aug. dag. 24 uur. Internet: www.dragonara.com. Roulette, Black Jack, Chemin de Fer en Baccarat. Jasje-dasje voor de heren verplicht, al is men in juli en augustus en bij de afdeling gokautomaten iets soepeler.

Behalve Saint Julian's heeft ook het plaatsje Saint George's Bay een klein strand. U kunt hier genieten aan de baai en het water, maar ook op de bowlingbaan, de rolschaatspiste of in de moderne bioscoop. Aan de gelijknamige baai liggen de Saint George's Barracks, een voormalige Britse kazerne die men met weinig succes heeft geprobeerd om te toveren in een toeristenfaciliteit. Achter de kazerne staat een wachttoren van de ridders.

Wie niet voor het strand hierheen komt, kan via Saint Andrew's Road naar de hoofdweg rijden. U gaat dan in Saint Julian's, nadat de weg van de Saint Julian's Bay is afgebogen, met de stroom van het doorgaande verkeer mee linksaf.

DE NOORDKUST

Għargħur en Victoria Lines

Wanneer u rechtsaf de hoofdweg richting Saint Paul's Bay bent opgedraaid, rijdt u de eerste 2 km langs het militaire complex Pembroke Fort. Het is eigenlijk de laatste uitloper van de grote agglomeratie rond Marsamxett Harbour en Grand Harbour.

Landinwaarts, na een kronkelweg van 1,5 km, ligt het middeleeuwse dorpje Għargħur ('Grot van het monster'). De 2400 inwoners zijn erin geslaagd het toerisme enigszins op een afstand te houden. Er is in het dorp weinig te zien behalve de sombere 17de-eeuwse **Sint-Bartholomeüskerk** (Tommaso Dingli), maar de ligging is fraai. U hebt uitzicht over Noord-Malta. Aan de voet van het dorp strekt zich het dal uit dat gevormd

wordt door de grootste en zuidelijkste van de geologische breuken die diagonaal door Malta lopen, de Great Fault.
Langs de Great Fault lopen de **Victoria Lines**. Deze verdedigingslinie werd in de jaren na 1875 aangelegd door de Britten. Ze moest de opmars vertragen van een eventuele vijand die zou landen in het onverdedigbare noorden. Deze tijdwinst kon men dan gebruiken om elders uit het Britse Rijk versterkingen aan te voeren naar Malta. Het is een gebied om wandelend te verkennen.
Weer aan de hoofdweg ligt een kilometer naar het westen de baai Baħar iċ-Ċagħaq (spreek uit: Bahar itsj-tsjaa), met het Mediterraneo Fun Park. Sterren in deze attractie zijn de dolfijnen en zeeleeuwen, en er is een reptielenhuis. Naast de shows kunt u ook zwemmen met de dolfijnen (v.a. LM 45!), maar van tevoren reserveren wordt aangeraden (dit kan online).

MEDITERRANEO MARINE PARK. Geopend: 10 uur-zonsondergang.
Internet: www.marineparkmalta.com.

Ten westen van de baai liggen nog twee 17de-eeuwse wachttorens, een op Qrejten Point en een terzijde van de ingang van de Salina Bay, Għallis Tower. Ze maakten deel uit van een serie torens die zich steeds met ongeveer 2 km tussenafstand vanaf Saint Julian's Tower in Sliema uitstrekte naar het westen. De torens kwamen tot stand in de regeerperiode van grootmeester De Redin (1657–1660).

Salina Bay en Saint Paul's Bay

De smalle baai **Salina Bay** is genoemd naar de zoutpannen die er nog steeds liggen en die in de 17de eeuw werden aangelegd. Na het vertrek van de ridders raakten ze in verval, maar de Britten bliezen ze weer nieuw leven in. In de Romeinse tijd was de baai een haven; archeologen hebben amforen en scheepsankers teruggevonden uit die tijd.
Bij de ingang van het Salina Bay Hotel kunt u een *fougasse* bekijken, een wapen van de johannieter ridders. Dit was een 2 m diepe kuil in de rots, die dienst kon doen als een soort mortier. Op de bodem ervan was springstof aangebracht en daarbovenop had men stenen en stukken metaal gestort. Als vijandelijke soldaten door het schootsveld marcheerden, liet men de springstof ontploffen, zodat een dodelijke regen van stenen en metaal op hen neerdaalde.
Aan het einde van de baai ligt het Kennedy Memorial Grove, een wat armetierig bosje dat in 1966 geplant is als monument voor president Kennedy. Het bestaat uit eiken, olijven en oleanders. Automobilisten kunnen hier kiezen om meteen door te rijden naar Saint Paul's Bay of om een omweg te maken via Qawra en Buġibba.

Qawra

In het appartementencomplex Vela Vista in Qawra bevindt zich het Malta Classic Cars Museum, een museum met antieke en bijzondere auto's, dat bestaat uit de grote verzameling klassieke en moderne auto's van de eigenaar van het complex. De (luxe) moderne modellen worden uitgeleend bij staatsbezoeken – de Duitse president werd bij diens staatsbezoek rondgereden in een BMW uit de 7-serie van de collectie.

MALTA CLASSIC CARS MUSEUM. Geopend: ma.-vrij. 9-18, za. en feestd. 9-14 uur.
Internet: www.classiccarsmalta.com.

Op Qawra Point, de landtong die de grens vormt tussen Salina Bay en Saint Paul's Bay, staat weer een wachttoren, de Fra Ben Tower, met een restaurant erin. De huizen en hotels van Qawra gaan bijna zonder overgang over in de lintbebouwing van Buġibba, dat zich aan de andere zijde van Qawra Point uitstrekt langs de Saint Paul's Bay. Ook dit vissersplaatsje heeft zich met hart en ziel in de armen van het toerisme gestort.

In de tuin van het New Dolmen Hotel liggen de resten van een prehistorische tempel, bij vergissing wel aangeduid als de 'Dolmen' (hunebed). Er zijn met reliëfs versierde altaren gevonden, die nu bewaard worden in het National Museum of Archeology in Valletta. Gevel en ingang van de tempel zijn nog herkenbaar.

Ongeveer 0,5 km ten zuiden van Buġibba, aan de weg naar Mosta, ligt de flink gehavende en moeilijk vindbare prehistorische tempel van Tal Qadi.

Tegen Buġibba aan ligt San Pawl il-Baħar, in het Engels Saint Paul's geheten. Automobilisten kunnen de weg langs het plaatsje nemen, maar men kan ook door de rommelige, drukke, maar gezellige hoofdstraat rijden.

Is-Simar Nature Reserve

Nog enkele jaren jong is het Is-Simar Nature Reserve: bijna letterlijk een roos op de mesthoop. Deze lap grond is gebruikt als speeltuin, parkeerterrein en zelfs als afvalstortplaats (hopelijk ook in die volgorde). Het hopeloze stukje moerasland dat resteerde, werd door Birdlife Malta overgenomen, in een poging het om te toveren tot bruikbaar natuurgebied. Afval werd afgegraven, een hek moest de onvermijdelijke stropers en andere niet gewenste bezoekers weghouden. Ook zette men de drastische stap om bomen te verwijderen die eigenlijk niet op Malta thuishoren, zoals de uit het verre Australië afkomstige eucalyptussen en acacia's. Daarvoor in de plaats kwamen witte populieren en aleppodennen.

En het mooiste is: het werkt. Het zeldzame wouwaapje (een aan de roerdomp verwante vogel, geen aap) heeft hier – en nergens anders op Malta – al twee keer gebroed (de laatste keer in 2000). 's Winters bivakkeren hier vogels als de ijsvogel, dodaars, fuut, waterral (een willekeurige keuze uit de lijst) die in de zomer weer worden afgelost door andere soorten. Raadpleeg voor een uitgebreidere en mogelijk actuelere lijst de website van Birdlife Malta. Doelstelling van het reservaat is mede de Maltezen te laten zien dat het leuker kan zijn gewoon naar vogels te kijken dan erop te schieten.

i NATUURRESERVAAT. Geopend: nov.-mei zo. 10-16 uur. Bereikbaar met bus 44 en 45 uit Valletta (uitstappen Xemxija). Roken en het meenemen van huisdieren niet toegestaan. Internet: www.birdlifemalta.org (onder 'Conservation', 'Nature Reserves').

Paulus en Saint Paul's Bay

Saint Paul's Bay zou de plaats zijn waar de apostel Paulus aan wal kwam, nadat zijn schip in een storm verzeild geraakt was. De Maltezen zouden de Maltezen niet zijn als dit niet herdacht zou worden met kerken, kapellen, beelden en feesten.

De bijbehorende kerk **Saint Paul's Shipwreck** staat in Buġibba. Op de plaats van de kerk zouden de apostel Paulus en de evangelist Lucas begonnen zijn met eilandbewoners te bekeren, die er diep van onder de indruk waren dat Paulus niet bezweken was aan het gif van een slang die hem gebeten had. De kerk, oorspronkelijk 14de-eeuws en verbouwd in het begin van de 17de eeuw, werd in de Tweede Wereldoorlog getroffen door een bom. Men heeft haar bijna van de grond af moeten herbouwen.

Ten noorden van de baai liggen de Saint Paul's Islands; op het eiland Selmunett

Marfa Point. Op allerlei plekken in de Maltese eilanden kunt u voortreffelijk duiken.

staat een standbeeld van de apostel.
De kapel **San Pawl Milqi** (Sint-Paulus' Welkom), boven het dorp Burmarrad aan de weg naar Mosta, markeert de plaats waar Paulus en de Romeinse stadhouder Publius elkaar troffen. Publius had van de gebeurtenissen gehoord en wilde de apostel wel eens spreken. Het kerkje verrees in 1616–1622, maar er stond al in de vroege middeleeuwen een kapel, die gebouwd was op de resten van een Romeinse villa. Een oude traditie (5de eeuw) zegt zelfs dat dit de plaats is waar Paulus de zieke vader van Publius genas.
Ter gelegenheid van de schipbreuk wordt er ieder jaar op een zondag omstreeks 10 februari een avondprocessie gehouden in Buhibba, vanuit de kerk Saint Paul's Shipwreck. Op 29 juni houdt men een mis aan de voeten van het standbeeld van Paulus, op het eiland Selmunett.

Andere plaatsen die door hun naam aan Paulus herinneren zijn Pawles Beach, Pawles Valley, Hotel San Pawl (met het restaurant Tarsus, genoemd naar Paulus' geboorteplaats) en de Apostelbron (Għajn Razul, water niet drinkbaar), waar Paulus zijn eerste bekeerlingen zou hebben gedoopt.

Selmun Palace

Het laatste plaatsje aan Saint Paul's Bay is Xemxija (spreek uit: Sjemsjieja). Boven deze plaats op de helling ligt het 17de-eeuwse Selmun Palace. Dit was oorspronkelijk gebouwd als wachttoren en vesting. Uiteindelijk verpachtte de johannieter orde het als jachtverblijf en gebruikte de opbrengst om christelijke slaven vrij te kopen uit hun gevangenschap in Noord-Afrika.
Op de hele kaap zijn *cart ruts* (karrensporen, p. 38) en holwoningen uit de bronstijd (2500–800 v.Chr.) teruggevonden

Mistra Bay

Aan de weg van Xemxija naar Mellieħa, vlak buiten Xemxija zijn twee afslagen, die met bordjes gemarkeerd zijn. Een erg slecht weggetje voert naar Mistra Bay.

Dit is typisch een baai die door de Maltezen bezocht wordt. Er is nauwelijks sprake van een zandstrand, er zijn geen voorzieningen, maar het is er vrij rustig, als men de levendige drukte buiten beschouwing laat die de picknickende Maltese families zelf produceren.

De baai ziet uit op de Saint-Paul's Bay en de huizen van Buġibba. Meestal dobberen er enkele ouderwetse, kleurige vissersbootjes in het water, de *luzzu's*. De netten die in het water drijven behoren toe aan een viskwekerij. Omdat er nogal eens vissen ontsnappen, is de baai ook tamelijk populair bij hengelaars.

Mellieħa

Anders dan de hierboven beschreven plaatsen ligt Mellieħa (4800 inwoners) niet aan het water, maar hoog op de rotsen. Hierdoor heeft u van verschillende punten binnen de plaats een schitterend uitzicht op de baaien van de noordpunt van Malta.

Mellieħa ontstond in het midden van de 15de eeuw, maar raakte al snel weer ontvolkt door de talrijke pirateninvallen in Noord-Malta. Pas in de 19de eeuw, toen de Britten inmiddels voor rust en veiligheid hadden gezorgd, raakte de plaats weer definitief bewoond. Vanuit het oorspronkelijke Mellieħa hebben de appartementencomplexen zich inmiddels naar alle kanten uitgebreid.

Aan het uiteinde van de dorpsstraat rijst de okerkleurige parochiekerk op. Het moderne interieur van de kerk is in eerste instantie een teleurstelling. Als u binnenkomt ziet u links echter de oorspronkelijke, oude holenkapel. Deze stamt uit de vroege middeleeuwen (5de–9de eeuw). De altaarschildering van Maria, die grotendeels op de rots zelf is aangebracht, is een van de oudste religieuze schilderingen op het eiland. De schildering zou door de evangelist Lucas zelf op de rots zijn aangebracht, maar volgens de kunsthistorici dateert ze van omstreeks 1300.

Rechts van de oude kapel is een doorgang naar een voormalige grot. Aanvankelijk waren er nog twee grotten, de een was een schuilplaats voor pelgrims en de andere diende als stal. De grot die u nu nog kan bezoeken, was een retraiteplek voor grootmeester Alof de Wignacourt, die wekelijks naar de kapel pelgrimeerde (1601–1622). Na uitbreiding van het heiligdom diende de grot als knekelhuis, een bewaarplaats van menselijke beenderen. Gedurende de Tweede Wereldoorlog werd hij gebruikt als schuilkelder en vervolgens als opslagplaats. Naar aanleiding van het bezoek van paus Johannes Paulus II besloot men de grot in te richten als expositieruimte die daaraan moest herinneren: talrijke foto's, de troon van de paus, en keppeltjes die hij bij de gelegenheid droeg, maken de Maltese religiositeit bijna tastbaar.

In een ruimte rechts achter het altaar hangt een indrukwekkende hoeveelheid ex-voto's, en er staan twee standbeelden die werden beschadigd bij een Turkse overval op 6 juni 1614. Zestig Turkse galeien landden toen in de baai van Mellieħ a. Ook de schildering van de Madonna in de kapel raakte toen beschadigd.

Għadira en Marfa

Van Mellieħa kronkelt de weg naar Għadira ('het moeras'), beneden aan het water. Hier en daar zijn langs de weg ook holwoningen te zien. De streek is rijk aan grotten.

De Red Tower

Mellieħa Beach is het langste zandstrand van Malta (1,5 km) en ook een van de mooiste. Het ligt aan een baai met prachtig blauw water. Aan de ene kant steekt de kerk van Mellieħa tegen de hemel af en aan de andere kant bekroont de **Red Tower**, een fort van de ridders, de heuveltop. Deze kan worden bezichtigd.

RED TOWER. Geopend: dag. 9.30-12.30 uur.

Għadira

Het achterland van het strand is eindelijk een natuurreservaat geworden. Hopelijk houdt dat de jagers op een afstand, die tientallen jaren de trekvogels decimeerden die in dit woeste gebied neerstreken om uit te rusten. Commercieel is het in ieder geval een redelijk succes. En het voorkwam bovendien dat de doorgaande weg door het rustgebied van de vogels kwam te lopen en dat er een groot parkeerterrein voor de badgasten werd aangelegd.

Net als het Is-Simar Nature Reserve heeft het Għadira een wat onwaarschijnlijke voorgeschiedenis: kan er natuur bloeien op zoiets notoir onvruchtbaars als een zoutpan? Toch is het zo. Een bar-

FILMSTUDIO MALTA

In de oorlog was Malta het grootste vliegdekschip van de Middellandse Zee en nu lijkt Malta soms wel één grote drijvende filmstudio. Waar we ook kwamen, struikelden we over *De graaf van Monte Christo* (verwacht medio 2001), en dat wordt echt geen mega-Hollywoodproductie – althans, namen als James Caviezel (Dantes), Guy Pierce (Mondego), Dagmara Dominczyk (Mercedes) wijzen daar niet op (www.us.imdb.com/Details?0245844). Toch waren we net na de productietrein in Palazzo Parisio (Naxxar – ideaal met zijn 19de-eeuwse interieurs) en was men in Mdina en Grand Harbour nog volop bezig. We kwamen diverse figuranten tegen. Zo had de man die ons door de haven roeide, zijn tweede glansrol al achter de rug en was iemand anders zelfs bijna per ongeluk gestrikt voor stardom. Op het plein voor de kathedraal van Mdina prijkte een schitterende fontein die u er nu vergeefs zult zoeken. Het ding, speciaal voor de film vervaardigd in Italië, moet óf het land weer uit, óf vernietigd. Alleen op deze voorwaarde had hij ingevoerd kunnen worden zonder betaling van invoerbelasting. Wat maakt Malta tot zo'n ideale filmlocatie? Hetzelfde wat de eerste filmpioniers naar Hollywood lokte: de zon. Bovendien is er een soepel meewerkende overheid, genoeg fotogenieke locaties, en de belangrijke voordelen dat bijna iedereen Engels spreekt en dat de lonen niet al te hoog zijn.

Gladiator

Het grootste 'Maltese' filmsucces is waarschijnlijk *The Gladiator* (VS, 2000). Russell Crowe sterft hierin de heldendood, maar er was iemand die in meer dan één opzicht bijna in het harnas stierf: acteur Oliver Reed overleed – gezien zijn levensstijl niet geheel toevallig – in een bar in Valletta. De film was echter nog niet klaar, wat nu? Overschieten met een andere acteur was geen optie, want Reed had aan nogal wat kostbare grote decor- en massascènes meegedaan.
Uiteindelijk wijzigde men het scenario, waarbij zijn personage nu ook de heldendood stierf; wat er desondanks nog ontbrak werd gespeeld door een andere acteur, die een driedimensionale computerreconstructie van het hoofd van Reed op zich geprojecteerd kreeg.

Popeye

Behalve onsterfelijke roem voor de lokale medewerkers – hoeveel Maltezen zouden er omwille van de familie in de zaal gezeten hebben toen *The Gladiator* draaide? – blijft er ook wel eens iets blijvends over: na meer dan een decennium houdt Popeye Village, gemaakt voor de Popeye-versie met Robin Williams en Shelley Duval, het nog dapper vol. En dat terwijl dat helemaal niet de bedoeling was geweest. Misschien zijn

Twee vliegen in één klap: het decor van de film *Popeye* werd na de opnames een toeristenattractie.

de bedriegelijk wankele huisjes wel in blikken spinazie gefundeerd. De film was overigens geen succes.

Enkele andere titels

The Malta Story gaat over de Slag om Malta, de redelijke enscenering wordt aangevuld door echte archiefbeelden; een overbodige romance als bonus, maar ook met Alec Guiness en Jack Hawkins (Groot-Brittannië 1953).
I Cavalieri di Malta (De Maltese ridders) is een tv-documentaire door Vittorio de Sica (1971).
The Maltese Falcon heeft eigenlijk weinig met Malta te maken. Schrijver Dashiel Hammett ontleende het gegeven voor deze valk aan de traditie dat de Maltezer ridders de koning van Spanje jaarlijks een valk moest geven, als dank voor het eiland dat hun geschonken was. Hierbij ging het echter om een *levende* valk, niet om een gouden beeld. Wel een heel goede film met Humprey Bogart, althans in de versie uit 1941.

De volgende films zijn op Malta opgenomen zonder dat Malta op zichzelf in het verhaal voorkomt:

- *Force 10 from Navarone* (Harrison Ford, Barbara Bach, erg heldhaftige oorlogsthriller van Alistair Maclean, 1978).
- *The Clash of the Titans.* Griekse mythologie met A-acteurs in B-film: Laurence Olivier speelt Zeus (1981).
- *Cutthroat Island.* Cut! Piratenflop kostte schatten (1995).
- *Black Eagle* (met Jean-Claude van Damme, 1986).
- *Christopher Columbus* – The Discovery (1992) met Marlon Brando en Tom Selleck.
- *Christopher Columbus* (1985) met Gabriel Byrne. Had gezien de bovenstaande titel misschien beter '*I got there first*' kunnen heten.
- *Troy* (2004). Homerus' *Ilias* als Hollywoodspektakel.

Ook de Nederlandse (reality)tv heeft Malta ontdekt, getuige de keus voor Malta bij *De Miljonair* (SBS6, 2004) en *In voor- en tegenspoed* (EO, 2004).

rière van zoutminnende planten (onder andere de tamarisk) houdt veel zout uit de pan tegen, zodat daarbuiten planten kunnen bloeien die wat minder goed tegen zout kunnen.
Het reservaat is een van de weinige plaatsen op Malta die goed voorzien zijn van viervoeters. Het populairst bij bezoekers is de kameleon, die eigenlijk uitheems is. Verder zijn er wilde konijnen – in het wild op Malta veel zeldzamer dan de tamme *fennek* op de menukaarten in de restaurants – en een kleine wezelpopulatie.
Al naar gelang het seizoen zijn er ook veel vogels te bewonderen, van koet, waterhoen, diverse eendensoorten tot roodborsttapuit en tjiftjaf.

GĦADIRA NATUURRESERVAAT. Geopend: nov.-mei zo. 10-16 uur. Bereikbaar met bus 44 en 45 uit Valletta. Roken en het meenemen van huisdieren niet toegestaan. Internet: www.birdlifemalta.org (onder 'Conservation', 'Nature Reserves').

Vanuit Mellieħa Beach is het 2 km naar de Anchor Bay, aan de westkust van Malta. Daar staat **Popeye Village**, een dorpje van krakkemikkige huizen die zijn gebouwd als decor voor de speelfilm *Popeye* (Robert Altman, 1980), met Robin Williams en Shelley Duvall als Popeye respectievelijk Olijfje (p. 114-5). De film was geen succes en over het dorp is ook niet iedereen enthousiast. Als toeristenattractie is het al meer dan een decennium net zo taai als zijn naamgever.

Aan het noordelijke uiteinde van Mellieħa Beach gaat de weg omhoog, tegen de helling op van de Marfa Ridge. De Marfa Ridge ligt als de kop van een hamer aan de noordpunt van Malta vast. De noordwestzijde ervan telt een aantal strandjes en baaien.
Waar de weg weer bij het water komt, ligt Marfa met zijn kleine haventje. Hiervandaan vaart 's zomers 'Gozo Charlie' op en neer naar Comino.
Als u in zuidwestelijke richting verder rijdt langs de kust komt u ten slotte in Ċirkewwa, ook wel Marfa Point genoemd. Hier is de pier waarvandaan de veerboten naar Gozo vertrekken.

Comino

Comino is 2,7 km² groot (zie kaart op blz. 162). Het heet in het Maltees *Kemmunett*, naar het komijnkruid dat hier vroeger in overvloed groeide. De vaste eilandbevolking bedraagt twintig zielen, in de winter vijf. Er is één luxueus hotel (The Comino Hotel), gelegen aan de noordzijde bij San Niklaw Bay.

De bekendste attractie is de Blue Lagoon: een kleine inham tussen het kleine buureiland van Comino, Cominotto, en Comino zelf. Zoals u vermoedelijk al geraden had, dankt de lagune haar naam aan het heldere, blauwe water. Naar de lagune en de grotten varen speedboten, onder andere die van Tony Muscat: '*Wilt u wel blijven lachen? Ik vaar plezierboot, geen begrafenisboot.*'
Het enige oude gebouw is de wachttoren die de johannieter ridders hier hebben neergezet. U kunt er vanaf de aanlegplaats van de boten in een halfuur naartoe wandelen.
Comino is vooral een goede plek om niets te doen; dat wil zeggen wat aan het water liggen en zonnebaden, of naar het kleine buureiland Cominotto zwemmen.

COMINO. De aanlegplaats van de rondvaartboten wordt aangedaan door boten vanuit Sliema (de tochten van Captain Morgan rondom Malta en Gozo), Mġarr (Gozo) en Marfa.

DOOR HET BINNENLAND NAAR GOLDEN BAY

In het binnenland, het midden en noorden van Malta, op 10 of 20 km van de drukte rondom Valletta, is nog iets van de sfeer van het vroegere Malta blijven hangen. In de schaduw van de machtige dorpskerken wachten de oude mannen op het einde van de siësta, rondom het dorp stoven de akkers in de zon; 's zomers is het te warm om er iets te laten groeien. Verstrooide resten van prehistorische tempels worden door iedereen genegeerd.

Wie over een auto beschikt en tijd over heeft, kan dit gebied ook doorkruisen na eerst langs de hierboven beschreven noordkust te zijn gereden.

Hamrun, Santa Venera en Birkirkara

Hamrun ('Rode aarde', 14.000 inwoners) is een voorbeeld van een dorpje dat door de groei van de bevolking en de economie opgeslokt raakte door de agglomeratie rond Valletta. De High Road, de hoofdstraat, is bekend om de talrijke huizen die zijn voorzien van de typisch Maltese erkers. Aan High Road staat ook de Sint-Cajetanuskerk, uit het begin van de 20ste eeuw.

Santa Venera begint aan het einde van de hoofdstraat van Hamrun, bij de watertoren en het aquaduct dat grootmeester De Wignacourt in het begin van de 17de eeuw liet aanleggen. In de hoofdstraat van Santa Venera staat het Casa Leoni, de residentie van de Portugese grootmeester Antonio Manoel de Vilhena. Later maakte ook de Engelse gouverneur er gebruik van. Het is gebouwd in een strenge, renaissancistische stijl die geïnspireerd is op het werk van de grote Italiaanse architect Palladio (1508–1580), het palladianisme. De parochiekerk van Santa Venera dateert van 1647.

Birkirkara (21.000 inwoners) is evenals de hierboven genoemde stadjes gericht op handel en industrie. Langs de lange rechte straten van de stadsuitbreiding die plaatsvond onder de Engelsen, staan ook weer huizen met erkers. Het bekendste monument van Birkirkara is de imposante, barokke Sint-Helenakerk, in 1725–1735 gebouwd naar een ontwerp van de Maltese bouwmeester Cachia.

Lija

Het villadorp Lija ligt links van de weg uit Birkirkara naar Mosta. Ook hier staat natuurlijk weer een barokke dorpskerk; deze Salvatorkerk dateert van het einde van de 17de eeuw en is ontworpen door Giovanni Barberas. In Lija, het naburige villadorp Balzan en in Attard bevindt zich het merendeel van de Maltese antiek- en bric-à-bracwinkels. Ook zijn er enkele galerieën: als de beste en belangrijkste van Malta staat aangeschreven 'Melitensia' op Transfiguration Avenue dicht bij de Villa-Gourgiontoren. Dit opvallende, ronde torentje staat nu midden op een rotonde, maar maakte vroeger deel uit van de tuin van de grote villa Gourgion. De tuin heeft moeten wijken voor de weg en de rotonde.

Naxxar

Naxxar is ten onrechte vooral bekend om zijn jaarbeurs. De parochiekerk, Onze-Lieve-Vrouwe-van-de-Overwinning, dateert van 1616 en ziet er in ieder geval van buiten prachtig uit. Bovendien is het aardig om op een stille zondagmiddag door de straatjes eromheen te dwalen. Niet alles is er even mooi, maar er zijn leuke, middeleeuws aandoende hoekjes en sommige huizen hebben mooie erkers of andere interessante details.

Vanuit Naxxar kunt u een wandeling maken naar de Victoria Lines, de verdedigingslinie die de Engelsen in de 19de eeuw hebben aangelegd.

Palazzo Parisio

De mooiste (nu nog) onbekende attractie van Malta is het Palazzo Parisio. Misschien is het een probleem dat het lang dicht was voor de nog steeds niet helemaal voltooide restauratie, en dat er ook een Palazzo Parisio is in Valletta (ex-logeerplek van Napoleon en nu het ministerie van Buitenlandse Zaken, maar u moet echt in Naxxar zijn – pal tegenover de kerk.

Om de kritiek op het paleis maar meteen af te handelen, volgens sommigen zou het 'een beetje te veel van het goede' en een 'burgermans-Versailles' zijn. Daarmee heeft u meteen een idee van de sterke punten: het is imposant, het is groot, zeker voor Maltese begrippen, en kosten noch moeiten zijn gespaard.

Het huis ontstond als een soort buitenhuis voor de adellijke familie Parisio, afkomstig van Sicilië, maar ingetrouwd in de adel van Malta. Zelfs nu nog is het huis ondanks zijn grootte en zijn prominente plaats op het kerkplein makkelijk over het hoofd te zien, tussen de identieke architectuur van Naxxar. Het 'andere' Palazzo Parisio in Valletta (het ministerie van Buitenlandse Zaken aan Merchant Street) behoorde ook aan hen; in Naxxar ontvluchtten ze echter de drukte van Valletta, vooral in het voor- en najaar. De laatste Parisio, Sir Paolo (1776–1841), nog tot johannieter ridder gewijd door de laatste grootmeester op Malta, Von Hompesch, stierf gelauwerd. Hij kreeg zelfs een staatsbegrafenis; kinderen of erfgenamen liet hij niet na. Het huis werd aangekocht door een lid van de nog jonge bankiersfamilie Scicluna. Het was de steenrijke en tot markies verheven Giuseppe Scicluna die het huis tot een paleis zou maken, aan het eind van de 19de eeuw. Giuseppe had al het Dragonara Palace in het huidige Paceville (nu casino), maar een Engelse vriend raadde hem aan een residentie te bouwen die echt bij zijn aanzienlijke status paste.

Zo ontstond het palazzo dat u bij binnenkomst overweldigt. Wat gegevens om u een idee te geven: voor de 'Gouden balzaal' is inderdaad 24-karaats goud gebruikt, maar dat past wel bij een bankier. De meterslange platen Carrara-marmer die bij het trappenhuis gebruikt zijn, zijn uit één stuk. Het langste is de leuning; er waren drie pogingen en onder andere 40 muilezels nodig om zo'n groot stuk uit de groeve van Carrara hierheen te krijgen. Het eerste stuk verdween bij een schipbreuk, het tweede raakte beschadigd bij het lossen. Het palazzo was bovendien het eerste huis op Malta dat, met een eigen generator, elektriciteit had. Voor de schilderingen, het goud en alle decoratie werden grotendeels Maltese vaklieden gebruikt, die daarvoor tot de toppen van hun kunnen moesten gaan. Het eiland heeft nog jaren plezier gehad van de ervaring die ze opdeden bij het jarenlange werk aan het paleis. De voorman van de decorateurs was echter een Italiaan, Carlo Sada, die ook gewerkt had aan het Theater in Catania (Sicilië). Hij was sterk beïnvloed door de Parijse Opera Garnier, en dat is aan de weelderigheid van het geheel wel te zien. De zalen zijn veelal uitgevoerd in stijlen die teruggaan op de 18de eeuw, maar er is ook een zaal in de stijl van het Romeinse Pompeii.

Na acht jaar ingespannen arbeid kwam het paleis in 1906 gereed. Helaas kon de markies maar korte tijd van zijn pronkstuk genieten, want hij overleed al in het jaar daarop. Zijn vrouw kon de herinneringen niet verdragen, zodat het paleis lange tijd leeg kwam te staan. De zoon

Palazzo Parisio, Naxxar: bankier Scicluna bouwde niet alleen een 'burgermans-Versailles', maar maakte zijn tuin ook tot een paradijselijke oase op de 'barre rots'.

van de markies was pas 6 jaar oud; hij zou later een aardige wapenverzameling toevoegen aan de familie-erfenis, maar het is nog niet duidelijk of die tentoongesteld zal worden. Het paleis is nu bezit van twee zusters uit de familie, van wie er één een zijvleugel bewoont.

Een extra verrassing is, zeker als u eerst ook door het wat stoffige Naxxar heeft gedwaald, de tuin, een van de mooiste op Malta en als het ware een oase op de 'barre rots'. Deze bestaat uit twee formele gedeelten, wat mooi past bij de pseudo-18de-eeuwse stijlen van het pa-

leis zelf. Jammer genoeg is het grootste deel nu ingenomen door het terrein van de Naxxar Trade Fair; oorspronkelijk liep er een pad door tot een uitzichtspunt dat uitkeek op de kust bij Saint Paul's Bay. Geniet van de koelte van de fontein en vergeet ook niet in de oranjerie (meteen links) te kijken.
De rondleidingen zijn goed, maar wilt u het allemaal nog eens rustig nalezen en -kijken, dan is er ook een redelijk goed en mooi geïllustreerd boekje geschreven door de Markies de Pirò.

i PALAZZO PARISIO. Geopend: ma.-za. 9-18 uur (geen entree na 16.30 uur); gesloten 25 dec., 1 jan. en Goede Vrijdag. Rondleidingen: ma.-vr. 9-13 uur op het hele uur. Internet: www.palazzoparisio.com.

Wonderen in Mosta

Mosta ligt evenals Naxxar aan de rand van de Great Fault, de grote breuk die het noorden van Malta van de rest van het eiland afgrenst. Mosta is vooral bekend om zijn grote, neoclassicistische koepelkerk, die vanaf een groot deel van het eiland te zien is. Dit is de op drie na grootste koepel van Europa: alleen de koepels van het Pantheon (Rome), de Sint-Pieter (Rome) en de kerk van Xewkija (Gozo) zijn groter. Hij heeft een doorsnee van 39,6 m en wordt gedragen door 8 m dikke muren. Onder het gewelf kunnen 12.000 kerkgangers een plaatsje vinden. Officieel heet de kerk Santa Marija Assunta, maar iedereen duidt haar kortweg aan als de Mosta Dome of Mosta Church.
De bouw van de koepelkerk duurde bijna veertig jaar: in 1833 begonnen de bewoners van Mosta te bouwen en in 1871 kwam de kerk gereed. Architect Grougnet koos als voorbeeld het Pantheon te Rome, dat destijds nog van twee torentjes was voorzien. Men had zoveel tijd nodig omdat alles uit de bijdragen van particuliere geldschieters moest worden betaald. De mannen van het dorp offerden hun vrije zondag op om aan de bouw mee te helpen. Zo werkten er

Mosta, zondag 's ochtends naar de kerk, zondag 's middags óp de kerk: de parochianen van Mosta bouwden een van de grootste koepels van Europa in hun vrije tijd.

STRANDEN

De onderstaande stranden zijn alle per bus te bereiken, uitgezonderd natuurlijk die op Comino. Tenzij u een doorgewinterde zonnebader bent, geldt: hoe kleiner hoe leuker. Vergeet ook niet in het na- of voorseizoen een kijkje te nemen. Het is zelden te koud en vaak verbazend rustig.

Zandstranden

Noorden:
- Armier Bay
- Mellieħa Bay
- Paradise Bay
- Ġnejna Bay
- Għajn Tuffieħa Bay (mooi, maar populair)
- Golden Bay (idem)

Oostkust:
- Pretty Bay. Uitzicht niet ideaal, maar de Maltezen hebben daar geen moeite mee.

Gozo:
- Ramla Bay. Niet te klein zandstrand, met prachtig water, ruïnes en grot vlakbij.
- San Blas

Rotsstranden
- Għar Lapsi Bay: het enige strand aan de rotsige zuidkust van Malta.

Noorden:
- Anchor Bay
- Buġibba
- Sliema Sea front (pas op: bodem loopt steil af)
- Saint Paul's Bay
- Mistra Bay
- White Tower Bay

Oostkust:
- Marsaskala Bay
- Saint Thomas' Bay

Gozo:
- Daħlet Qorrot
- Dwejra
- Marsalforn
- Mġarr
- Mġarr ix-Xini

Comino:
- San Niklaw Bay
- Blue Lagoon
- Santa Marija Bay

op zondag wel twee keer zo veel mensen aan het gebouw als door de week. Omdat men ondertussen de oude kerk moest blijven gebruiken werd de nieuwe kerk over en om de oude kerk (uit 1614) heen gebouwd. De meestermetselaar was analfabeet. Hij moest de complexe berekeningen voor de koepel geheel uit het hoofd maken. Een bijkomende moeilijkheid was dat er geen geld was om steigers aan te schaffen. Dus deed men het maar zonder, en behielp zich met ladders en dergelijke.

Iedereen die een substantiële bijdrage leverde aan de bouw mocht begraven worden in de kerk. Zo zijn er de monumenten van de priester, de architect, en vooraanstaande burgers die een deel van de kerk bekostigden. De schilderingen van het leven van Jezus zijn gemaakt door Giuseppe Calì aan het eind van de 19de eeuw.

In de Tweede Wereldoorlog sloeg er tijdens de mis een bom door het dak van de koepel heen en dreunde tussen de verbijsterde gelovigen op de grond. Hij ontplofte echter niet, maar rolde onschuldig over de vloer van de kerk. En, wonder boven wonder, er raakte ook niemand gewond door het neerstortend puin van het dak. Bom en foto's van het gat in de koepel zijn te zien in de sacristie van de kerk.

KERK MOSTA. Geopend: 5-12 uur en 15-20 uur. Gepaste kleding verplicht.

Naar de baaien aan de westkust

Vanuit Mosta kunt u verder rijden naar Żebbieħ. In deze op zich mooie, landelijke streek liggen de overblijfselen van enkele prehistorische tempels en van een Romeins badhuis. De tempels maken bij lange na niet zoveel indruk als de heiligdommen van Tarxien of Ħaġar Qim.

Aan de westkant van het dorp Żebbieħ liggen de resten van twee tempels van Skorba. Voor leken is er weinig aan te zien, maar toen de tempels opgegraven werden, in 1960, leverde dat belangrijke gegevens op over de manier waarop de verschillende tempelvormen zich ontwikkeld hebben. Bij het heiligdom zijn ook muurresten en keramiek teruggevonden van een nederzetting die bij de tempels lag; het moet een van de oudste van Malta zijn geweest. In de bronstijd (2500–800 v.Chr.) woonde men niet alleen bij, maar ook in deze tempels.

Een kilometer ten westen van Żebbieħ ligt Mġarr, niet te verwarren met de gelijknamige plaats op Gozo. De 20ste-eeuwse dorpskerk van Mġarr staat bekend als de 'Ei-kerk'. Toen de plaatselijke pastoor een nieuwe kerk wilde, vroeg hij zijn gelovigen iedere week wat af staan van de opbrengst van hun boerderij. In de praktijk kwam men vooral met eieren aandragen, die door de priester tegen een flinke prijs werden verkocht. De eivorm van de barokke, ovale omtrek van de kerk herinnert misschien nog aan dit verhaal.

Op het kerkplein vindt u bordjes die naar de plaatselijke prehistorische tempels van Ta' Ħaġrat verwijzen. Achter een stevig hek liggen hier de weinig spectaculaire overblijfselen van twee tempels, beide met een plattegrond in de vorm van een klavertjedrie.

Vanuit Mġarr loopt een doodlopende weg richting zee. Langs deze weg ligt het **Żammitello Palace**. Dit werd in het begin van de 19de eeuw gebouwd voor de adellijke familie Sant Cassia. Leden van de familie konden daar hun wittebroodsweken doorbrengen. Na de moord op graaf Sant Cassia in 1989, die bij het Palace plaatsvond, heeft men het verkocht. Het wordt nu verhuurd als gelegenheid waar de Maltezen – heel toepasselijk – hun omvangrijke bruiloftsfeesten kunnen vieren.

De weg komt uit bij Ġnejna Bay; het zandstrand daar loopt geleidelijk af in zee en is daarom veilig voor kinderen. De **Lippia Tower** is een wachttoren die in 1637 is neergezet in opdracht van grootmeester Lascaris.

Aan de weg van Ta' Saliba naar Golden Bay liggen de **Romeinse baden** van Għajn Tuffieħa in een klein rivierdal. De ruimtes zijn nog aan te wijzen waar de Maltese Romeinen hun koude *(frigidarium)*, lauwe *(tepidarium)* en warme bad *(caldarium)* namen. Ook muurresten van de kleedruimte zijn over. Van de vloeren zijn nog stukken eenvoudig mozaïek bewaard gebleven. Buiten het hek liggen de resten van het kleine aquaduct waarmee water werd aangevoerd. Dat

Zammitello Palace, eerst voor de wittebroodsweken, nu voor de bruiloft

water was afkomstig van de blauwe-kleilaag die hier aan de oppervlakte komt.

ROMEINSE BADEN. Gesloten voor onbepaalde tijd wegens problemen met de conservering van de resten. Internet: www.heritagemalta.org.

Als u weer verder rijdt in de richting van de zee, komt u uiteindelijk bij de aan elkaar grenzende baaien Golden Bay en Għajn Tuffieħa Bay. Hier zijn twee populaire, mooie stranden.

Wie nu eens een echt moderne kerk wil zien, kan in het nabije dorpje Manikata gaan kijken. Daar zette de architect Richard England een kerkgebouw neer dat geïnspireerd is op de prehistorische tempels.

Midden- en Zuid-Malta

6

In het midden en zuiden van Malta kunt u, anders dan in het wat hectische gebied rond Valletta, in alle rust van de sporen van het rijke Maltese verleden genieten. Tussendoor kunt u uitblazen in de bossen van de Buskett Gardens of uitwaaien op de Dingli Cliffs, waar het hoogste punt van Malta ligt.
Op basis van dit hoofdstuk kunt u drie tochten maken: één naar Dingli en Rabat, één naar de plaatsen ten noorden en ten zuiden daarvan (San Anton, Dingli Cliffs) en een tocht naar de Blue Grotto en de tempels van Ħaġar Qim.

MDINA EN RABAT

Mdina, de oude hoofdstad, en Rabat zijn een aparte dagtocht waard. Sterker nog, Mdina is zelfs zo aantrekkelijk dat het aardig is om er terug te komen, als u over eigen vervoer beschikt, al was het maar om nog eens van thee en taart te genieten op de stadsmuren of te dineren in een tot restaurant verbouwd middeleeuws paleis.

Geschiedenis

De oudste sporen van bewoning in het gebied van Mdina en Rabat dateren van de bronstijd. Uit die periode zijn muurresten en keramiek teruggevonden. In die tijd was er al sprake van een omwalling. De Maltese bronstijd was veel onrustiger en onveiliger dan de Tempeltijd, die eraan voorafging. De gunstige ligging, hoog boven de omgeving (225 m), trok ook in de tijd van de Feniciërs en Carthagers mensen aan die hier wilden wonen.
De Romeinen maakten de plaats tot hoofdstad van Malta en noemden het eiland en de stad *Melita*. In hun tijd zou de plaats een grote omvang krijgen, bijna zo groot als nu. Dat is onder andere te zien aan de ligging van de catacomben. De Romeinen begroeven hun doden altijd aan de uitvalswegen van hun steden, net buiten de muren. De catacomben en dus ook de grenzen van de Romeinse stad liggen op grote afstand van Mdina (het centrum) en Rabat. Opgegraven mozaïeken, muurschilderingen en standbeelden getuigen ervan dat de Romeinse Maltezen en de Maltese

Inham bij de Blue Grotto

Mdina en Rabat

Romeinen hun huizen en hun stad met smaak wisten in te richten.
Over de Byzantijnse en Arabische periode van Mdina en Rabat is weinig bekend. In de stadsmuren van Mdina zitten nog steeds resten van Byzantijns muurwerk.

De Arabieren verdeelden de plaats in tweeën: de kleine citadel Mdina ('ommuurde plaats') en het grotere Rabat ('voorstad', letterlijk: 'plaats waar men de paarden vastbindt'). Ze voorzagen Mdina van stadsmuren en een omgrachting.

Ook na de nederlaag van de Arabieren (1090) bleef Mdina de hoofdstad van het eiland. In deze tijd ontstond grotendeels de huidige aanblik. De adellijke families die op het eiland de dienst uitmaakten, bouwden paleizen, waar sommigen van hun nakomelingen nu nog wonen. De koning van Aragón gaf Mdina in 1427 de nieuwe naam Città Notabile.
De johannieter ridders kozen er na hun komst in 1531 voor om hun hoofdstad aan de Grand Harbour te hebben, dicht bij hun schepen. Het centrum van de macht verhuisde naar Birgù en later Valletta. Mdina werd in die tijd Città Vec-

chia genoemd, 'de oude stad'. Het veranderde geleidelijk in een museumstad, of *The Silent City*, zoals het zichzelf in de toeristenfolders betitelt. De adel en de bisschop bleven in de stad wonen, maar hielden zich afzijdig van het bestuur. Vooral de oude Maltese adel moest weinig van de ridders hebben; men was gepikeerd omdat men de macht aan hen was kwijtgeraakt.

Tijdens het Grote Beleg van 1565 speelde Mdina een kleine, maar doorslaggevende rol. Toen de Turken al binnen de wallen van Birgù stonden, zaaide een ruiteruitval vanuit Mdina paniek in hun gelederen, zodat ze op de vlucht sloegen.
In een latere fase van de belegering besloten de Turken om Mdina aan te vallen, zodat ze in ieder geval nog íets veroverd hadden. Het plaatsje zat vol met Maltese vluchtelingen en had slechts een klein garnizoen en weinig voorraden, want bijna alles en iedereen was naar Birgù gestuurd. De gouverneur van Mdina, Don Mesquita, besloot tot een list. Hij kleedde de Maltese boeren en boerinnen in wapenrustingen en liet ze samen met de echte garnizoenssoldaten op de muren heen en weer marcheren. Zo gauw de Turken maar enigszins in de buurt van de stad kwamen, begon men op hen te schieten, wat de indruk wekte dat Mdina ruim in de munitie zat. De Turkse soldaten zakte de moed in de schoenen. Ze zagen stadsmuren die aan alle kanten kennelijk stampvol manschappen waren. En dat was heel iets anders dan de uitgeputte bezettingen van de vestingen bij de Grand Harbour, waar ze al twee maanden vergeefs tegen vochten. Onverrichter zake keerde het Turkse contingent terug naar zijn stellingen bij de Grand Harbour.

Mdina: door 'de stille stad'

Een wandeling door Mdina begint u voor de grote poort van Mdina. Het busstation is vlakbij en u kunt zonodig een parkeerplaats vinden in de nabije straten van Rabat. Alleen bewoners van Mdina mogen met hun auto de stad in.

Saint Publius Square

De eeuwen na 1531 zijn niet helemaal aan Mdina voorbijgegaan. Enkele grootmeesters hebben een paleis laten neerzetten of de vestingwerken nog verder versterkt.
Mdina telt slechts twee stadspoorten, beide aan de zuidzijde van de stad. De west-, noord- en oostzijde zijn ontoegankelijk door de steilte van de rotsen waar de stad op ligt. De kleinere van de twee poorten is Greek's Gate. Deze wandeling door Mdina begint echter bij de grote poort, **Mdina Gate** of Main Gate. Deze is gebouwd in opdracht van grootmeester Antonio Manoel de Vilhena (die regeerde 1722–1736). Duidelijk is te zien dat de tijden toen al waren veranderd: ze is niet zozeer gericht op weerbaarheid als wel op pronk. Aan de stadszijde is ze versierd met afbeeldingen van de heiligen Publius, Paulus en Agatha.
Achter Main Gate ligt Saint Publius Square, met links de Torre del Standardo, waar de wachters van de stad verbleven, en rechts het Vilhena Palace.

Vilhena Palace

Het imposante, barokke Vilhena Palace was bedoeld als zomerresidentie van grootmeester Antonio Manoel de Vilhena. De zijvleugel werd in 1907 ingericht als hospitaal voor tuberculosepatiënten, op kosten van de hertog van Connaught, een broer van koning Edward VII. Connaught Hospital bleef tot 1956 in gebruik. Het herbergt sinds 1973 het Museum of Natural History. De verzameling

Barok portaal van Vilhena Palace

met opgezette dieren en stoffige vitrines kan echter weinig doen om de ziekenhuissfeer uit de lange, sombere gangen te verdrijven. Als overzicht van de Maltese geologie en de planten- en dierenwereld geeft de collectie een tamelijk compleet, maar saai beeld. De trots van de geologische afdeling was een brokje van een maansteen, die door de Apollo 17 was meegenomen naar de aarde. President Nixon schonk het aan Malta in 1979. Het werd op 18 mei 2004 gestolen; het 3,9 miljard oude steentje zou 5 miljoen dollar waard zijn, maar de dieven zullen waarschijnlijk een probleem hebben als ze het willen verkopen. Dieven die een vergelijkbaar gestolen steentje uit Honduras wilden verkopen, liepen daarbij in een val van de FBI. Inmiddels heeft de dierkundige verzameling zich ook uitgebreid naar de middenvleugel van het paleis. Daar staan diergeraamtes opgesteld in de galerijen, die ook dienst doen als gemeentehuis. Dat geeft een wat Kafka-achtige sfeer. Ook sommige slaperige gemeenteambtenaren lijken te solliciteren naar plaatsing in de vitrines.

i MUSEUM OF NATURAL HISTORY. Geopend: okt.-half juni ma.-za. 8.15-17, zo. 8.15-16.15, half juni-sept. ma.-zo. 7.45-14 uur. Internet. www.heritagemalta.org/naturalhistorymuseum.html

Xara Palace

Wanneer u met uw rug naar de Mdina Gate staat, loopt rechts achter Vilhena Palace een straatje in de richting van de oostelijke stadsmuur en een pleintje. Aan dit pleintje ligt het Corte Capitanale, het oude gerechtsgebouw. Xara Palace, nu Xara Palace Hotel, werd in de 15de eeuw gebouwd door een plaatselijke adellijke familie. In de hal staat een bronzen ruitergroep van Antonio Sciortino (1881–1947). Vanaf het grote balkon tussen Xara Palace en Corte Capitanale, de Herald's Lodge, werden officiële aankondigingen gedaan door het stadsbestuur.

Voor het vervolg van de wandeling moet u terugkeren naar Saint Publius Square.

Langs Villegaignon Street

Aan de achterzijde van Saint Publius Square, tegenover Mdina Gate, ligt het **benedictinessenklooster** (1418), dat toebehoort aan de zusterorde van de benedictijnen. Bij verbouwingen zijn onder het gebouw muurresten van een Romeins amfitheater gevonden.

De zusters leven een afgezonderd leven. Nog niet zo heel lang geleden kwamen ze zelfs als ze overleden waren nog niet buiten de kloostermuren. De zusters begroeven hun doden in het klooster. De enige man die het klooster mag betreden, is de dokter, maar alleen na toestemming van de bisschop.

Langs de linkerzijde van het klooster loopt Villegaignon Street, waarin rechts de **Sint-Agathakerk** (1417) staat. De heilige Agatha is de beschermheilige van Mdina. De kerk is in 1694 verbouwd door Lorenzo Gafà (1630–1710). In de kerk hangt een schilderij van Sint-Agatha door Giuseppe d'Arena (begin 17de eeuw).

Naast de Sint-Agathakerk ziet u de toegang naar de kloosterkapel **Sint-Benedictus.** Mattia Preti schilderde voor de kapel een schilderij met daarop Maria, het kindje Jezus, Petrus, Benedictus en Scholastica. Benedictus van Nursia (ca. 480–547) en zijn tweelingzuster Scholastica (ca. 480–ca. 543) waren de stichters van de orde der benedictijnen respectievelijk benedictinessen.

Links in de straat ligt het **Palazzo Inguanez**, dat toebehoorde aan een van de oudste van de 29 adellijke families van Malta. In de middeleeuwen waren leden van de familie erfstadhouder van Malta en Gozo, onder de koningen van Aragón. Daaraan ontleenden deze koningen en hun opvolgers, de koningen van Spanje, het recht om in dit huis te logeren. In 1927 verbleef koning Alfonso XIII er nog. Het geslacht Inguanez is nu uitgestorven.

Bijna alle gebouwen die u ziet, zijn monumenten. In het begin van Mesquita Street ligt het 14de-eeuwse **Palazzo Gatto Murina**, met dubbele boogvensters in Normandische stijl. Aan Villegaignon Street rechts ziet u het **Casa Testaferrata** en daarnaast de **Banca Giuratale** (1730), het voormalige raadhuis. Op Saint Paul's Square ligt op de hoek met Villegaignon Street het **Casa Gourgion** en links aan dezelfde straat het **Palazzo Santa Sophia**, uit 1233 en in Normandische stijl.

Petrus-en-Pauluskathedraal

Saint Paul's Square wordt beheerst door de barokke Petrus-en-Pauluskathedraal, de voormalige hoofdkerk van het bisdom Malta. Lorenzo Gafà ontwierp de kerk, die gebouwd werd in de jaren 1697–1702, nadat een aardbeving de kerk had verwoest die gedeeltelijk onder de Normandiërs (na 1090), gedeeltelijk onder het bewind van de koning van Aragón tot stand was gekomen.

Voor de kathedraal staan twee kanonnen, waarvan er één het Latijnse opschrift draagt 'Niepoort me fecit Hagae 1641': 'Niepoort heeft me gemaakt te Den Haag 1641.' De Nederlanders verkochten in die tijd aan iedereen kanonnen, zelfs aan aartsvijand Spanje, en kennelijk ook aan de johannieter ridders.

Het eerste wat opvalt als u in de kerk binnenkomt, zijn de grafstenen samengesteld uit marmer in allerlei kleuren: het 'kosmatenwerk'. Tot voor kort werden in de kerk nog leden van de geestelijkheid en de Maltese adel begraven. Een van de laatste grafstenen is die van aartsbisschop Gonzi, de grote tegenstander van premier Dom Mintoff (📖 p. 148-9).

De Siciliaanse broers Antonio en Vincenzo Manno beschilderden de gewel-

ven met voorstellingen uit het leven van de apostel Paulus. In het gewelf van de apsis zit *De schipbreuk van Paulus* van Mattia Preti; deze schildering is bewaard gebleven uit de vorige kathedraal, die door de aardbeving werd verwoest.
Bij de ingang staat een marmeren doopvont (1495). Links naast de tweede kapel vindt u een eikenhouten deur uit ca. 1200; vermoedelijk was dit de deur van de hoofdingang van de Normandische kathedraal, maar nu zit hij in de doorgang naar de sacristie. Daar hangt nog een *Martelaarschap van Sint-Catharina* door Mattia Preti en een kopie die Preti maakte naar een schilderij van Caravaggio, *Kruisafneming*.
Het **processiekruis** links van het altaar zou volgens de overlevering uit Jeruzalem zijn meegebracht door Godfried van Bouillon (ca. 1060–1100). Het dateert zeker van na diens tijd, maar stamt wel uit de periode dat de johannieter ridders nog op Rodos zaten (14de–15de eeuw). Het hoogaltaar is vervaardigd uit marmer en lapis lazuli. De koorbanken dateren deels van de 18de eeuw. De kerk bezit een schat aan zilveren beelden, die in beslag werden genomen door de Fransen. De Maltezen mochten ze terugkopen tegen een veelvoud van de oorspronkelijke waarde.
Links van het koor bevindt zich de **Sacramentskapel**. Er hangt een vereerde schildering op paneel van de Madonna (12de of 13de eeuw). De barokke zilveren tabernakel (bewaarplaats voor geconsacreerde hosties) wordt toegeschreven aan de beroemde beeldhouwer, goudsmid en schrijver Benvenuto Cellini (1500–1571).

Kathedraalmuseum

In een barok gebouw dat oorspronkelijk als priesterseminarie was gebouwd (Giovanni Barbara, 1633), huist nu het verrassend rijke museum dat bij de kathedraal hoort. Niet alleen zijn er de voor dit soort musea gebruikelijke stukken als priestergewaden, oude zangboeken en heiligenbeelden, maar ook en vooral een rijke collectie schilderijen en houtsnedes. Wat dat laatste aangaat: deze zijn voor het merendeel gemaakt door niemand minder dan Albrecht Dürer. Er is ook werk bij van zijn leerlingen en van tijdgenoten. Verder zijn er etsen van Rembrandt, Tiepolo, Goya, Rubens, Van Dyck en Van Leiden.
Tot de schilderijenverzameling behoort werk van op Malta werkende schilders als de alomtegenwoordige Mattia Preti en Antoine de Favray, alsmede werk uit onder andere de Vlaamse, Nederlandse en Italiaanse scholen, zoals een schilderij van Jan Mostaert en een doek dat wordt toegeschreven aan een lid van de Utrechtse schildersfamilie Bloemaert.
Op de begane grond en in de galerij op de eerste verdieping hangt werk van plaatselijke kunstenaars; ook is er een kamer gewijd aan Dum Karm, de priester die het Maltese volkslied schreef.

KATHEDRAALMUSEUM. Geopend: ma.-za. 9-13 en 13.30-16.30 uur.

Verder langs Villegaignon Street

Als u terugkeert naar Villegaignon Street en deze afloopt naar het noorden, passeert u twee kerken. Rechts ligt de Sint-Rochuskerk. Deze kerk stond vroeger op de plaats van het huidige Saint Publius Square, maar werd tijdens het bewind van grootmeester Manoel de Vilhena verplaatst. In het Maltees heeft de kerk de bijnaam Madonna Tad-Dawl, ‘Madonna van het Licht’.
Links van u liggen het klooster en de kerk van de karmelieten (Francesco Zammut, 17de eeuw). In deze kerk begon de opstand tegen de Fransen in 1798, toen dezen de kerkschatten wil-

Mdina: thee en taart op de stadsmuur, achter de kathedraal

den weghalen. Hoewel de populaire geschiedschrijving wil dat er sprake was van spontane volkswoede, schijnt de opstand wel degelijk goed voorbereid te zijn. Dit karmelietenklooster speelde daarbij een grote rol. De kerk bezit een schilderij van Stefano Erardi: Maria-Boodschap.

Schuin tegenover de kerk ligt het oudste huis van Mdina, Norman House ofwel **Palazzo Falzon**. In zijn oorspronkelijke vorm had het 12de-eeuwse gebouw slechts een begane grond; de eerste verdieping is in de 15de eeuw toegevoegd.

Het huis met de verzameling archeologische voorwerpen en kunst werd nagelaten aan de staat door de laatste eigenaar, op voorwaarde dat het gratis toe-

Palazzo Falzon is een van de weinige paleizen in Mdina die u van binnen kunt bekijken.

gankelijk zou zijn voor het publiek. De staat heeft zich daar niet aan gehouden; men vraagt een Maltees kwartje (LM 0,25) entree. De verzameling maakt een verwaarloosde indruk, maar het huis met zijn intieme binnenplaats en rommelige inboedel heeft meer sfeer dan een opgepoetst, modern museum. Als u in Mdina maar één museum wilt bekijken, ga dan hierheen, want dit toont als enige hoe de bewoners van de stad zelf leefden.

PALAZZO FALZON. Geopend: 9-13 en 14-17 uur.

De straat komt uit op Bastion Square, alias de Pjazza Tas Sur, waarvandaan u een prachtig uitzicht hebt over het eiland. Bij goed helder weer is hiervandaan de top van de Etna op Sicilië te zien.

Andere bezienswaardigheden

Mdina Experience is een kleinschaliger versie van Malta Experience in Valletta. Dat houdt in handig geprojecteerde dia's, luide muziek, en een goede inleiding op Mdina en zijn geschiedenis.

MDINA EXPERIENCE, 7 Mesquita Square. Vertoningen ma.-vr. 11-16 uur op het hele uur, za. en zo. gesl.

Mdina Dungeons kunt u beschouwen als een veredeld spookhuis. Houterige poppen beelden de sadistische kant van de Maltese geschiedenis uit: folteringen, epidemieën, dood en verderf. Ondanks de waarschuwingen ('Fantasierijke personen kunnen geschokt worden door ...') is het eerder aanleiding tot meligheid dan tot huiveringen, en de historiciteit is af en toe ver te zoeken.

MDINA DUNGEONS, Saint Publius Square. Geopend: dag. 10-16 uur (hele jaar).

Wel iets bijzonders is **Fontanella**, een theeschenkerij die gedeeltelijk op de stadswallen ligt en gedreven wordt door

een dame uit de familie Manducca, een van de adellijke families in Mdina. De thee is volgens de deskundigen bij uitstek (de Engelsen) matig, maar de taart maakt alles goed. En wat een uitzicht!
Nog een tip: Mdina wordt pas echt een *Silent City* als het duister invalt. Komt u in de lente of zomer, dan moet u wat dat betreft erg lang wachten, maar wie laat in het jaar komt, boft. Ook al is er dan 's avonds strikt genomen weinig te beleven, de sfeer in de steegjes en straatjes is onovertroffen. Ook niet verder vertellen: pizza met uitzicht op de twinkelende lichtjes van Malta, ook weer bij Fontanella, is dan een verbazend goedkope maaltijd.

Rabat

Rabat is de voorstad die de Arabieren hebben aangelegd. Hoewel Mdina en Rabat dicht tegen elkaar aan liggen, is de sfeer in Rabat totaal anders. Het is veel meer een gewone Maltese plaats, met de gebruikelijke okergele huizen en kronkelende straatjes.

Rond Howard Gardens

Howard Gardens scheiden Rabat van Mdina. Het is een mooi park en een prettige plek om in de schaduw van de bomen op de bus te wachten. Er is een terras en het busstation is vlakbij, op Saqqaja Square. Daar begint ook Racecourse Street, waar op het Mnarja-feest paarden-, muildier- en ezelrennen worden gehouden. De winnaars krijgen een vlag uitgereikt, die in hun parochiekerk als altaarkleed gebruikt mag worden.
Op de hoek met Saint Augustine Street staat de Sint-Augustinuskerk, in 1581 gebouwd naar een ontwerp van Girolamo Cassar, twee jaar voordat deze de Saint John's Co-Cathedral in Valletta bouwde.
Als het in Mdina te druk is en u wilt toch wat avondeten gebruiken: vlak bij de Greek Gate is een restaurantje. U kunt daar eten, maar, en beter nog, u kunt er ook informeren of het veel aardiger restaurant in het voormalige station van Mdina, beneden aan de berg, open is.

Roman Villa Museum

Over de resten van een Romeinse villa, die in 1861 gevonden werd, heeft men een museum gebouwd. U vindt het bij de buitengracht van Mdina in Howard Gardens, vlak bij de Greek's Gate. Het museum bezit een collectie van voornamelijk Romeinse archeologische vondsten: beelden, aardewerk en metalen voorwerpen.
Een van de benedenzalen is een reconstructie van hoe het peristylium (door zuilen omgeven binnenplaats) van het Romeinse huis dat hier stond, eruitzag. Er ligt een groot mozaïek, voor het merendeel bestaande uit meanderachtige ornamenten. In het midden is een schaal met twee vissen afgebeeld.
In een kleiner zaaltje naast het peristylium ligt een vloer die deels uit mozaïekornamenten bestaat, deels uit ruitvormige tegeltjes.

i ROMAN VILLA MUSEUM. Geopend: dag. 9-17, geen entree na 16.30 uur; gesl. 25, 26 en 31 dec., 1 jan., Goede Vrijdag.

Sint-Pauluskerk

Via Saint Paul's Street, die begint bij het museum van de Romeinse villa, bereikt u de Sint-Pauluskerk aan Parish Square. Deze barokke kerk verrees in 1683, naar een ontwerp van Lorenzo Gafà. Boven het altaar hangt een schildering door Stefano Erardi, *Paulus werpt de adder in het vuur*.
De rechterdeur van de kerk leidt naar de Publiuskapel. Deze is gebouwd door Giovanni Beneguas, maar nadien nog verbouwd in 1692 (door bouwmeester

Lorenzo Gafà) en in 1743. Er hangen schilderijen van Mattia Preti en Francesco Zahra, en men bewaart in een gouden arm een relikwie van Paulus.
Via de Publiuskapel bereikt u de crypte van de kerk, die is uitgehouwen in de rotsen. De altaren in de crypte zijn gewijd aan Paulus, de evangelist Lucas en Trofimos. De verering voor de laatste heilige berust op een vergissing. Paulus schrijft in zijn tweede brief aan Timotheüs (4:20) dat hij Trofimos ziek had achtergelaten in Milete. Hij bedoelde echter Milete in Klein-Azië. Trofimos had dus weinig met Malta uitstaande.
De zogeheten Paulusgrot (Saint Paul's Grotto) is een zijruimte waar een marmeren beeld van Paulus staat. De overlevering wil dat de apostel Paulus in 59 n.Chr. hier een paar maanden heeft gebivakkeerd, voordat er een boot was gevonden die hem mee kon nemen naar Rome. In die tijd voer men 's winters niet.

Pauluscatacomben

Links in Saint Agatha Street is de ingang naar de Pauluscatacomben. Deze begon men mogelijk al in de 2de eeuw te gebruiken. Christenen en ook joden werden hier begraven. De uitgestrektheid van deze catacomben wijst erop dat er een grote christelijke gemeente was. Er zit geen plan achter de aanleg van de catacomben. Wanneer men ruimte nodig had, maakte men min of meer in het wilde weg een nieuwe gang erbij. Veel graven hadden een soort dubbele bodem, die als ossuarium kon dienen: hierin stopte men de botten van overledenen om plaats te maken voor nieuwe grafbewoners. Kennelijk nam men niet altijd de moeite nieuwe gangen en graven in de harde koraalkalksteen uit te hakken. De catacomben bleven in gebruik tot aan de komst van de Arabieren (870).
Alle typen graven (zie pp. 62-3) zijn hier terug te vinden: ook zijn er twee ronde agapè-tafels, waaraan men een dodenmaal of een Laatste-Avondmaalviering kon houden, gelegen op een aanligbank rondom een klein plateau, waar het eten op lag.
Overigens waren er ook 'privé-catacomben', waar afzonderlijke families hun doden in begroeven; vlak bij de Pauluscatacomben aan de overkant van de straat, ligt er een aantal.

ℹ PAULUSCATACOMBEN. Geopend: dag. 9-17, geen entree na 16.30 uur; gesl. 25, 26 en 31 dec., 1 jan., Goede Vrijdag.

Agathacatacomben

De Agathacatacomben liggen onder het gelijknamige kerkje aan Saint Agatha Lane. (Saint Agatha Street aflopen en bij het wegkruis rechts de trap af.) Deze catacomben zijn kleiner en minder populair, maar interessanter. Er zijn nog eenvoudige schilderingen bewaard gebleven aan de muren: duiven, palmbladeren en een pauw.
De Agatha- en de Pauluscatacomben zijn bij lange na niet de enige catacomben in Rabat: zo zijn er ook de Abbadija-Tad-Dejrcatacomben en de kleine Sint-Catulduscatacomben (onder de gelijknamige kerk aan Parish Square) en de kleinere privé-catacomben.

ℹ AGATHACATACOMBEN. Geopend: ma.- vr. 9-12 en 13-16, za. 9-13 uur.

SAN ANTON EN HET ZUIDEN

Attard

Het villadorp Attard wordt met de ertegenaan gegroeide plaatsjes Balzan en Lija wel de Three Villages genoemd, de 'Drie Dorpen'. Welnu, als de Three Cities aan de Grand Harbour de arbeiderswijk van Malta zijn, dan vormen de Three Villages, en vooral Attard, het diploma-

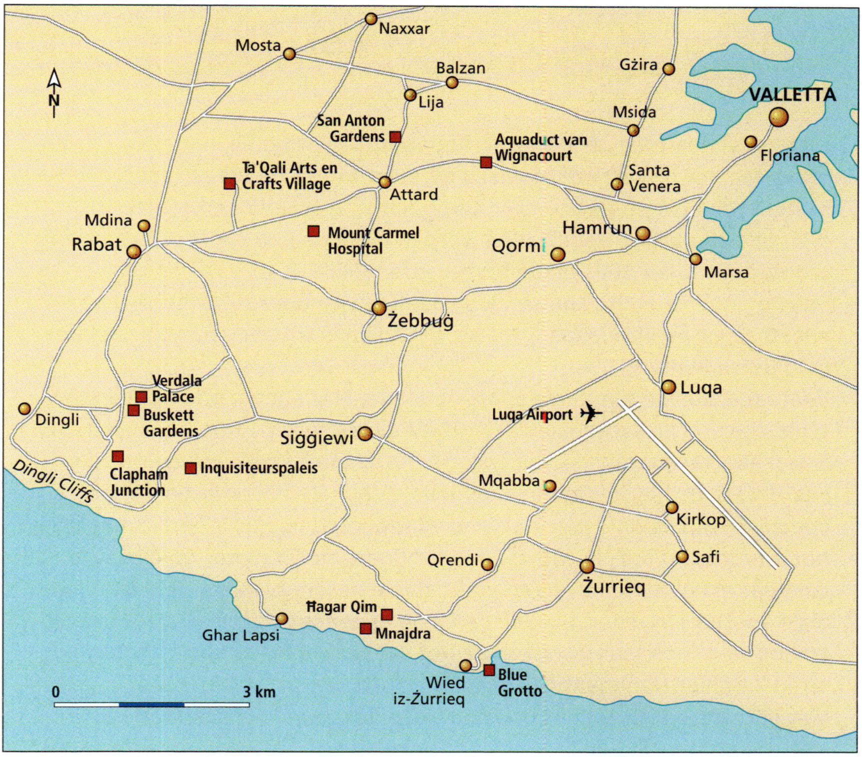

Zuid-Malta

tenkwartier. Behalve veel ambassadeurs woont in deze bomenrijke omgeving ook de president van Malta. De vorige grootmeester van de Soevereine Orde van Malta (de voortzetting van de johannieter orde), Sir Andrew Bertie, had er een privé-verblijf.
De parochiekerk van Attard, de fraaie renaissancistische Mariakerk, wordt met enige voorzichtigheid toegeschreven aan de jonge Tommaso Dingli (1591–1666), maar ook wel aan Vittorio Cassar (overleden ca. 1605). Als Cassar de kerk ontworpen heeft, zag hij zijn werk nooit voltooid, want de kerk kwam pas gereed in 1613.

De villawijk San Anton, met het presidentiële paleis en de bijbehorende paleistuinen San Anton Gardens, ligt een kilometer ten noorden van Attard.

San Anton Gardens

Grootmeester De Paule, die regeerde van 1623 tot 1636, bezat in Attard een paleisje, dat hij tijdens zijn regeringsperiode aanzienlijk liet uitbreiden. Hij trok zich niets aan van de gelofte van armoede en kuisheid die hij als beginnend ridder had moeten afleggen en voerde in het paleis een meer dan vorstelijke staat, met honderden dienaren. Hij was ook erg gesteld op zijn gemak, want hij maakte zijn eigen paleis tot zomerresidentie in plaats van het officiële zomerverblijf van de grootmeester, Verdala Palace. De tuinen die hij bij dit paleis liet aanleggen, vormden het allereerste

VOETBAL OP MALTA: ALLES IS RELATIEF

De passie waarmee de Maltezen het voetbal beleven is omgekeerd evenredig aan het niveau waarop het bedreven wordt. Lange optochten van toeterende en met vlaggen versierde auto's trekken naar de wedstrijden. Bij belangrijke wedstrijden worden dit bijna een soort carnavalsoptochten. De sfeer blijft ondertussen vriendelijk.
Enkele Engelse en Italiaanse clubs hebben een fanclub op het eiland; alleen als er een Italiaans-Engelse wedstrijd is wil het soms tot ongeregeldheden komen.
Voetbal is dus de nationale sport op Malta. Malta mag, oneerbiedig gesteld, gelden als 'voetbaldwerg', maar de Maltese Football Association is wel een van de oudste van Europa (1900). Het spel werd geïntroduceerd door Britse soldaten en volgens de annalen voor het eerst gespeeld '*bootless on a piece of land which could be described as anything but a football pitch*', in 1884. Zonder hoge schoenen dus, op een stuk land dat als alles behalve een voetbalveld beschreven kon worden. Speciale voetbalschoenen werden gelukkig al een jaar later geïntroduceerd en nog weer een jaar later volgde het scheidsrechtersfluitje (in de wedstrijd Trashier Regiment-Cospicua St. Andrews, 1-1).
Met het voetbalveld is het ook nog goed gekomen: de trots van het Maltese voetbal is het Ta' Qali-stadion, gelegen op het voormalige RAF-vliegveld. Een beetje toepasselijk wel, want net als de piloten uit de Slag om Malta worden ook de voetballers als helden vereerd wanneer ze een (relatief) mooi resultaat neerzetten tegen een buitenlandse ploeg. Dat mag een gelijkspel of verliezen met lage cijfers zijn, maar op 12 mei 1993 had Estland de eer om als eerste buitenlandse ploeg van Malta te verliezen in een officiële interland voor de WK-kwalificatie, nog wel op eigen Estse bodem (0-1).
De meest vernietigende klap deelde Malta uit door op miraculeuze wijze met 12-1 te verliezen van Spanje in Sevilla in 1984, waardoor Oranje de EK van 1984 miste. Spanje moest met elf doelpunten verschil van Malta winnen om zich te kwalificeren. Dat was zelfs tegen Malta erg veel en voor de EK-kwalificatie een record.

begin van de huidige **San Anton Gardens**. Verder kunnen we alleen zeggen dat hij nog lang en gelukkig leefde, want in plaats van aan drank en vrouwen ten onder te gaan, stierf hij in 1636 op 86-jarige leeftijd.
In later tijd was het San Anton Palace ook zomerresidentie van de Britse gouverneur en sinds 1974 dient het als presidentieel paleis.
De tuinen staan vol tropische en subtropische bomen (vooral palmen), planten en cacteeën.
U kunt het park ook verlaten door de

achteringang, via een galerij die langs het paleis loopt. Achter de bordjes 'private garden' en de half dichtgetimmerde vensters gaat de tuin van de president schuil.

De achteruitgang komt uit op een straatje met mooie villa's, San Anton Street. Als u buiten het paleis gekomen links afslaat en de straat uitloopt tot bij de speeltuin, ziet u daar een mooie, maar droefgeestig vervallen Jugendstil-villa.

SAN ANTON GARDENS. Geopend: dag. tot zonsondergang.

Ta' Qali

Ta' Qali Arts en Crafts Village is goed met bordjes aangegeven. Het ligt vlak bij het opvallende Ta' Qali National Stadium, het nationale voetbalstadion.

Het **Arts and Crafts Village** in Ta' Qali is een curieuze attractie. Ta' Qali is een van de vliegvelden die de RAF gebruikte tijdens de Slag om Malta. Na de oorlog besloot men de golfplaten loodsen van het vliegveld te verhuren als atelier of fabriekje voor Maltese handwerkslieden. Dat werd een groot succes. U krijgt hier niet alleen een overzicht van wat er allemaal aan souvenirs en ambachtelijke producten te koop is, maar ook kunt u vaak de makers zelf aan het werk zien. Zo zijn er bijvoorbeeld de pottenbakkers, de priegelende filigreinwerkers of de glasblazers, die sloom door de hitte in hun fabriek sjokken, maar toch altijd net op tijd hun juist geblazen fles of glas doorgeven.

Iedereen gaat kijken bij de smid van de nepharnassen. Zijn producten zijn erg populair in de Verenigde Staten. Er zijn ook exemplaren met een ingebouwde huisbar. Mocht u hier door hebzucht bevangen worden maar ertegen opzien het harnas mee te nemen in uw bagage: u kunt de wapenrusting ook laten opsturen.

Op diverse plaatsen zijn 'dorpen' ingericht voor de Maltese ambachtslieden; hier in Ta' Qali op een vliegveld uit de Tweede Wereldoorlog.

Verdala Palace ligt prachtig. Vanaf het dak kunt u het hele eiland overzien.

De prijzen in het dorp zijn vergeleken met elders op Malta aan de hoge kant.
Bij het National Stadium en niet ver van het Arts en Crafts Village ligt het **Malta Aviation Museum**, met een collectie vliegtuigen uit de Tweede Wereldoorlog en later – de Hurricane en de Spitfire uit de Slag om Malta ontbreken natuurlijk niet.

MUSEUM. Geopend: dag. 9-17 uur. Gesloten 1 jan., Goede Vrijdag, paaszondag, 15 aug. en eerste kerstdag. Bereikbaar: bus 65 (St Julian's, Sliema), 80, 81 (Valletta) en 86 Bugibba. Internet: www.maltaaviationmuseum.com.

Tussen Rabat en Dingli Cliffs

Voor een bezoek aan het hoogste gedeelte van Malta rijdt u door naar Rabat en daarvandaan naar het zuiden, over Buskett Road.
Maltezen zoeken en zochten deze streek op om te vluchten voor de zomerhitte. Daarom staan hier het buitenverblijf van de grootmeester van de johannieter orde, Verdala Palace, en het zomerverblijf van de inquisiteur.

Verdala Palace

Verdala Palace was de zomerresidentie van de grootmeester en van de Britse gouverneurs, maar oorspronkelijk was het een jachtverblijf. Het paleis is gebouwd in 1586 voor grootmeester Loubenx de Verdalle, naar een ontwerp van Girolamo Cassar. Hiervandaan kon de grootmeester het wild in Buskett Gardens bejagen. Tegenwoordig dient het om belangrijke gasten van de Maltese regering te huisvesten.
De hoogtepunten uit het leven van grootmeester De Verdalle zijn met fresco's weergegeven in het interieur van het paleis. Deze fresco's zijn ingrijpend gerestaureerd in de jaren vijftig van de 19de eeuw, toen het hele paleis een opknapbeurt kreeg. De grootste aanslag is te wijten aan Mrs. Bonham Carter, de vrouw van een Britse gouverneur. Zij liet in de jaren dertig de plafondfresco's van de grote eetzaal overschilderen. Deze worden nu stukje bij beetje onder de verf vandaan gehaald.
De bovenverdieping van het paleis is aangepast aan de smaak van grootmeester Manoel de Vilhena. De meeste schilderijen die er hangen, stammen echter uit de tijd dat de Britse gouverneurs hier hun zomerresidentie hadden.
Dit paleis is maar twee dagen in de week open, maar probeer uw programma zo in te richten dat u erheen kunt. Het uitzicht vanaf het dak is de moeite waard; bij helder weer kunt u bijna het hele eiland overzien.

VERDALA PALACE. Geopend: di.-za. 9-12 en 14-17 uur. Rondleiding verplicht.

Buskett Gardens

Rond het Verdala Palace strekken zich de Buskett Gardens uit. Dit is het enige beboste gebied op Malta. Het is aangeplant door de johannieter ridders, zodat ze konden jagen. Grootmeester La Valette werd onwel na hier een dag gejaagd te hebben, en werd weggebracht naar Vittoriosa, waar hij overleed.
Tot de boomsoorten die er groeien, behoren cipressen, aleppodennen, eucalyptussen, eiken, olijfbomen en mimosa's. Tussen de stukken bos in staan boomgaarden waar citrusvruchten worden gekweekt.
Buskett Gardens bestaan uit een privégedeelte dat bij het paleis hoort (niet te bezichtigen), en een openbaar gedeelte (altijd toegankelijk).

Dingli Cliffs en Clapham Junction

Vanuit Buskett Gardens kunt u naar het zuiden rijden voor een bezoek aan de Dingli Cliffs. Hier ligt het hoogste punt van Malta, op 253 m hoogte. Het dorp

Dingli is het hoogst gelegen plaatsje van het eiland, maar heeft verder weinig bijzonders te bieden.
Bij de kust strekt zich het grootste complex van cart ruts op Malta uit. De wirwar van deze prehistorische 'karrensporen' herinnerde een onbekende Engelsman aan een station bij Londen. Zo kreeg 'Clapham Junction' zijn naam. Niemand heeft nog een verklaring kunnen vinden voor het verschijnsel van de cart ruts in het algemeen en de kluwen van sporen bij Clapham Junction in het bijzonder.
Aan de weg naar Siġġiewi ligt het zomerverblijf dat de inquisiteur Visconti in 1625 liet aanleggen. Nu is het de zomerresidentie van de minister-president. Het paleisje ligt prachtig in het verlaten landschap, maar u kunt het niet bezoeken.

Siġġiewi en Żebbuġ

Siġġiewi is een dorp dat leeft van de tuinbouw. De beschermheilige van de parochie is onze eigen Sint-Nicolaas. Zijn festa valt echter niet rond 6 december (5 december is eigenlijk de vooravond van Sint-Nicolaas), maar eind juni. Dit festa is, zoals veel andere, voor het gemak verplaatst naar het zomerseizoen.
De barokke kerk Sint-Nicolaas van Bari is ontworpen door Lorenzo Gafà en kwam gereed in 1693.

Żebbuġ heeft voor de gewone toerist niet zo veel te bieden. Het plaatsje is een centrum voor de handel in tweede-, derde- en multihandse-auto's. Liefhebbers van oude vierwielers kunnen hier rondneuzen, maar het hoeft niet. Ze zullen overal op het eiland genoeg van hun gading op de weg zien rijden.
Żebbuġ heette in de 18de eeuw Città Rohan; grootmeester De Rohan (die regeerde 1775–1797) had het stadsrechten gegeven. In Żebbuġ, aan de weg van Rabat naar Qormi kunt u een vervallen triomfboog zien, die te zijner ere is opgericht. De parochiekerk Sint-Philippus (1599–1659) kwam tot stand onder het toeziend oog van de architecten Girolamo en Vittorio Cassar en Tommaso Dingli.
Vanuit Żebbuġ kunt u via Attard en Hamrun terugkeren naar Valletta of Sliema.

ĦAĠAR QIM EN DE BLUE GROTTO

Qormi, Luqa en Mqabba

Ten zuiden van Hamrun ligt het plaatsje Qormi. In de tijd van de johannieter ridders strekte het water van de Grand Harbour zich nog tot hier uit en legden de galeien van de ridders aan om zoet water in te slaan uit een grote bron in Qormi, de Għajn Filep.
Omdat er van oudsher veel en grote bakkerijen staan, heeft het de bijnaam Baker's Town; in de tijd van de ridders stond het bekend als Casal Forno ('dorp van de oven'). Grootmeester Pinto gaf het plaatsje in 1743 toestemming om zich Città di Pinto te noemen.
De **Sint-Joriskerk** is in 1456 gebouwd en in 1584 vergroot. Het was de eerste Maltese kerk die werd voorzien van een grote koepel. Het is niet bekend wiens idee dat was, want de toenmalige architect van de kerk is onbekend.

Luqa is vooral bekend door het grote vliegveld waar het naast ligt. Er staat een parochiekerk die in 1650 gebouwd is door Tommaso Dingli. Vanuit Luqa rijdt u eerst in de richting van Gudja over de hoofdweg langs het vliegveld. Voor u bij de nieuwe terminal bent, slaat u echter rechtsaf en gaat via de tunnel onder de startbaan door, naar Mqabba.
Mqabba (spreek uit: 'Im Abba') ligt mid-

den tussen de kalksteengroeves. Achter de weinig opzienbarende parochiekerk Maria-Boodschap ligt de veel kleinere Basiliuskerk uit de 16de eeuw.

Qrendi

Qrendi is de laatste jaren sterk uitgebreid, maar de kern geeft nog een indruk van het plaatsje zoals het vroeger was. De barokke parochiekerk is, als zoveel Maltese dorpskerken, zo groot dat zij in geen enkele verhouding lijkt te staan tot afmetingen en inwonertal van het dorpje. Toch hebben de dorpelingen het geld ervoor eigenhandig bijeengebracht. De gedachte achter deze kerk, en achter tal van andere Maltese 'kathedralen' was: hoe groter de kerk, hoe groter het geloof van het dorp.
Ten zuidoosten van Qrendi bij de Andreaskapel (Saint Andrew Chapel) ligt **Il-Maqluba**, een geologische depressie, een verlaagd stuk terrein lang geleden ontstaan door het instorten van een grot. Volgens de legende is deze 30 m diepe kuil ontstaan toen God zich zo aan het zondige plaatsje Maqluba ergerde dat hij het met grond en al in de hel liet zakken. De hel had echter geen trek in dit hapje en spuwde het hele zaakje uit. De klont aarde vloog de lucht in en belandde voor de zuidkust van Malta, waardoor het kleine eiland Filfla ontstond.
Wanneer u de weg afrijdt waaraan de Andreaskapel staat, komt u bij de kust uit. De weg vanaf het kruispunt naar beneden voert u naar Wied iż-Żurrieq en de Blue Grotto.

Blue Grotto

Vanuit het gehucht Wied iż-Żurrieq

Blue Grotto

vertrekken felgekleurde bootjes met toeristen, op weg naar de blauwe grot, de Blue Grotto. 'Grot' is eigenlijk een groot woord voor de uitholling in de rots die u te zien krijgt. Het bijzondere aan de Blue Grotto is de merkwaardige spiegeling van de zon in het water en op de rotswand, die voor een spectaculair blauwgroen lichteffect zorgt. Mooi voor foto's! Voor de Blue Grotto zelf ligt een imposante natuurlijke brug, die ook goed te fotograferen is vanaf de toegangsweg naar Wied iż-Żurrieq. Behalve langs de Blue Grotto vaart u langs vijf kleinere grotten.

Als de zee te roerig is (bijvoorbeeld met een stevige oosten- of noordenwind) is het niet mogelijk de grotten te bezoeken.

Tempels van Ħaġar Qim en Mnajdra

De tempels van Ħaġar Qim en Mnajdra bereikt u door langs de kustweg in westelijke richting te rijden. Na een kilometer slaat u linksaf; deze weg loopt dood bij de tempels.

De tempel van **Ħaġar Qim** ligt vooraan. Dit heiligdom is door zijn opbouw een buitenbeentje onder de meestal symmetrische Maltese prehistorische tempels, waarvan de plattegrond de vorm heeft van een klavertjedrie of van een nier. De verschillende vertrekken van het heiligdom zijn in de loop der Tempeltijd (3600–2500 v.Chr.) tot stand gekomen en uiteindelijk op een wat chaotische manier met elkaar verbonden tot één tempel. Normaal had een tempel slechts één toegang, maar Ħaġar Qim had er twee.

Het tempelcomplex is minstens zo imposant als dat van Tarxien, en de ligging in het kale, verlaten kustlandschap is veel fraaier.

De vondsten uit Ħaġar Qim liggen in het National Museum of Archeology in Valletta. Men vond in de tempels gebeeldhouwde altaren, de meer dan mollige beelden van de vruchtbaarheidsgodin, en de 'Venus van Malta', een klein beeldje van de vruchtbaarheidsgodin. Ook was er in de tempel een orakelkamer: er is een kamertje te zien met een gat in de muur. Daarachter kon een priester plaatsnemen om namens de godin mededelingen te doen aan de gelovigen.

i TEMPEL ĦAĠAR QIM. Geopend: dag. 9-17, geen entree na 16.30 uur; gesl. 25, 26 en 31 dec., 1 jan., Goede Vrijdag.

Via een lang, recht pad over de vlakte bereikt u de tempels van **Mnajdra**. Twee grote (dubbelniervormige) tempels en een veel kleinere tempel in de vorm van een klavertjedrie liggen hier bij elkaar gegroepeerd.

In het voorjaar van 1994 ontdekte men dat er een loodzware deksteen van enkele tonnen zwaar naar beneden was gevallen. Aanvankelijk gaf men de schuld aan een zware storm die er een paar weken eerder was geweest. Toen bedacht men dat het wel erg hard moet waaien voordat er een steen van een paar ton van zijn plaats raakt. De beschuldigende vinger wees vervolgens naar de steengroeven in de buurt. Deze werken met springstof en zouden de steen van zijn plek hebben getrild.

De tempels zijn sindsdien alleen door het hek te bekijken, maar ook zo nog indrukwekkend genoeg.

Żurrieq

U kunt terugrijden naar Valletta over Żurrieq. De Sint-Catharinakerk (1632) bezit schilderijen van Mattia Preti, onder andere *Het martelaarschap van de heilige Catharina*, het lievelingsonderwerp van de schilder. Preti heeft 30 jaar in het dorp gewoond.

In de tuin van de parochiepriester staat het restant van een **Fenicische toren**, het zichtbaarste overblijfsel van hun architectuur op het eiland. Notabene: eerst toestemming vragen voor u de tuin betreedt.

Ten noorden van Żurrieq, aan de weg richting Valletta, liggen de twee kerken van Ħal Millieri (15de eeuw). Deze hoorden bij het middeleeuwse dorp Ħal Millieri dat hier ooit stond. De Maria-Boodschapkapel is een van de belangrijkste middeleeuwse kerkgebouwen op Malta. De muren zijn versierd met fresco's in Siciliaanse stijl.
Bij de kerk van Johannes de Evangelist staat een olijvenpers, die ook nog dienst heeft gedaan als doopvont.

F44

Oost-Malta

7

In een groot deel van het oosten is de invloed van de agglomeratie rond Valletta merkbaar, maar er zijn aardige hoekjes en strandjes, en bovendien liggen hier enkele bezienswaardigheden die u niet mag missen: de prehistorische tempels van Tarxien, het moeilijk toegankelijke Hypogeum en bovendien zijn in dit hoofdstuk de Three Cities opgenomen, de oude plaatsen aan de oostrand van de Grand Harbour.

TEMPELS IN PAOLA EN TARXIEN

Paola bereikt u vanaf Sliema en Valletta via Marsa. Paola is vastgegroeid aan het plaatsje Tarxien, waar een groot tempelcomplex is opgegraven. De beroemdste van de 7000 inwoners van Tarxien is ex-premier Dom Mintoff, die er van zijn pensioen geniet (📖 pp. 148-9).

Het plaatsje Paola of Pawla (12.000 inwoners) is genoemd naar grootmeester Antoine de Paule, die het stichtte in 1626. Op de Piazza Paola wordt op zaterdag een drukke maar gezellige markt gehouden. Paola telt niet alleen twee grote kerken, de 17de-eeuwse Santa Ubaldesca van Vittorio Cassar (1626) en de moderne Christus-Koningkerk, maar ook een grote moskee. Deze is gefinancierd door de Libische president Gadaffi en voorziet in de religieuze behoeften van islamitisch ambassadepersoneel. In de Qadaffi Gardens mocht deze weldoener in 1973 een cipres planten.

Hypogeum van Ħal Saflieni

Een bezoek aan het Hypogeum van Ħal Saflieni (een wijk in Paola) valt niet mee. Per dag wordt maar een klein aantal bezoekers toegelaten en reserveren is zo goed als verplicht.

De beperkte toegang is noodzakelijk om het buitengewoon kwetsbare inwendige zoveel mogelijk de slijtage te besparen die fysieke aanwezigheid van mensen nu eenmaal met zich meebrengt.

Het Hypogeum (Grieks *hypogaion* 'ondergronds', 'ondergrondse ruimte') was een onder de grond gelegen begraafplaats, een heel vroege voorloper van de catacomben. Het werd ontdekt bij een bouwproject in 1905. Omdat de aan-

Marsaxlokk: wie moe genoeg is na de markt kan altijd nog vanaf een terrasje naar de prachtige vissersboten kijker.

Oost-Malta

nemer de vondst aanvankelijk stilhield, kon hij zijn project voltooien en daarbij raakte een deel van het Hypogeum zwaar beschadigd. De opgravingen, onder Themistocles Zammit, duurden van 1905 tot 1909. In de kamers, die verspreid zijn over drie niveaus, zijn de resten teruggevonden van naar schatting 6000 tot 7000 overledenen. Verder lagen er resten van potten en andere voorwerpen die waren meegegeven aan de overledenen. Mogelijk heeft het complex ook gediend als een soort plaats waar gelovigen en priesters werden ingewijd in bepaalde rituelen. Helemaal onder in het catacombeachtige monument was kennelijk een heiligdom ingericht.

In de Tweede Wereldoorlog hebben de onderaardse ruimtes gediend als schuilkelder. Paola lag dicht bij de hevig gebombardeerde havens. Bij de restauratie heeft men ook een verhelderend museumpje aangelegd. Voorafgaand aan de rondleiding mag u daar een tijdje

rondkijken. Kom dus niet op het laatste moment. Het is alleen toegankelijk voor wie een rondleiding heeft geboekt.
We kunnen alleen maar raden wat voor indruk het Hypogeum maakte op de toenmalige gelovigen – grotendeels gevuld met de resten van de eigen en onbekende generatie van anderen, bij het onrustige licht van een paar lampjes. Nu, schoongeruimd en bij computer gestuurd elektrisch licht is het nog imposant genoeg. Noch in ouderdom, noch in functie bestaat er iets vergelijkbaars in de wereld.
In het National Museum of Archeology in Valletta staat een maquette van het complex en bewaart men de vondsten die er zijn gedaan, zoals het beeldje van de 'liggende godin'.

HYPOGEUM. Een beperkt aantal rondleidingen per dag, met een dozijn deelnemers. Vol is vol! Reserveren dus, en de reservering telt pas als men uw geld in de kassa heeft. U kunt online reserveren op www.heritagemaltashop.com, voor vragen kunt u mailen naar hypogeum@gov.mt; u kunt ook ter plaatse reserveren bij het Hypogeum of bij het Archeologisch Museum in Valletta. De rondleidingen zijn vaak al weken van tevoren volgeboekt. Er zijn rondleidingen van 9 tot 16 uur, maar niet om 12 uur.

Tempels van Tarxien

De tempels liggen midden in een woonwijk. Ze zijn vooral interessant omdat ze vergeleken met de andere prehistorische tempels betrekkelijk laat (1914) zijn ontdekt en deskundig werden opgegraven. Opgraver was Themistocles Zammit, de nestor van de Maltese archeologie. Het hele complex omvat een klein doolhof, bestaande uit maar liefst vier tempels, waarvan twee heel goed en de andere slecht bewaard zijn gebleven. Waarschijnlijk liggen er ook nog resten onder de omliggende huizen. Voorlopig is het niet mogelijk die op te graven.
In het gebouwtje dat de toegang vormt tot het terrein, is een kleine tentoonstelling van voorwerpen die gevonden zijn toen de tempels werden opgegraven. De grotere en interessantere voorwerpen die te voorschijn kwamen, zijn echter naar het National Museum of Archeology in Valletta gebracht en vervangen door kopieën. In dat museum staat overigens ook een goede maquette van het tempelcomplex.
Het duurde eeuwen voordat het tempelcomplex tot zijn volle omvang was uitgegroeid. De oudste tempel, die Early Temple wordt genoemd, werd gebouwd in de vroege fase van Ġgantija (3600 v.Chr.). Er is nauwelijks iets van over. Hij ligt het oostelijkst; als u voor de grote façade van de South Temple staat helemaal rechts achter.
De andere tempels kwamen tot stand in de fase van Tarxien (3300/3000–2500 v.Chr.). Helemaal vooraan ligt de South Temple. Hierin staat een kopie van een beeld van de vruchtbaarheidsgodin. Het beeld is maar half bewaard en moet in zijn volle afmetingen 2,5 m groot zijn geweest. De godin is zo welgedaan afgebeeld dat het er meer op lijkt dat men getracht heeft een soort staande cavia weer te geven. Rechts achter het beeld was een nis waar een altaar stond; er zijn dierenbotten teruggevonden. In de westelijke nis vond men reliëfs met dieren erop afgebeeld. Schuin achter deze tempel ligt de jongste tempel, Central Temple. Deze is, voor zover bekend, ook de laatste tempel die gebouwd werd in de Maltese prehistorie. Dit is de enige tempel met een plattegrond in een drievoudige niervorm. Rechts van Central Temple ligt de East Temple, met een plattegrond in een dubbele niervorm.
Bij het complex lag ook nog een begraafplaats uit de bronstijd, maar deze

DOM MINTOFF

Dom (Duminku) Mintoff werd in 1916 geboren in Cospicua, een van de Three Cities, maar in feite een rommelige arbeiderswijk bij de haven. Na een opleiding tot architect, ingenieur en natuurkundige (onder andere in Oxford) en een paar jaar werkervaring, werd hij in 1944 secretaris-generaal van de Malta Labour Party. Hij streed met succes voor algemeen kiesrecht, en de Maltese vrouwen beloonden dat in 1947 met een grote verkiezingsoverwinning voor de socialistische partij.

Mintoff was tweede man na partijleider Sir Paul Boffa, ook in diens kabinet, als minister voor Wederopbouw. Het volgende agendapunt was financiële hulp van de Britten en Amerikanen. Malta wilde een aandeel in de Marshall-hulp, wat gezien de relatief grote bijdrage in de oorlog ook wel rechtvaardig was geweest. De regering stelde de Britten een ultimatum, die niet erg veel haast maakten. Toen de optimistische Boffa dat ultimatum wilde opheffen, werd hij aan de kant gezet door de Partij, en werd Mintoff zijn opvolger.

De Labourpartij had als programmapunt voor de verkiezingen integratie met Groot-Brittannië gehad. Was dat gebeurd, dan zou het automatisch zijn aandeel in de Marshall- en andere hulp gehad hebben. Rechts en katholiek Malta was tegen integratie, en de Britten hadden ook weinig zin. Daarop volgde de belangrijke koerswijziging van Mintoff: hij eiste nu volledige onafhankelijkheid. Inmiddels werd het eiland bestuurd door de Britse gouverneur, omdat de Labourregering ontslag had genomen.

In de volgende jaren leverde Mintoff meer strijd met vooral aartsbisschop Gonzi en de lokale rooms-katholieke Kerk dan met de Engelsen. De Labourpartij werd in de ban gedaan, alsof de middeleeuwen nog in volle gang waren: de socialistische doden mochten zelfs niet meer in gewijde aarde worden begraven. Hierdoor raakten de verhoudingen op Malta ingrijpend verbitterd: waar een deel van de bevolking als vanouds trouw aan de Kerk was, had een ander deel goede reden om haar als

heeft met de tempels niets uitstaande.

i TEMPELS TARXIEN. Geopend: dag. 9-17, geen entree na 16.30 uur; gesl. 25, 26 en 31 dec., 1 jan., Goede Vrijdag. Neem de bus of de auto naar de Piazza Paola. Volg de bordjes of vraag naar de Prehistoric Temples; iedereen weet waar ze zijn.

'THREE CITIES'

De 'Drie Steden' Vittoriosa, Cospicua en Senglea liggen op twee landtongen die tegenover Valletta de Grand Harbour insteken. Ze vormen het dichtstbevolkte stukje Malta. Traditioneel wonen hier de havenarbeiders en ook degenen die in de fabrieken rond de haven werken. De Labourpartij heeft in deze volkse buurten haar wortels; de grote voorman

een op macht beluste, verkalkte moloch te zien.
In 1962 kwam er een onafhankelijkheidsverdrag met de Britten, buiten Labour en Mintoff om onderhandeld en onder ongunstige voorwaarden. Het conflict tussen Kerk en Labour werd pas in 1969 bijgelegd. In 1971 kreeg Labour weer een meerderheid en kon Mintoff aan de slag. Hij legde zijn inaugurale eed af bij de gouverneur, die meteen na de ceremonie te horen kreeg dat hij naar Engeland mocht ophoepelen. Als volgende mocht de NAVO vertrekken. Nog meer oud zeer: hoewel het Zuid-Europese hoofdkwartier op Malta lag, had het eiland zelf nooit lid mogen worden.
Als derde moest het verdrag met de Engelsen bijgesteld worden. Na dreigende taal en geflirt met de Sovjet-Unie door Mintoff, lukte ook dit. Als Mintoff één gave had, was dat het onderhandelen en tegen elkaar uitspelen van tegenspelers die veel en veel sterker waren dan hij.
In 1974 werd Malta republiek, maar het werd pas echt onafhankelijk toen in 1979 de Britse basis vertrok. Het had wel veel banen opgeleverd, maar emotioneel was ze impopulair. Maltezen mochten nog niet eens zwemmen in hun eigen Grand Harbour!
In 1984 trad Mintoff af als premier. Hij had zijn doel, het onafhankelijk maken van Malta, volledig bereikt en met een op het oog zeer linkse koers – Libië, China – voor geld gezorgd op momenten dat dat hard nodig was. Ondanks het vertrek van de basis nam de welvaart toe. De interne politieke verhoudingen bleven echter verziekt. Het was hard tegen hard, met fysiek, soms dodelijk geweld over en weer. De innige contacten met het Oostblok terwijl de Koude Oorlog nog volop aan de gang was, maakten hem echter impopulair bij veel westerse regeringen.
Na zijn aftreden, ook als partijleider, bleef hij politiek actief op de achtergrond en dat is hij nu nog steeds.

Dom Mintoff is bijvoorbeeld geboren en getogen in Cospicua (📖 pp. 148-9). Voor automobilisten zijn de steden niet makkelijk te vinden: de bewegwijzering is verre van consequent. U rijdt vanuit Floriana eerst richting Marsa en dan moet u de richtingen Vittoriosa, Birgù, Three Cities of zelfs *Maritime Museum* volgen, al naar gelang de bordjes die u bij een kruispunt of rotonde aantreft.

Vittoriosa

Vittoriosa (3500 inwoners) is waarschijnlijk de oudste plaats aan de Grand Harbour. In de middeleeuwen was het een handels- en vissersplaatsje, Birgù geheten. Bij hun aankomst in 1531 kozen de ridders het als hun nieuwe hoofdstad. Het grote voordeel was voor hen dat er vlak naast het plaatsje een goede haven lag (de *French Creek*) die een smalle,

goed verdedigbare ingang had.
Bij het Grote Beleg van 1565 lag Birgù midden in het strijdgewoel. Na de goede afloop kreeg Birgù de naam Vittoriosa, 'de zegevierende'.
Na de stichting van Valletta trokken de ridders naar de nieuwe stad. Achter bleven hun gebouwen, die Vittoriosa tot een soort Valletta in het klein maken: ook Vittoriosa heeft zijn fort, hospitaal, auberges en ordekerk. Anders dan Valletta is Vittoriosa tamelijk onoverzichtelijk: hier geen strak gepland dambord, maar een middeleeuwse doolhof van donkere straatjes en steegjes. Veel oudere plaatsen op Malta zijn op hun best aan het einde van de dag, als de goudkleur van de huizen samenvalt met het gele licht van de ondergaande zon, en eventuele toeristenbussen vertrokken zijn. Het middeleeuwse, monumentale en toch wat volkse Vittoriosa is rond die tijd onweerstaanbaar. Zijg neer op een van de wankele terrasjes en tel uw zegeningen.

U komt de stad binnen door de Gate of Provence. Daarvandaan loopt Main Gate Road naar Piazza Vittoriosa. U ziet hier overal de typisch Maltese huizen, met hun erkers en driedubbele deuren.
De **Laurentiuskerk** steekt boven alles uit. In de 12de eeuw stond hier al een parochiekerk, die in de 15de eeuw vervangen werd. Deze was toen de ridders in Vittoriosa woonden de ordekerk; later was het de eigen kerk van de inquisiteur en van het gezantschap van de paus, die in de stad resideerden. Het huidige kerkgebouw dateert van 1697 en is ontworpen door Lorenzo Gafà. De kerk bezit een altaarschildering van Mattia Preti, die voorspelbaar genoeg *Het martelaarschap van de heilige Laurentius* heet, en in de Crucifixkapel, een kruis dat de ridders in de 17de eeuw buitmaakten toen ze vochten op Kreta.
Op het plein aan de voorzijde van de kerk staat het Maltese **onafhankelijkheidsmonument**. Het werd onthuld in 1979, op de dag dat de laatste Britse oorlogsschepen uit Malta vertrokken.
Naast de Laurentiuskerk staat de kleine **Jozefkapel**, die alleen wordt gebruikt op 8 september. Dan draagt men er een mis op ter viering van de overwinning van 1565. In het kerkje worden het zwaard en de hoed bewaard die grootmeester La Valette droeg op de dag van de overwinning. Oorspronkelijk was dit een van de kerken die werden gebruikt door de Grieken die met de ridders mee waren gekomen vanaf Rodos.
Als u langs het water in de richting van Valletta loopt, vindt u daar het prettig-modern ingerichte **Maritime Museum**, nauwelijks een decennium oud en gevestigd in de gerestaureerde gebouwen van de bakkerij van de johannieter orde. In de hoge gewelven blijft het aangenaam koel.
U vindt er scheepsmodellen, waaronder een groot model van een zeilschip uit de 18de eeuw. Verder zijn de vitrines gevuld met navigatieapparatuur, uniformen, wapens en diverse scheepsbenodigdheden. Er is een kleine collectie 'Onderwaterarcheologie', maar deze omvat slechts wat ankers en amforen. De meeste voorwerpen stammen uit de Britse periode. Alleen wat prenten en kleine scheepsmodellen herinneren aan de tijd dat de galeien van de ridders de Middellandse Zee doorkruisten.

i MARITIME MUSEUM. Geopend: dag. 9-17, geen entree na 16.30 uur; gesl. 25, 26 en 31 dec., 1 jan., Goede Vrijdag.

Het **Inquisiteurspaleis**, aan Main Gate Street, was volledig ingericht op het onder de duim krijgen van ketters en andersdenkenden. De gevangenen kwamen op hun tocht vanuit hun cel naar

Op een mooie dag is Vittoriosa, hier met de Laurentiuskerk en het mooie maritieme museum, stiller en intiemer dan Valletta. Hier vindt u ook luzzu's voor een privé-rondvaart.

de rechtszaal langs raampjes met uitzicht op de binnenplaats waar de galg stond; omdat het deurtje waar ze doorheen moesten, heel laag was, was ook de meest recalcitrante ketter gedwongen zich diep te buigen in de richting van de inquisiteur. Op Malta, sinds jaar en dag roomser dan de paus en bovendien bestuurd door 'monniken in harnas' hadden de inquisiteurs het echter niet druk.

Het waren niet de Maltezen, maar de ridders die in het gareel gehouden moesten worden. In 1573 had de toenmalige grootmeester La Cassière de paus gevraagd een inquisiteur te sturen. Achtergrond hiervan was waarschijnlijk dat deze grootmeester alle moeite had om zijn ridders op eigen kracht onder de duim te houden. Hij zou uiteindelijk ook de enige grootmeester worden die door een coup is afgezet.

De inquisiteur had van de paus bepaalde voorrechten en bevoegdheden meegekregen, die hem ook voor de grootmeester tot een hinderlijke bemoeial maakte. Van de meer dan 60 inquisiteurs die op het eiland benoemd zijn geweest, brachten er twee het tot paus en een behoorlijk aantal tot kardinaal. Kennelijk kon men zich met het dwarszitten van de grootmeester aardig profileren.

Het paleis herbergt nu een klein museum. Op de begane grond is een folkloristische afdeling. Bij de ingang staat een mooie maquette van Vittoriosa. Op de bovenverdieping worden vooral moderne schilderijen tentoongesteld. De privévertrekken van de inquisiteur staan wat comfort betreft natuurlijk in schril contrast met de kale en kille gevangenisafdeling. Men had het gevangenisgedeelte akoestisch zo goed afgeschermd dat de diepere gedachten van de inquisiteur niet werden gestoord door pijnkreten en doodsgereutel van eventuele ketters.

INQUISITEURSPALEIS. Geopend: dag. 9-17, geen entree na 16.30 uur; gesl. 25, 26 en 31 dec., 1 jan., Goede Vrijdag.

De oude auberges van de ridders staan verspreid door het stadje. Anders dan op Rodos hadden de ridders ervoor gekozen niet in een afgezonderde wijk *(collachium)* te leven. Men heeft geprobeerd de auberges te restaureren en er een aparte bestemming voor te vinden, maar dat is alleen gebeurd bij de auberge van Engeland (39–40 Mistral Street). Daar huist nu een bibliotheek in, zodat u hem ook van binnen kunt bekijken. Naast de herberg woonde Oliver Starkey, de secretaris van grootmeester La Valette. De andere auberges dienen als huis, winkel of werkplaats. U vindt ze op de volgende adressen: Aragón, Britannia Street 4; Frankrijk, Brittania Street 24–27; Italië, Saint Lawrenz Street 1–6; Duitsland, Vittoriosa Square 7–8.
Het hospitaal van de orde, de **Sacra Infermeria**, lag in Saint Scholastica Street; na hun vertrek naar Valletta hebben de ridders het aan de orde van de benedictinessen geschonken.

Aan de punt van het schiereiland waarop Vittoriosa ligt, vormt het **Fort Saint Angelo** een klein eilandje. Bij aankomst op Malta (1531) troffen de ridders hier een vervallen vesting aan (Castello del Mar). Grootmeester L'Isle Adam liet toen een nieuw fort bouwen, waarin hij zijn hoofdkwartier inrichtte. Het huidige fort heeft nog maar weinig gemeen met de vesting die het in 1565 zo zwaar te verduren kreeg van de Turken. Het fort is later nog dikwijls aangepast en uitgebreid.
Het fort maakte in de Engelse tijd deel uit van de Royal Navy. Met een Monty-Pythonachtig absurdisme had men het de status gegeven van schip: H.M.S. Saint Angelo, waarbij H.M.S. stond voor *His Majesty's Ship*. De vesting was onderverdeeld in 'dekken' en 'hutten', en had geen commandant, maar een kapitein. Toen er een NATO-bijeenkomst was in het fort, was daar natuurlijk ook een Turk bij. Hij moet zich bij de receptie gemeld hebben met de ironische woorden: *'Goedendag, ik geloof dat ik de eerste Turk ben die zover gekomen is.'*

FORT SAINT ANGELO. Rondleidingen: za. 9-13, 1ste zo. v.d. maand 10-12 uur.

Bij de Couvre Porte Gate, een toegang tot Vittoriosa, bevindt zich het **Malta at War Museum**. Het gaat om een gedeelte van een schuilkelder dat weer toegankelijk is gemaakt, met een kleine expositie om een idee te geven hoe de gewone burgers van Malta het beleg tijdens de Tweede Wereldoorlog beleefden.

MALTA AT WAR MUSEUM. Geopend: dag. 9-17, geen entree na 16.30 uur; gesl. 25, 26 en 31 dec., 1 jan., Goede Vrijdag.

SENGLEA

Senglea ligt op een landtong. Zijn naam dankt het aan grootmeester La Sengle, die zorgde dat er een stadje kon ontstaan op de landtong waar grootmeester De Homedes een uitgestrekt park had bezeten. In zijn geschiedenis heeft Senglea ook nog L'Isla en Invitta ('de onoverwonnene') geheten. De laatste naam kreeg het na het Grote Beleg van 1565, toen ook Senglea dapper meevocht. De naam is nooit aangeslagen.
In de Tweede Wereldoorlog raakte Senglea zwaar beschadigd door de Duitse bommen, doordat het zo dicht bij de

Sinds het vertrek van de Royal Navy is het in het oude gedeelte van de Grand Harbour al tientallen jaren heerlijk rustig – tot een jachthaven wordt aangelegd.

De vedette in Senglea

havens lag. Als gevolg hiervan is er weinig ouds te bezichtigen. De basiliek Onze-Lieve-Vrouwe-van-de-Overwinning, die van oorsprong dateerde van kort na 1565, moest van de grond af worden herbouwd. De kerk bezit een beeld van haar patroonheilige, dat in 1632 werd geschonken door een Italiaanse scheepskapitein. Op 8 september wordt het in processie door de straten gedragen: dat

is het feest van Onze-Lieve-Vrouwe-van-de-Overwinning (*Our Lady of Victory*).
Toch heeft Senglea één grote trekpleister: aan het uiteinde van het stadje ligt het park Safe Haven Gardens met de **vedette** (wachtpost). Dit torentje, waarin wachtposten beschutting konden vinden, is versierd met symbolen van waakzaamheid (een oog, een oor) en boven de ingang een pelikaan. De meeste toeristen komen hier om er te genieten van het uitzicht op de drukte van de Grand Harbour en op Valletta, dat zich in zijn volle lengte voor hen uitstrekt.
Meestal heeft men dan ook al vanaf de andere kant van het water, vanaf Upper Barracca Gardens, naar Senglea en de vedette staan kijken. Als er dan toevallig een fors vrachtschip naast het plaatsje ligt, is dat verhelderend voor de proporties van Senglea en eigenlijk van alles op Malta: het schip doet de huisjes en de straatjes in het niet verzinken.

Cospicua

Cospicua (8000 inwoners) heette tot 1565 Bormla. Het was ontstaan als een voorstad van Senglea en Birgù. Het heeft de toerist weinig te bieden. Eigenlijk is alleen de imposante Helen's Gate de moeite waard. U gaat erdoorheen als u uit de richting Marsa naar Senglea of Vittoriosa rijdt.

ŻABBAR EN DE OOSTKUST

Cottonera Lines

Als u vanuit Vittoriosa naar het noordwesten rijdt, richting Żabbar, passeert u de *Cottonera Lines*, en een van de belangrijkste onderdelen daarvan, de Żabbar Gate. De Spaanse grootmeester Rafaël Cotoner (die regeerde 1660–1663) en zijn broer Nicolas (1663–1680) lieten deze verdedigingslinie aanleggen om de Three Cities en vooral Cospicua te beschermen. Cospicua of Bormla, de voorstad van Vittoriosa, was nog onvoldoende versterkt. Achter de linie konden maximaal 40.000 stedelingen bescherming vinden. Het was een geweldig kostbaar project, waar Nicolas Cotoner bijna aan failliet ging. Zodra hij overleed, in 1680, stopte men met het werk.

Kalkara

Aan de noordkust, vlak bij het plaatsje Kalkara, ligt het **fort Rinella**. De grootste attractie hier is tevens het 'grootste kanon ter wereld'. Daar zou je over kunnen discussiëren, maar niet als de tegenpartij een kanon als dit heeft natuurlijk. Er zijn zeker *langere* kanonnen, maar het kaliber van 45 cm, precies honderd keer dat van een cowboyrevolver, mag er zijn. Het kanon was oorspronkelijk ontwikkeld en bedoeld als scheepsgeschut, maar de Britse regering, nerveus omdat het jonge en absoluut niet vijandige Italië een vloot begon op te bouwen en heel misschien een bedreiging zou kunnen gaan vormen voor de verder onaantastbare Britse hegemonie in de Middellandse Zee, vorderde het voor de verdediging van Malta. Het schip waar de kanonnen voor bedoeld waren, was overigens het Italiaanse slagschip *Dandolo*, dus de Italianen waren hier niet over te spreken.
Het kanon was overigens al snel verouderd. Er kwam een nieuw soort kruit in zwang, dat krachtiger was maar het best tot zijn recht kwam bij een langere loop. Fort Rinella, speciaal gebouwd voor het kanon, diende in zijn nadagen nog enkele tientallen jaren als opslag voor de rum van de Royal Navy.

ℹ FORT RINELLA. Geopend: dag. 10-16 uur, feestdagen gesl.

Żabbar

Żabbar (13.000 inwoners) was 200 jaar geleden een landbouwcentrum, maar inmiddels is het onder de invloed gekomen van de verstedelijking in het gebied van de *Three Cities*. In 1798 kreeg het stadsrechten en ontving het de naam van de regerende grootmeester: *Città Hompesch*. Voor men aan de nieuwe naam had kunnen wennen, waren Von Hompesch en zijn johannieter ridders echter al van het eiland verdreven.
Żabbar heeft een mooie, barokke Mariakerk (1641–1696), die ontworpen is door Tommaso Dingli. De façade is later toegevoegd; de koepel sneuvelde tijdens de strijd met de Fransen (1798–1800) en werd pas in onze eeuw herbouwd.

Kerkmuseum

Het kerkmuseum huist in een 18de-eeuws gebouw naast de Mariakerk. Op Malta heeft alles met godsdienst te maken, daarom is het religieus museum in Żabbar in feite een 'museum van alles'. Naast de onvermijdelijke bedompte kazuifels, ex-voto's, suikerzoete heiligenbeelden en altaren vindt u er scheepsmodellen, slechte schilderijen en ook de resten van een Britse bommenwerper die in 1975 boven het stadje ontplofte. De brokstukken van het vliegtuig kwamen verspreid over de helft van Żabbar neer. Behalve de vijfkoppige bemanning kwam er ook een inwoonster van het stadje om. Er vielen twintig gewonden.
Er is ook nog een vitrine met voorwerpen die zijn gevonden bij opgravingen in en rond de kerk: beeldjes, keramiek en amforen.

ŻABBAR KERKMUSEUM. Geopend: zo. 9.30-12 uur. Internet. www.zabbar.org/parish/museum (foto's)

Marsaskala

Marsaskala is een vissersplaatsje dat nog veel van de oude sfeer heeft bewaard. De baai waaraan het ligt was een geliefde plek voor piraten om aan wal te gaan.
Het haventje ligt nu vol met *luzzu's*, de felgekleurde vissersbootjes. Er staat een moderne, neoromaanse kerk, geflankeerd door een klokkentoren in Venetiaanse stijl. Op een landtong staat een groot hotel, maar dit is vanuit de haven zelf gelukkig niet zichtbaar.
Ten zuiden van de baai staat de Saint Thomas Tower, die daar in 1614 is neergezet na een piratenoverval op Marsaskala, om herhaling te voorkomen. Zo'n 200 m ten zuiden van de toren is een kleine catacombe uit de Romeinse tijd teruggevonden. Uit een aangetroffen inscriptie leidt men af dat het een christelijke catacombe was.
Ten zuiden van Marsaskala ligt het plaatsje Saint Thomas Bay, aan de gelijknamige baai. Er is een klein strand, maar het zit er vooral in het weekeinde mudvol met badgasten uit Valletta en omgeving.

Żejtun

Via Saint Thomas Bay kunt u naar Żejtun rijden. U passeert dan de Mamo Tower. Deze werd in de 17de eeuw gebouwd door de familie Mamo; de arbeiders die op de akkers van de familie werkten, konden in dit miniatuurfort bescherming zoeken tegen piraten.
Żejtun dankt zijn naam aan de olijventeelt waar men hier vroeger van leefde. Deze weinig opvallende plaats bezit een van de oudste parochiekerken van het eiland, de Sint-Joris- of San Grigorkerk. Eigenlijk is de kerk inmiddels aan de heilige Catharina gewijd, maar in Żejtun noemt iedereen haar nog bij de oude

Het aardigste aan Oost-Malta zijn de vissershavens.

naam. De kerk stond er al toen in de 15de eeuw de parochie, een van de tien oudste van Malta, werd opgericht. Żejtun heette toen nog Torre Santa Catarina, naar een toren die naast de kerk stond en er later één geheel mee vormde.
De oorspronkelijk Siciliaans-Normandische kerk is in de loop der tijden dikwijls gewijzigd. Omstreeks 1590 kreeg de kerk een klein gotisch klokkentorentje boven de ingang, enkele jaren later bracht men een gotisch gewelf aan en in de 17de eeuw kwam er een renaissanceportaal als ingang. In de 18de eeuw werd het koor van de kerk gesloopt.

De grote parochiekerk van Żejtun, de Sint-Catharina, geldt als een van de beste werken van de architect Lorenzo Gafà. De koepel, die vanaf heel oostelijk Malta te zien is, hoorde bij het oorspronkelijke ontwerp van Gafà, maar werd pas in 1907 daadwerkelijk toegevoegd. De kerk bezit een schilderij van de Madonna dat aan Botticelli toegeschreven wordt (in het rechter dwarsschip). Het schilderij boven het altaar is van Stefano Erardi.

Rond Marsaxlokk Bay

Marsaxlokk Bay ligt enkele kilometers ten zuidoosten van Żejtun. De baai omvat de haven van Marsaxlokk, de Saint George's Bay en de Pretty Bay.
Zonder een van de twee plaatsen tekort te doen, kan Marsaxlokk ('Haven van de sirocco') omschreven worden als het Volendam van Malta. De belangrijkste vissersplaats van Malta is bijzonder geliefd bij de toeristen. En foto's van het plaatsje fleuren bijna iedere Maltese toeristenfolder op. De fotogenieke haven wordt tot een kleurenfeest gemaakt door de *luzzu's*, de Maltese vissersbootjes met hun felle tinten en de twee oogjes op de boeg.
Op de kade van Marsaxlokk is dagelijks een kleine markt en zondagmorgen de grote markt. Vooral de laatste is populair, bij Maltezen en toeristen. Behalve de gebruikelijke koopwaar op een markt (etenswaar, kleding) vindt u er een uitgelezen collectie verse vis. U kunt zich vergapen aan murenen, inktvissen, octopussen, garnalen en zelfs kleine haaien (tot een meter lang).
Een andere attractie is het bingoën. Er is een klein hoekje bij het damestoilet waar meestal alleen plaatselijke vrouwen zitten, maar er zijn ook wedstrijden waar men onder afdaken aan grote tafels zit: hier doen ook buitenlanders aan mee.
Pas in de drukte van de markt wel op voor zakkenrollers.

De baai wordt beschermd door twee vestingen. **Fort Delimara** aan de noordelijke hoek van de baai kwam in zijn huidige vorm onder de Engelsen tot stand. De **Saint Lucian's Tower** staat op de kaap die de haven van Marsaxlokk scheidt van de Saint George's Bay. Deze mooie vesting werd gebouwd nadat de Turken hier in 1565 geland waren. In het fort huist het Nationale Centrum voor Maritieme Biologie. In het water van de baai drijven proefbassins, waarin allerlei vissoorten worden getest op hun voortplantingsvermogen en hun aanleg zich te handhaven in de Maltese wateren.

Via de kustweg naar het zuiden rijdend bereikt u Birżebbuġa, tussen Saint George's Bay en **Pretty Bay**. Over de toepasselijkheid van de naam van die laatste baai mag u uw twijfels hebben, als u uw ogen laat dwalen over de vrijhandelshaven en de tankerhaven rechts en de elektriciteitscentrale links.
Ondanks alle industrie in de omgeving is het water van de baai bijna altijd helder en schoon.

Aan de rand van Birżebbuġa, langs de

weg naar Żejtun en Valletta ligt de **grot van Għar Dalam**. In deze grot is een grote hoeveelheid dierlijke fossielen gevonden. Miljoenen jaren geleden was deze grot een volledig afgesloten holte. Een riviertje sleet echter de bovengrond weg, zodat het water ervan de grot binnendrong. Dat water voerde botten van pleistocene herten, nijlpaarden en dwergolifanten met zich mee en deponeerde ze in de grot. De holte veranderde in een verzamelplaats van fossielen.
Uiteindelijk sleet de rivier het huidige dal uit en zo raakte de oorspronkelijke holte verdeeld in twee grotten. Eén van de twee grotten kunt u bezoeken; er is overigens niet zoveel te zien. Men heeft er de lagen zichtbaar gemaakt waarin de fossielen gevonden zijn en er staan respectievelijk hangen wat stalagmieten en stalactieten.
De botten zijn tentoongesteld in enkele zaaltjes bij de kaartcontrole. Ze liggen keurig 'botje bij botje' gesorteerd, wat helaas geen beeld geeft van de desbetreffende diersoorten. Daarvoor moeten de skeletten zorgen van een beer, een hert en een jonge olifant. Deze zijn echter modern en niet uit de grot afkomstig.

MUSEUM EN GROT VAN GĦAR DALAM.
Geopend: dag. 9-17, geen entree na 16.30 uur; gesl. 25, 26 en 31 dec., 1 jan., Goede Vrijdag.
Internet. www.heritagemalta.org/ghardalam.html.

Gozo

8

Gozo (in het Maltees Għawdex, spreek uit: 'Audesj') laat zien hoe Malta er enkele decennia geleden uitzag. Een geitenkudde of een zwaarbepakte ezel hoort er nog bij het leven van alledag. Het is rustiger en groener dan Malta.
Op een oppervlakte van 67 km² wonen ongeveer 26.000 Gozitanen, ongeveer 400 per km². Gozo is dus dunner bevolkt dan Malta, dat 1100 inwoners per km² heeft. Gozo had geen belangrijke, strategisch gelegen haven, zoals Malta, maar vervulde en vervult de essentiële taak van voedselproducent voor het hoofdeiland.
Hoofdplaats van Gozo is Victoria, in de volksmond Rabat geheten. In Victoria vindt u het hoofdbusstation, het postkantoor, het kleine bestuursapparaat en het ziekenhuis.

Conform de regel dat Gozo alles heeft wat Malta ook heeft, maar van het goede een beetje meer en van het slechte een beetje minder, zijn de Gozitanen in doorsnee rustiger en (nog) aardiger – en betere chauffeurs.
In de loop der tijden is Gozo vaak aan zijn lot overgelaten door degenen die op Malta aan het bewind waren. Van de weeromstuit heeft dat op Gozo een houding gekweekt die te omschrijven is als 'we zoeken het zelf wel uit', gecombineerd met een dosis argwaan.
Van die argwaan zult u weinig of niets meer merken. Na 30 jaar toerisme is men wel aan buitenlandse bezoekers gewend en u bent van harte welkom. Toeristen die er langer blijven hebben bij hun vertrek vaak een stel nieuwe vrienden opgedaan, een stamkroeg, soms een logeeradres, en vooral een plaats om naar terug te verlangen.

De afstanden op Gozo zijn zo klein dat u zich gemakkelijk per brommer, fiets of soms desnoods te voet kunt verplaatsen. U kunt er zonnebaden, wandelen, zwemmen, duiken. 's Avonds kunt u naar de opera, het theater, de openluchtdisco of natuurlijk naar een restaurant, om van de eenvoudige maar karaktervolle keuken te genieten.
Als u voor het eerst naar Malta en Gozo gaat en een goede indruk wilt krijgen

Het Azure Window, op het westpuntje van Gozo, lijkt eigenlijk meer op een deur dan een raam, maar het is een natuurlijke brug.

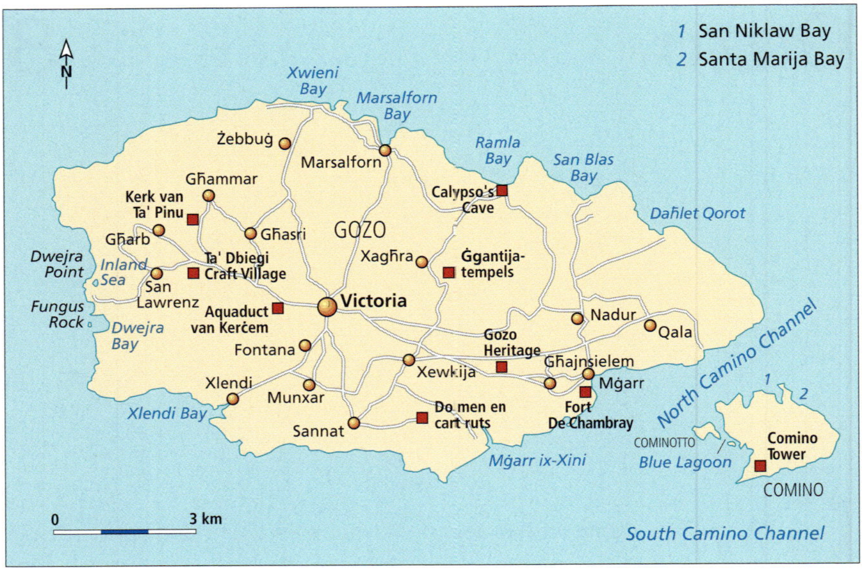

Gozo en Comino. Voor de beschrijving van Comino zie p. 116.

van beide eilanden, dan is Gozo niet geschikt als uitvalsbasis. Het verdient dan de voorkeur om vanuit Malta het kleinere zustereiland te verkennen.

Het wegennet op Gozo geeft niet de mogelijkheid tot het maken van rondritten; een doorgaande kustweg ontbreekt. Wie van de ene plaats naar de andere wil komen, moet meestal via Victoria rijden. Door de korte afstanden op Gozo kunt u gemakkelijk drie of vier bezienswaardigheden op een dag bezichtigen.

Landschap en geologie

Het landschap van Gozo wijkt duidelijk af van dat op Malta. 'Tafelbergen' domineren de groene akkers. Maar 'bergen' is een groot woord: de tot kleine plateaus afgevlakte heuvels zijn slechts enkele tientallen meters hoog.

Gozo dankt zijn groene en vruchtbare akkers aan de blauwe-kleilaag. Deze laag is ook op Malta aanwezig, maar daar wordt hij veel meer overdekt door de keiharde en onvruchtbare koraalkalksteen of is hij door ontbossing geërodeerd.

De kust bestaat grotendeels uit kalksteenrotsformaties. De schaarse en kleine stranden liggen in door rivieren gevormde baaien. Als mooiste strand geldt dat van Ramla Bay, bij de zogeheten grot van Calypso.

Economie

Gozo is nog steeds een agrarische samenleving. Het leeft van de voedselexport naar Malta en het buitenland. Dankzij de zonneschijn kan de vruchtbare grond smakelijke aardappelen, tomaten en citrusvruchten voortbrengen. Onze Malta-aardappels komen dan ook niet van Malta zelf, maar van Gozo; maar liefst 90 procent van de aardappelexport gaat naar Nederland, de overblijvende 10 procent voert men uit naar Duitsland en Denemarken.

Het belangrijkste landbouwgebied op het eiland is Ramla Valley. De grond en het klimaat staan hier toe dat er twee keer wordt geoogst. De winteroogst –

voornamelijk aardappelen – is voor de export, de zomeroogst eet men zelf op.

Toerisme

Naast de landbouw speelt het toerisme een grote rol. Per jaar bezoeken ongeveer 50.000 Maltezen en circa 500.000 buitenlanders Gozo. De toeristen uit Malta tellen daarbij zwaarder dan de buitenlanders. Ze geven veel geld uit op het eiland, want anders dan de buitenlanders zijn ze nauwelijks geld kwijt aan de reis. De meeste buitenlanders blijven maar een dagje.
De buitenlanders die op het eiland verblijven, zijn overwegend de beter gesitueerde toeristen, die meer zijn gesteld op rust en landelijkheid dan op drukke attracties en uitgebreide faciliteiten.

ARCHEOLOGIE EN GESCHIEDENIS

Prehistorie

Er zijn geen aanwijzingen dat Malta en Gozo bewoond waren voor het Neolithicum (5500–2500 v.Chr.). De eerste bewoners arriveerden vanuit Sicilië, omstreeks 5500 v.Chr. Ze leefden van de landbouw en hielden vee en huisdieren. Naar alle waarschijnlijkheid was Gozo eerder bewoond dan Malta. Mogelijk konden de eerste kolonisten Gozo zien liggen vanaf de Etna – deze vulkaan is bij helder weer ook zichtbaar vanaf Gozo. Toen ze eenmaal aangekomen waren op Gozo, hebben ze natuurlijk ook Malta ontdekt.
De markantste overblijfselen uit die tijd zijn de megalithische tempels, die in niets onderdoen voor die op het zustereiland. Niet voor niets heet het grootste complex Ġgantija, wat wel wordt vertaald als 'de reuzensteen'. Verder zijn er beelden en aardewerk gevonden. Uit de vondsten laten zich geen culturele verschillen afleiden tussen Gozo en Malta. Na de tijd van de grote tempels (3600–2500 v.Chr.) speelt de geschiedenis van Gozo zich grotendeels af in de voetnoten bij de historie van Malta. Er zijn geen grootse archeologische overblijfselen uit de periode erna, behalve de *cart ruts* of 'karrensporen' die ook op Malta voorkomen. Deze stammen uit de bronstijd (2500–800 v.Chr.).

Oudheid

Vanaf de 8ste eeuw v.Chr. tot de komst van de Romeinen (3de eeuw v.Chr.) lag Gozo evenals Malta in de invloedssfeer van de Feniciërs en later de Carthagers. De Feniciërs schreven de naam van het eiland als *Gwl*; in Semitische talen – zoals ook het Arabisch en het Hebreeuws – schrijft men geen klinkers. Het woord waar het voor staat betekende zoiets als 'rond schip'. Als u gaat kijken in het Archeologisch Museum van Victoria vindt u uit deze tijd wat aardewerk en ook grote urnen – soms met de resten van de overledenen er nog in.
In 218 v.Chr. kwamen Gozo en Malta in handen van de Romeinen. Uit de Romeinse tijd, die duurde tot omstreeks 400 n.Chr., is niet veel overgebleven. In Victoria zijn nog de schamele resten van de Romeinse stadsmuur te bezichtigen en bij Ramla Bay zijn de resten van een Romeinse villa gevonden.
In een poort van de citadel van Victoria zit een Latijnse inscriptie. Daarin is sprake van een apart municipium (gemeente) Gozo. Dat betekent dat Gozo toen onafhankelijk was van het municipium Malta – een dierbaar gegeven voor het milde Gozitaanse chauvinisme.

Middeleeuwen

Over de vroege middeleeuwen en de Arabische tijd (870–1090) is heel weinig bekend. Gozo leed eeuwenlang onder de

SOMBERE GEDACHTEN

Soms vonden op Gozo grootscheepse pirateninvallen plaats. Bij een dergelijke inval in 1544 raakte de broer van de islamitische piratenadmiraal Dragut in gevangenschap en werd vervolgens gedood. Dragut vroeg de Gozitanen om hem het lichaam van zijn broer terug te geven, zodat hij dit op gepaste wijze kon begraven, zoals zijn geloof het hem ook voorschreef. De gouverneur van Gozo liet het lichaam echter verbranden. Het leek een onbetekenende pesterij vergeleken bij de wreedheden die de Gozitanen zelf al die jaren te verduren hadden gehad, maar het zou ze duur komen te staan. Dragut keerde in 1551 terug met een grote krijgsmacht en veroverde het hele eiland. Nagenoeg alle inwoners werden gedood of verkocht als slaaf. Dragut zal er niet veel genoegen aan hebben beleefd. Hij had op de Maltese eilanden last van sombere voorgevoelens. 'Op dit eiland voelde ik de schaduw van de vleugel van de dood. Het staat geschreven dat ik zal sterven in het land van de ridders,' verklaarde hij in bloemrijk Arabisch. Die voorspelling kwam uit. Hij zou sneuvelen op Malta, bij het Grote Beleg van 1565. Hij was toen 80 jaar oud, dat wel.

invallen van Noord-Afrikaanse piraten. Keer op keer doken zeeroversgaleien op in de kleine, beschutte baaien van het eiland, om snel weer te verdwijnen nadat de piraten een aantal Gozitanen van het land geplukt hadden als buit voor de slavenmarkt.

Het middeleeuwse leven op Gozo verschilde nauwelijks van dat op Malta. Gozo werd bestuurd door een adel die van Siciliaanse of Spaanse afkomst was. Samen met Sicilië waren de eilanden bezit van het koninkrijk Aragón. In de kathedraal van Victoria staat nog het grafmonument van een edelman van Aragonese afkomst.

De plaatselijke adel ging zijn eigen gang. Van de andere kant was er ook in Spanje en Sicilië slechts beperkte aandacht voor wat er zich afspeelde op het onbelangrijke Gozo. Tegen het einde van de middeleeuwen bestond er zelfs een relatieve onafhankelijkheid. Het eiland werd bestuurd door een gekozen bestuurder, de *Hakem*. Bij de komst van de johannieter ridders (1530) moest deze echter plaats maken voor een door de grootmeester van de orde aangestelde gouverneur.

Moderne tijd

Tot in de 17de eeuw was iedere Gozitaan wettelijk verplicht om de nacht door te brengen in de citadel van Victoria – voor eigen bestwil. Gozo zou nog tot in de 18de eeuw lijden onder de pirateninvallen. De versterkingen die de johannieter ridders lieten aanleggen, maakten toen een eind aan het probleem. De komst van de Fransen, in 1798, en twee jaar later die van de Engelsen, verliepen vreedzaam.

In de Tweede Wereldoorlog heeft Gozo, anders dan Malta, niet te lijden gehad.

Integendeel, sommige Gozitanen profiteerden van de smokkelhandel die ze, Luftwaffe en U-boten ten spijt, konden drijven met Sicilië. Hier kwam pas een eind aan toen de aartsbisschop opriep om het voedsel dat Gozo produceerde naar het hongerende Malta te sturen in plaats van het te hamsteren of te smokkelen naar de Italianen.

VICTORIA (RABAT)

Victoria is op het rustige Gozo de plaats waar het allemaal gebeurt: er zijn maar liefst twee operagebouwen die ook als disco en bioscoop dienen, elke werkdag houdt men markt op het plein It-Tokk, en er zijn restaurants, bars en hotels.
Bij dat alles hoeft u echter maar een hoek om te slaan, of u gaat een halve eeuw terug in de tijd: stille bochtige steegjes, breiende of kantklossende vrouwen, de pastoor die langs komt slenteren en een enkele kat die voor uw voeten wegschiet.
Omdat alle wegen op Gozo naar Victoria leiden, is het de aangewezen uitvalsbasis als u het hele eiland wil verkennen; begin dan echter met een wandeling over de wallen van de citadel (de ommuurde middeleeuwse stad), want dat is een aardige kennismaking met Gozo. De Gozitaanse tafelbergen zijn goed te herkennen. Ook is prima te zien hoe klein het eiland eigenlijk is: vooral de noordkust van Gozo is vlakbij.
Voor degene die wat wil uitblazen of zonnebaden, liggen ook zee en strand (Ramla Bay, Xlendi Bay) niet te ver weg.

Victoria heet in de volksmond nog steeds Rabat. Rabat (van een Arabisch woord dat 'voorstad' betekent) was de officiële naam totdat de stad bij het regeringsjubileum van koningin Victoria in 1897 de huidige officiële naam kreeg. Eigenlijk was Rabat de voorstad bij de citadel, zoals het gelijknamige Rabat op Malta de voorstad is bij Mdina.
De belangrijkste en meest dramatische gebeurtenis in de geschiedenis van Victoria was de verovering door de piraten-admiraal Dragut in 1551 (📖 p. 164). Hierbij werd een groot deel van de vestingwerken verwoest en veranderde het toenmalige Rabat in een soort spookstad: alle niet-gedode inwoners waren weggevoerd naar Noord-Afrika. Het duurde tientallen jaren voor er weer sprake was van een normaal leven in de stad.

De citadel

Het huidige Victoria is voortgekomen uit een versterkt dorp op een heuvel – een van de talrijke op Gozo. Op deze heuvel ligt tegenwoordig de citadel: het oude, ommuurde stadshart, hoog boven en een beetje afzijdig van de drukte in de benedenstad. De meeste en belangrijkste historische attracties van Victoria liggen in de citadel. Via een kleine barokke poort belandt u op het enige plein van de citadel. Hieraan liggen de kathedraal en het gebouw van de rechtbank (Law Courts, links) en het bisschoppelijk paleis (uit 1620, rechts). Links boven de rechtbank ziet u een typisch Maltees 'duivelsuurwerk': alleen een wijzerplaat, geen wijzers. Vaak hebben de Maltese of Gozitaanse kerken op een van hun torens een echt uurwerk zitten en op de andere toren een wijzerplaat met opgeschilderde wijzers. Dit was om de duivel voor de gek te houden: als dan het stervensuur voor iemand geslagen had, was hij er niet op tijd bij om het zieltje mee te nemen.
Vanaf dit plein zijn alle bezienswaardigheden van de citadel gemakkelijk te bereiken. De kathedraal is al genoemd; een steegje aan de zuidzijde van de kathedraal voert naar het Archeologisch

Museum in het Palazzo Bondi en het Arts and Crafts Centre; en (voor de kijker) links van de rechtbank voert een trap naar de vestingmuren, het Natuurhistorisch Museum en de Wapenzaal (Armoury).
Als u de citadel en haar musea grondig wilt bekijken moet u daar een ochtend voor uittrekken.

Maria-Hemelvaartkathedraal

Een bezoek aan de kathedraal is eigenlijk een wandeling door meer dan 2000 jaar godsdienstgeschiedenis. Archeologen vonden er de resten van een Fenicische Astartetempel, waar later een Romeinse tempel voor Juno overheen gebouwd werd. In de vroegchristelijke tijd, tot de komst van de Arabieren (870), stond er ook al een kerk. Aan het eind van de 11de eeuw verrees opnieuw een kerk, die verwoest werd bij de Turkse inval van 1551. De huidige, barokke kathedraal is na 1697 gebouwd onder leiding van bouwmeester Lorenzo Gafà, en verving een kerkgebouw dat zwaar beschadigd raakte door een aardbeving. In 1864, toen Gozo een bisdom werd, kreeg de kerk de status van kathedraal.

Bij binnenkomst valt de vloer meteen op. Hij bestaat, zoals ook in Saint John's Co-Cathedral in Valletta en de kathedraal in Mdina, uit grafzerken die versierd zijn met marmer in prachtige kleuren. Omdat het marmer niet verbleekt en nauwelijks slijt, doen de tinten van de zerken nog verbazend fris en 'nieuw' aan.
Links vooraan staat een Maria-Hemelvaartbeeld dat wordt rondgedragen in de processie ter gelegenheid van de lokale festa. Links daarvan in een nis staat een doopvont van op het eiland gevonden roze albast.
Wanneer u verder doorloopt naar achteren, ziet u op het plafond een 18de-eeuwse **schildering**, die de suggestie wekt dat de kerk voorzien is van een royale koepel. De grote vraag van de Gozitaanse kunstgeschiedenis is: waarom geen echte koepel? Er zijn twee mogelijkheden: gebrek aan geld of angst voor aardbevingen. Wat dat laatste aangaat: de grond waarop de kerk gebouwd is, loopt schuin af en de kerk staat inderdaad niet zo stabiel als bij aardbevingsgevaar wenselijk zou zijn. En geldgebrek was elders op de Maltese eilanden nooit een probleem als er een koepel op een kerk moest worden gezet.

Het 19de-eeuwse marmeren hoofdaltaar is ingelegd met groen malachiet. Het marmer is geïmporteerd uit Italië. In een kapel links achter het hoofdaltaar bevindt zich links een **grafmonument** dat afkomstig is uit de vorige kerk en de aardbeving van 1697 overleefde. Het is een liggend beeld van een man in harnas, een lid van de eilandadel van Gozo. In een zijkapel rechts van het hoofdaltaar staat een zeer vereerde buste van Sint-Ursula, de beschermheilige van Gozo. Het altaar waar de buste op staat, bevat het geraamte van de martelares Lucida. U hoeft zich geen heiden te voelen als u deze heilige niet kent. Vroeger was het gangbaar dat het Vaticaan geraamtes uit de catacomben wegschonk aan parochiekerken die nog geen relikwieën hadden. Van de betreffende 'martelaar' wist men natuurlijk de naam niet, dus gaf men maar een omschrijving die als naam van de nieuwbakken heilige ging dienen: bijvoorbeeld *felix* (de gelukkige), *beatus* (de zalige) of in dit geval dus *lucida* (de stralende).

In zekere zin is de kerk na 300 jaar nog steeds niet voltooid. Zo is men bezig de plafonds van de zijkapellen van schilderingen te voorzien. Ter gelegenheid van

DE GRAFSTEEN VAN MAJMUNA

'Dit is de tombe van Majmuna, dochter van Hassan ... ze stierf, moge God haar genadig zijn, op donderdag, de zestiende dag van de maand Sa'ban van het jaar 569 [islamitische tijdrekening; 21 maart 1174], *getuigend dat er slechts één God is, die geen gelijke heeft.*

Een belangrijk stuk in het Archeologisch Museum van Victoria is de Arabische grafzerk van het meisje Majmuna. Deze dateert van 1174, dus bijna 100 jaar nadat de Siciliaans-Normandische koning Roger I op Gozo en Malta de Arabieren onderwierp. De zerk is als historisch document belangrijk omdat ze toont dat de Arabieren door de Normandiërs niet zijn verdreven, maar mochten blijven en in die tijd ook vrij waren om hun geloof uit te oefenen.

'Kijk om je heen! Is er iets eeuwigs op aarde?
Iets wat de dood verdrijft of kan bezweren?
De dood rukte me weg uit een paleis en, helaas,
deuren noch noodklokken konden mij redden.
Maar alles wat ik deed in mijn leven blijft achter,
en het zal verrekend worden.'

het bezoek van de paus (26 mei 1990) vervaardigde een plaatselijke schilder in de derde zijkapel links van de ingang een schildering van de heilige Jozef. In de hoek van het plafond van dezelfde kapel is ook de paus zelf afgebeeld. Aan de overzijde, rechts in de kerk, geeft een plafondschildering van dezelfde schilder weer hoe de buste van Sint-Ursula werd rondgedragen in een processie.

Archeologisch Museum

Het Archeologisch Museum is ondergebracht in het Palazzo Bondi, een 16de-eeuws huis van een rijke burger.

Begane grond

De begane grond is gewijd aan de vondsten uit de prehistorie. De kamers bij de ingang bevatten materiaal dat afkomstig is uit de tempels van Ġgantija. Op een grote steen is nog vaag een gebeeldhouwde slang zichtbaar. Misschien symboliseerde deze de vruchtbare aarde, misschien was zij ook een symbool van reïncarnatie en eeuwig leven, omdat de slang zich periodiek een nieuw vel verwerft en dan het oude vel achterlaat. Voor de prehistorische Maltezen en Gozitanen leek het dan misschien of een slang aan een nieuw leven in een nieuw lichaam begon.
Het gevonden aardewerk is voor zijn tijd tamelijk verfijnd en diende naar men aanneemt als servies waarvan de gelovigen hun portie van het offer opaten dat ze zojuist hadden gebracht aan de godin.

Bovenverdieping

Op de bovenverdieping vindt u archeologische vondsten uit de oudheid. Er liggen amforen afkomstig van twee Romeinse schepen die gezonken waren in Xlendi Bay (2de eeuw v.Chr. en 5de eeuw n.Chr.). Het grote standbeeld ter ere van keizer Septimius Severus (146–211) heeft ingemetseld gezeten in de stadsmuur.

In een volgende zaal ziet u een skelet dat begraven lag onder twee amforahelften. Het werd gevonden op Comino en dateert van de Fenicische tijd (ca. 800–200 v.Chr.). Uit dezelfde periode zijn er menselijke resten in urnen die ter aarde waren besteld volgens een ingewikkelde begrafenisritus: men stopte de overledene eerst met urn en al in de grond; zo verdwenen het vlees en de vergankelijkste overblijfselen. Als alleen de kale botten over waren, werden de resten uit de grond gehaald en in een grot opgeborgen. De droge atmosfeer zorgde er dan voor dat de botten bewaard bleven, zo niet voor de eeuwigheid, dan toch wel tot de dag van vandaag.

In dezelfde kamer als de grafsteen van Majmuna (p. 167) staat heel hoog tegen de muur een mysterieuze buste. Men weet niet of deze oud of nieuw is. Gevreesd wordt dat het om een vervalsing gaat, dus men houdt haar een beetje uit het oog van het publiek.

ARCHEOLOGISCH MUSEUM. Geopend: dag. 9-17, geen entree na 16.30 uur; gesl. 25, 26 en 31 dec., 1 jan., Goede Vrijdag.

Folkloristisch Museum

Het Folkloristisch Museum is gevestigd in drie aaneengevoegde huizen uit de 15de eeuw, die de oudste zijn van Victoria. Dit waren geen gewone (boeren)woningen, maar echte paleisjes, wat te zien is aan de trap. Deze loopt niet rond de patio zoals normaal bij oude Gozitaanse huizen, maar is inpandig. Op de benedenverdieping vindt u onder andere een kamertje met oude gewichten. Tot 30 jaar geleden gebruikte men op Malta en Gozo een eigen gewichtsmaat, de *ratal* (ca. 800 g). Oude mensen gebruiken hem nog wel eens als ze iets kopen.

Op de bovenverdieping hangen enkele vitrines met beeldjes die bedoeld waren voor kerststalletjes. Ze stellen typische bewoners van Gozo voor: de boer – arm, dus op blote voeten; de sjouwerman op de markt – met één broekspijp opgestroopt, overeenkomstig een onverklaard eilandgebruik; de pastoor, de kapucijner monnik, de dokter enzovoort. De figuren zijn heel goed getroffen. Met wat geluk ziet u dezelfde gezichten nog ergens op het eiland. Was u drie decennia eerder naar Gozo gekomen, dan had u de sjouwer met zijn opgestroopte broek of de barrevoetse boer nog in eigen persoon kunnen tegenkomen: de beeldjes vertegenwoordigen een wereld die op Gozo nog niet zo heel ver in het verleden ligt.

In een andere vitrine hangen antieke kledingstukken. De grove gebleekte katoenen jas met capuchon hoorde bij de dracht van de herders. De zwarte doek was een faldetta of għonella. Dit was de traditionele dracht van volwassen vrouwen op Malta en Gozo.

FOLKLORISTISCH MUSEUM. Geopend: dag. 9-17, geen entree na 16.30 uur; gesl. 25, 26 en 31 dec., 1 jan., Goede Vrijdag.

Soms heeft toerisme zijn goede kanten: Malta en vooral Gozo hebben een lange kantklostraditie, die dankzij de koopkracht van de gasten weer kansen krijgt.

Overige attracties in de citadel

Natuurhistorisch Museum

Bordjes wijzen u vanaf het kathedraalplein de richting naar het Natuurhistorisch Museum. Hoewel de collectie kleiner is, en enigszins gespecialiseerd in de natuur van Gozo, kan het als lichtend voorbeeld dienen voor het naargeestige Natuurhistorisch Museum in Mdina. Met eenvoudige middelen heeft men de verzameling zo aantrekkelijk mogelijk opgesteld.

Tot de collectie behoren mineralen, opgezette vogels, planten, schelpen, vissen en insecten. De vitrines geven een duidelijk beeld van de geologie van Gozo en van de flora en fauna.

NATUURHISTORISCH MUSEUM. Geopend: dag. 9-17, geen entree na 16.30 uur; gesl. 25, 26 en 31 dec., 1 jan., Goede Vrijdag.

Kathedraalmuseum

Dit kleine museum achter de kathedraal kunt u overslaan als u geen belangstelling hebt voor religieuze voorwerpen of antiek zilver. Behalve deze zaken bezit het museum het luxueuze rijtuig van de bisschoppen van Gozo en een verzameling matige schilderijen.

Na de rijkdom van de kathedraal wekt het museum de indruk dat het bedoeld is als een soort rommelkamer.

KATHEDRAALMUSEUM. Geopend: ma.-za. 10-13 en 13.30-16.30 uur; zo. en feestd. gesl.

Armoury

De wapenzaal bevat een kleine tentoonstelling van harnassen, hellebaarden en ander antiek wapentuig. Ze ligt tegenover het Natuurhistorisch Museum. De armoury is niet toegankelijk; u kunt alleen door het traliehek naar binnen kijken.

Arts and Crafts Centre
In een voormalige gevangenis in de muren van de citadel zit nu het Arts and Crafts Centre. Het geeft een compleet overzicht van wat er op Gozo en Malta aan meer of minder ambachtelijks wordt geproduceerd: van teddyberen tot keramiek, en van weefsel tot nagemaakte antieke beelden. In het straatje dat ernaartoe leidt, huist een aantal kunstnijverheidswinkels.

De benedenstad

Het is een genoegen om door de straatjes aan de voet van de citadel te zwerven. De sfeer van het oude Gozo is er goed bewaard gebleven. Het smalste steegje is Narrow Street, een bezienswaardigheid op zichzelf. Met enig geluk treft u er nog kantklosters aan het werk; er woont een kantklossende familie. Daarnaast zijn er ook drukkere, levendiger delen, zoals de markt en de hoofdstraat Republic Street.

De hoofdstraat van Victoria is Republic Street, door de oudere Gozitanen nog aangeduid als Racecourse Street. Twee keer per jaar dient de straat als toneel voor traditionele races met paarden, ezels en pony's, tijdens het feest van Sint-Joris (half juli) en op Maria-Hemelvaart (15 augustus).
Er zijn heel veel, veel grotere plaatsen dan Victoria die geen opera hebben. Victoria heeft er zelfs twee, voor iedere operavereniging eentje, en denk daarbij niet aan uw lokale verenigingslokaal Concordia – nee, als men op de Maltese eilanden ergens in gelooft, dan bouwt men groot en groots. Echte operatempels dus, met neoklassieke zuilen en al. De eerlijkheid gebiedt te zeggen dat ze nu ook voor andere dingen gebruikt worden, zoals toneel, concerten en zelfs disco, maar een keer per jaar wordt er minstens een opera uitgevoerd, door de lokale amateurs aangevuld met professionals. De bijzonderheid van de gebouwen zit meer in hun (relatieve) grootte en het feit dat ze er zijn, dan in bijzondere architectuur.
Aan Republic Street liggen ook Rundle Gardens. Dit park is in 1912 aangelegd in opdracht van de Engelse gouverneur, Leslie Rundle. Hier wordt eens per jaar een landbouwbeurs gehouden. Bij de aanleg van het park vond men sporen van hutten uit de bronstijd (1800–750 v.Chr.).

Het belangrijkste plein van Victoria ligt ook aan Republic Street en draagt de naam It-Tokk. Op dit plein wordt dagelijks (maar niet op zondag) een lapjesmarkt gehouden. 's Zondags houdt men wel een sieradenmarkt op het nabijgelegen Sabina Square. Aan het It-Tokk staat de **Banca Giuratale**, geen bank maar het oude gerechtsgebouw. Het is in 1733 gebouwd in barokstijl. Het wapen van de rechtbank – drie heuvels op een rij – werd later het wapen van heel Gozo.
Via een steegje bereikt u de **Sint-Joris-basiliek** (Saint George). Van binnen doet deze sterk denken aan de Sint-Pieter in Rome. Ook het grote baldakijn uit die kerk is hier gekopieerd. De kerk is in de 17de eeuw gebouwd als een eenvoudig gebouw zonder zijbeuken of dwarsschip. Deze zijn tussen 1933 en 1945 toegevoegd. Tot het bezit van deze kerk behoren enkele schilderijen van Mattia Preti (1613–1699).
Andere kerken in de stad zijn de Santa Sabina (bij het gelijknamige plein) uit het begin van de 20ste eeuw, de Saint-Augustine en de kloosterkerk van de franciscanen; de laatste bezit nog een

De pelgrimskerk van Ta' Pinu geldt als een van de mooiste moderne kerken van de Maltese eilanden.

schilderij van de Fransman van Vlaamse afkomst Jean-Baptiste van Loo (1684–1745), dat de heilige Franciscus voorstelt.

NAAR HET WESTEN

Naar Ta' Pinu

Aquaduct van Kerċem
U rijdt Victoria uit richting Għarb. Langs de weg naar het westen ligt een 19de-eeuws aquaduct, aangelegd door de Engelsen. Het is niet zo oud als het aquaduct van grootmeester De Wignacourt op Malta, maar het ligt veel mooier in het open landschap.
Ongeveer 3 km buiten Victoria slaat u rechtsaf. Al gauw is dan de basiliek Ta' Pinu in het open land zichtbaar.

Ta' Pinu
Ta' Pinu is een kerk van heel Gozo, niet van een bepaalde parochie. Uit alle hoeken van Gozo, Malta en van daarbuiten komen Gozitanen en Gozitaanse emigranten om te bidden tot de Madonna van Ta' Pinu. Vroeger kwam men te voet, tegenwoordig met de auto – enkele vrome pelgrims uit het nabije Victoria daargelaten. De hoogtijdag van Ta' Pinu is woensdag; op 22 juni herdenken alle kerken van Gozo de Mariaverschijning. Pinu (Philip) was de eigenaar van de grond waarop de oorspronkelijke kapel stond, waar de Gozitaanse boerin Carmela Grima in 1883 een Mariaverschijning zag. Op het kerkplein staat een standbeeld van Carmela Grima. Tegenover de kerk loopt een kruisweg van witte, meer dan levensgrote standbeelden tegen een heuvel op.
Het uiterlijk van de kerk is niet opzienbarend, maar het interieur heeft een serene schoonheid die onder andere te danken is aan de prachtige zachtgele

steen van Gozo en de relatief eenvoudige stijl waarin de kerk gebouwd is. De mozaïeken hoog in de kerk zijn in Italië vervaardigd. Gozo heeft geen eigen mozaïekmakers.
Rechts achter in de kerk zijn ruimten die zijn volgehangen met bedankbrieven en ex-voto's.

Dwejra Point

Aan de uiterste westpunt van Gozo, Dwejra Point, liggen drie natuurlijke attracties dicht bijeen: Azure Window, Inland Sea en Fungus Rock. U bereikt Dwejra Point via San Lawrenz, waar u in het plaatsje links afslaat. Vanwege de drukte is het aan te raden om heel laat of vroeg te komen. Een magnifieke zonsondergang is er niet ondenkbeeldig.

Azure Window
Het Azure Window heet in het Maltees eenvoudigweg *It Tieqa* ('het venster'). Het 'blauwe raam', een rechthoekig gat in de rotsen, lijkt meer op een 'blauwe deur', zoals elke gids u zal vertellen. Het is zowel vanaf het land als uit zee goed te bewonderen. Het water is goed om in te zwemmen en als de zon schijnt inderdaad prachtig azuurblauw.

Inland Sea
Vlakbij ligt Inland Sea, een klein meer dat door een smalle, grotachtige doorgang in contact staat met de zee. Inland Sea, vermoedelijk het kleinste stuk water dat de naam 'zee' draagt, heeft een heuse branding: de doorgang laat de zeedeining door. Een kleine boot kan er zonder probleem doorheen varen. Inland Sea zou ontstaan zijn door de inwerking van een krachtige, maar nu verdwenen rivier. Die sleep een grote grot uit, waarvan het dak later instortte.
Rond het meertje ligt een aantal botenhuisjes en er is een eenvoudig terrasje. Bij goed weer kunt u boottochtjes maken naar het Azure Window en de Fungus Rock.

Fungus Rock
De Fungus Rock, 'zwammenrots', ligt iets zuidelijker aan de kust, in Dwejra Bay. Het is een rotseilandje waar van een afstand weinig aan te zien is. Het dankt zijn naam aan een zeldzame zwam die alleen op deze rots groeit en waar men genezende krachten aan toeschreef. Uit de zwam bereidde men medicijnen die men gebruikte in het hospitaal van de johannieter ridders; verder gaf men ze cadeau aan het Vaticaan en aan bevriende staatshoofden. De ridders hielden de zwam graag voor zichzelf. Het eiland was alleen toegankelijk met een primitieve kabelbaan en de grootmeester liet er een wachtpost bij zetten.

Aan de weg terug naar Victoria ligt 500 m voorbij San Lawrenz het **Ta' Dbiegi Craft Village**. Het is een van de centra voor kunstnijverheid die de regering heeft opgericht.

XAGĦRA, TEMPELS VAN ĠGANTIJA EN MARSALFORN

Ġgantija

Vanuit Victoria neemt u eerst de weg richting Nadur; vervolgens slaat u af naar Xagħra. De tempels van Ġgantija liggen aan de zuidzijde van deze plaats.
De twee tempels van Ġgantija behoren tot de oudste en belangrijkste prehistorische tempels op Malta en Gozo. Hun naam danken ze aan het geloof van de oude Gozitanen dat deze tempels wel door reuzen of 'giganten' gebouwd moesten zijn: Ġgantija betekent 'de reuzensteen'.
De tempels werden opgericht tijdens de ernaar genoemde fase van Ġgan-

Tempel van Ġgantija, ouder dan de piramiden in Egypte en het monument van Stonehenge. De oudste (vrijstaande) gebouwen ter wereld staan op Malta.

tija (3600–3300/3000 v.Chr.). De beide tempels zijn blootgelegd in 1827. Kort daarna zijn de tempels geschilderd door de Duitser Brockdorf. Dank zij zijn aquarellen weten we dat er toen nog versieringen waren die inmiddels zijn afgesleten, en dat sommige altaarresten zijn verdwenen.
De tempels zijn met de achterwand gericht naar het noordwesten. De ruimte tussen de binnen- en buitenmuren was opgevuld met aarde. De tempelruimtes waren niet geheel overdekt. Gaten in het dak dienden voor de afvoer van rook en lieten licht toe.
De voorzijde van beide tempels heeft een licht gebogen, holle vorm, zoals gebruikelijk bij Maltese en Gozitaanse tempels. Het grootste gedeelte ervan staat er nog precies zo bij als 4500 jaar geleden; men heeft ze nooit hoeven te restaureren. De toegangen van de beide tempels zijn goed herkenbaar.
De buitenkant van de tempel is van koraalkalksteen (erg hard en bestendig tegen de inwerking van de zeewind) en de binnenkant van globigerinenkalksteen (goed te bewerken en te decoreren).

De linkertempel is de oudste en grootste van de twee. Voor de ingang ligt een op zich al indrukwekkende steen die als drempel diende; langs de façade liep een lange rand die kon dienen als zitbank. De plattegrond van de tempel bestaat uit een niervormig voorvertrek plus een klaverblad van nissen (een klavertjedrie om precies te zijn), een vorm die typerend is voor de tempels uit die periode. De binnenkant was gekleurd met rode oker.
Bij de ingang zat een holte die gevuld kon worden met water, zodat de gelovigen zich ritueel konden reinigen als ze de tempel betraden – vergelijk het wijwaterbakje bij de ingang van een

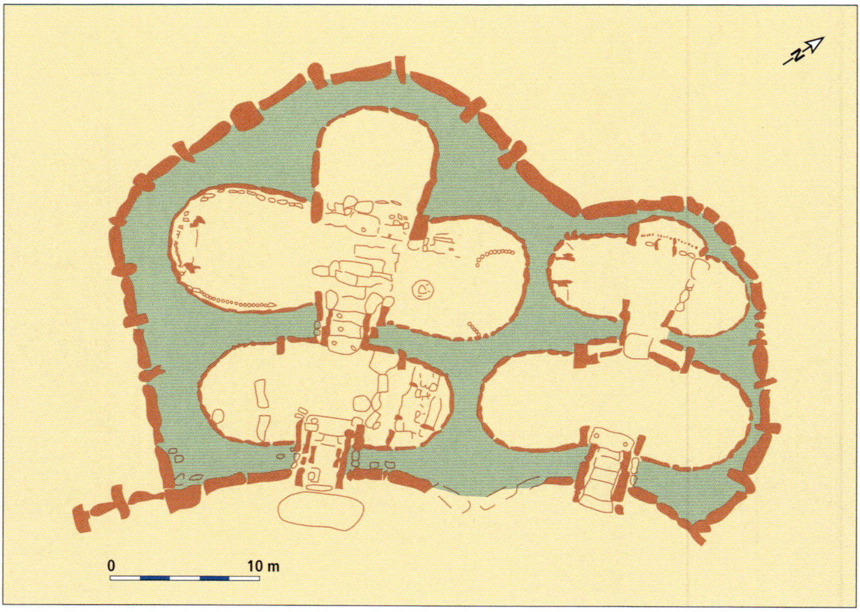

Tempels van Ġgantija

rooms-katholieke kerk. In deze en andere doorgangen zitten kleinere gaten die dienden om een deur op zijn plaats te houden.

Links bij de buitenwand van het voorvertrek zitten gaten waar de gelovigen of de priesters plengoffers in konden gieten. Zo verdween de geofferde drank of misschien het bloed van het offerdier in de diepte van Moeder Aarde. Links in de achterwand zit een zogeheten orakelgat: hierachter nam waarschijnlijk een priester of priesteres plaats om orakels te geven aan de gelovigen. Dergelijke gaten komen ook bij andere prehistorische tempels voor. Rechts in het voorvertrek zijn een vuurplaats en gedecoreerde stenen te zien.

De achterruimtes betreedt u door een geplaveide doorgang; ook hier zitten gaten voor plengoffers. Het plaveisel loopt door tot ver in de achterruimte. Tegen de wand in de linkernis zijn de resten van altaren zichtbaar, in de nis rechts is een grote vuurplaats. Het hoofdaltaar bevond zich links op de drempel naar de achternis. In de achterruimte is ook het reliëf van de slang gevonden, dat nu in het museum in Victoria wordt bewaard. In de achterste nis deden de opgravers een bijzondere vondst. Hier lagen twee koppen die op de romp van een beeld van de vruchtbaarheidsgodin bevestigd konden worden. Mogelijk zette men een ander hoofd op het beeld wanneer een ander seizoen aanbrak, of wanneer er gezaaid of geoogst moest worden. De hoofden zijn eveneens te zien in het Archeologisch Museum in Victoria.

De rechtertempel is eenvoudiger van opzet: hij bestaat uit twee paar tegenover elkaar geplaatste nissen. De tempel is jonger dan de andere. Hierin zijn veel minder vondsten gedaan.

i TEMPELS VAN ĠGANTIJA. Geopend: dag. 9-17, geen entree na 16.30 uur; gesl. 25, 26 en 31 dec., 1 jan., Goede Vrijdag.

Xagħra

Xagħra betekent 'grote, open ruimte': toevallig heeft het plaatsje ook een van de grootste en mooiste pleinen van Gozo. De kerk aan het plein, Our Lady of Victory, bijgenaamd Il Bambina, dateert van 1815. Het restaurant 'Oleander' staat erom bekend dat het smakelijke Gozitaanse gerechten serveert, maar een salade of sandwich bij het concurrerende terras is ook niet te versmaden. U merkt het, het plein is een plek waar je terugkomt.

Vlak bij het plein zijn twee druipsteengrotten, die beide tegen een vergoeding te bezichtigen zijn; ze zijn toegankelijk via de woonhuizen van de eigenaren (wat eigenlijk ook het leukste eraan is). De grootste van de twee, Xerri's Grotto, ligt ten oosten van het plein, Nino's Cave ten noorden ervan.

i XERRI'S GROTTO, Gnien Imrik Street. Geopend: dag. 9-18 uur. Een bezoek duurt ongeveer vijf minuten.

NINO'S CAVE, 17 January Street. Geopend: dag. 8.30-18 uur.

Ta'Kola Windmill, Xagħra. De enige gave windmolen van de Maltese eilanden is nu een molenmuseum.

Meer aan de buitenkant van de plaats (met bordjes aangegeven) staat een als museum ingerichte molen, een van de weinige molens die op de Maltese eilanden nog (of weer) in volle glorie te bewonderen zijn. Binnen is voor een deel de oude inrichting als molenaarswoning gereconstrueerd, de rest van de ruimte is gevuld met allerlei gereedschappen en losse molenonderdelen. Deze zullen u waarschijnlijk weinig zeggen als u geen doorgewinterde molenspotter bent, want de uitleg is nogal karig.

TA' KOLA WINDMILL MUSEUM. Geopend: dag. 17-19 uur; gesl. 25, 26 en 31 dec., 1 jan., Goede Vrijdag.

Xagħra bezit ook een klein, particulier speelgoedmuseum, het Toys Museum.

TOYS MUSEUM. Geopend: ma.-za. 10-12 en 15-18 uur.

Ramla Bay en Grot van Calypso

Ramla Bay heeft misschien wel het mooiste strand van Gozo. Vlak aan het strand, om precies te zijn in de bult bij de parkeerplaats, zijn de resten van een Romeinse villa gevonden, maar het staat vooral bekend als de plaats waar de grot van Calypso zich bevindt. De grot van Calypso was vroeger groter; hij is ingestort door een explosie in een groeve in de buurt en afgekalfd door de inwerking van de elementen. Alleen het allervoorste deel van de grot is makkelijk te betreden, daarna wordt het letterlijk kruip- en sluipwerk. Oudere bewoners uit de omgeving verdienen een extraatje met het verhuren van kaarsen. Wij vonden ze zo aardig dat het eigenlijk flauw zou zijn u eraan te herinneren om een veel praktischer maar minder sfeervolle zaklantaarn mee te nemen. Voor het geval de kaars uitgaat – geen denkbeeldig risico – krijgt u desgewenst ook lucifers mee. Kortom, huur die kaars nu maar, maar blijf wel in de buurt van degene met de lucifers.
Boven de grot heeft u uitzicht over de vruchtbare Ramla Valley en over Ramla Bay. Vooral op een halfbewolkte dag tekent zich in de golven een prachtig kleurenspel af, variërend in alle tinten blauw en groen.

Wie naar Marsalforn wil gaan, gaat eerst 500 m terug en slaat dan rechtsaf.

Marsalforn

De grootste attractie in Marsalforn is de branding, die bij noordenwind tegen de kade omhoogspat en over de promenade neerklatert. Vanaf de terrasjes die rond de haven liggen, kunt u het op uw gemak gadeslaan. Marsalforn kan omschreven worden als 'gematigd toeristisch'; met wat goede wil is tussen de oprijzende appartementen en de souvenirwinkels nog het vissersplaatsje van vroeger te herkennen.
Buiten Marsalforn liggen drie heuvels op een rij in het landschap. Volgens de overlevering zouden het deze heuvels zijn die in het wapen van Gozo staan afgebeeld. Van een van de heuvels dacht men vroeger dat het een slapende vulkaan was. Om hem slapend te houden heeft men er een Christusbeeld bovenop gezet.

De heldhaftige bakkersmeisjes

Het volgende volksverhaal is waarschijnlijk ontstaan om de naam van Marsalforn ('Haven van de oven') te verklaren. Toen er in de haven van Marsalforn weer eens een piratenschip opdook, vluchtte zoals gebruikelijk iedereen weg. Alleen in de bakkerij had men niets in de gaten gehad, omdat men druk aan het werk was. Plotseling werd de deur ingeramd door de piraten. De vrouwen in de bakkerij bekogelden de zeerovers met meel, deeg en alles wat ze maar in hun handen kregen. Dat zaaide zo'n verwarring dat ze konden ontkomen door een achteruitgang.
Een meisje was echter in het gedrang gevallen en bleef achter, liggend tegen een bak met deeg. Voor ze goed en wel besefte wat er gebeurd was, zag ze de grijnzende kop van een piraat boven zich. Ze greep een klont met deeg uit de bak en gooide die recht in zijn gezicht. Dat gaf haar de kans om alsnog te ontkomen.

Ramla Bay, het strand van Calypso en Odysseus

Toen de gevluchte bewoners van Marsalforn dit alles gehoord hadden, vatten ze moed en trokken naar de bakkerij. Daar verrasten ze de piraten, die geen van allen aan hun woede ontsnapten.

Żebbuġ

Aan de kust ten westen van Marsalforn wordt al eeuwenlang aan zoutwinning gedaan. Bij de Redoubt Salt Pans en bij de Xwieni Bay is het mogelijk te zwemmen. Het gebied is ook geschikt voor wandelingen, en geldt als een van de mooiere stukken kust van Gozo.
De olijventeelt heeft Żebbuġ tot het rijkste dorp van Gozo gemaakt. De barokke **Maria-Hemelvaartkerk** van Żebbuġ dateert van 1739. Onderzoek heeft aangetoond dat hier in de 6de eeuw al een kerk heeft gestaan.

De klokkenmaker van Żebbuġ

De aanwezigheid van de zoutpannen voor de kust van Żebbuġ inspireerde de Gozitaanse volksfantasie tot het onderstaande verhaal. De klokkenmaker van Żebbuġ was een legendarische geldwolf. Toen hij een aantal zoutpannen had aangelegd, ontdekte hij dat de zee wel 15 m lager lag. Hij zou eindeloos heen en weer moeten lopen om ze te vullen met zeewater. Hij bedacht echter het volgende. Als hij een nauwe tunnel naar boven toe zou maken, zou het water zich waarschijnlijk door de kracht van de golven vanzelf naar boven persen. Hij liet voor veel geld een tunnel graven en bleek gelijk te hebben: het water kwam vanzelf naar boven. Jammer genoeg was de kalksteen waarin de pannen waren aangelegd zo poreus dat het zeewater net zo hard weer naar beneden sijpelde. Hij moest de zoutwinning dus opgeven. Daarmee was de kous echter niet af: op sommige stormachtige dagen kwam het water met zo'n kracht door de tunnel naar binnen dat het als een soort geiser omhoog spoot en de omliggende

CALYPSO EN ODYSSEUS OP GOZO?

Zo vroom katholiek kunnen de Gozitanen niet zijn of ze geloven toch in één heidense halfgodin: de nimf Calypso. Deze is geen schepping van de rijke Gozitaanse fantasie (de plaatselijke volksverhalen zijn op het sprookjesachtige af) maar van de epische dichter Homerus. De namen van Calypso en Odysseus kunt u aantreffen op bars, restaurants en winkeltjes.
Het verhaal van de zwerftochten van Odysseus opent niet gewoon bij het begin, bij zijn vertrek uit Troje, maar op het moment dat de held al zeven jaar bij de nimf Calypso huist, op het eiland Ogygia (lees: 'Gozo', zegt men op Gozo). Al de eerdere lotgevallen van Odysseus, zoals zijn wederwaardigheden met Circe en met de Cycloop, komen pas later aan de orde, als Odysseus ze verhaalt aan de Phaiaken – de *Odyssee* is daarmee de oudste bekende raamvertelling.
Als Odysseus bij Calypso zou blijven, zou ze hem onsterfelijk maken. Toch wilde hij terug naar zijn vrouw Penelope.

'Destijds zaten allen die ontsnapten aan het steile verderf
al thuis, ontkomen aan de oorlog en de zee.
Alleen hem, vol verlangen naar zijn thuiskomst en zijn vrouw,
hield de machtige nimf Calypso vast, de stralende godin,
in haar gewelfde grotten. Ze wenste zijn echtgenote te zijn.'
(Vertaling ES)

De goden besluiten dat het nu welletjes is geweest. De goddelijke boodschapper Hermes mag Calypso en Odysseus gaan vertellen dat de held mag terugkeren. Hij treft Odysseus op het strand bij Calypso's grot, waar deze treurend uitkijkt over het water dat hem terug naar zijn eiland Ithaka kan voeren. Calypso zit in haar grot.
Calypso is nijdig op de goden die haar sterfelijke geliefde van haar afnemen. Tegenover Odysseus vat ze het sportief op, ook al slaat hij de nogmaals aangeboden onsterfelijkheid af en is hij zelfs zo achterdochtig dat hij haar vraagt te zweren dat ze niet op zijn verderf uit is. Ze geeft hem een prachtige bronzen bijl, waarmee hij de bomen voor zijn vlot kan vellen. Uiteindelijk wordt hij vijf dagen later, als zijn vlot gereed is, goed voorzien van proviand en met gunstige wind op reis gestuurd.
Volgens Homerus was de grot zo mooi gelegen dat zelfs de god Hermes even bleef staan om de plek te bewonderen:

'Een weelderig bos was er gegroeid rond de spelonk,
van els, populier, en geurige cipres.
Daar nestelden vogels met ranke vleugels,
uilen, valken en zeekraaien met hun schelle stemmen ...
kristalhelder water stroomde steeds uit een rij van vier bronnen
...
Om de gewelfde spelonk strekte zich uit
een welige wijnrank, barstensvol trossen.
In malse weiden aan weerszijden bloeide iris en eppe.' (Vertaling ES)

akkers zout en onvruchtbaar maakte. Omdat de klokkenmaker natuurlijk een schadevergoeding moest betalen aan de eigenaren, werd zijn verlies dubbel zo groot.

HET ZUIDEN

Als u bij een tocht door het zuiden van het eiland onderweg de maaltijd wilt gebruiken, houd er dan rekening mee dat er alleen in Xlendi restaurants te vinden zijn – maar dan zit u ook meteen erg mooi.

Op weg van Victoria naar Xlendi passeert u in de buitenwijk Fontana het Knight's Wash House. Een Duitse johannieter ridder liet in het begin van de 18de eeuw bij een bron dit gewelf aanleggen als gemeenschappelijke wasplaats. Het wordt nog steeds als zodanig gebruikt.

Vlakbij zijn een grote winkel en werkplaats voor kant, wollen artikelen en ander handwerk.

Xlendi

Xlendi (spreek uit 'sjlendi') is als badplaats bijzonder in tel bij de inwoners van Victoria. De mooie ligging tussen de steile rotswanden zorgt in de winter voor een beschut microklimaat. Het oorspronkelijke vissersplaatsje is wat overwoekerd door appartementencomplexen en hotels, maar het moet gezegd dat het oude plaatsje niet zo heel veel voorstelde. Voor zonnebaden, zwemmen, duiken en een maaltijd kunt u er goed terecht. Er zijn verscheidene hotels en restaurants, die in ieder geval buiten het seizoen verrassend betaalbaar zijn – inclusief het viersterren Saint Patrick's, waar de kamers aan de baaikant uitzicht hebben tot aan de zee.

Ontbijt en avondeten kunt u tot u nemen aan de kade, waarbij de visjes in het water voor extra vermaak zorgen – na een paar stukjes brood in het water zijn er zoveel verzameld dat ze te keer kunnen gaan als minipiranha's.

Gemeenschappelijke wasplaats ten zuiden van Rabat

De bezienswaardigheden van Xlendi zijn het uitzichtspunt, voorbij de appartementengebouwen links aan de baai, en de wachttoren (1658), neergezet door de johannieter ridders. Rechts aan de baai ligt de Għar Ta' Karolina of Carolina Cave; volgens de overlevering kwamen nonnen uit de omgeving hier baden in de (toen verborgen) waterpoel.

Xlendi Bay is een verraderlijke ankerplaats, want schippers die de baai niet kennen, lopen op een rif dat 1,5 m onder het wateroppervlak schuilt bij de ingang van de baai. Dat was in de oudheid al een probleem. Het Archeologisch Museum in Victoria bewaart amforen die opgediept zijn uit twee galeien die in de Romeinse tijd op het rif botsten.
Deze schepen lagen erg diep. Pas in onze dagen lukte het een speciaal duikersteam van de Universiteit van Manchester om bij de scheepswrakken te komen. De amforen dienden om olie en graan in te vervoeren. Volgens de bergers verkeerde de inhoud van de amforen nog in uitstekende staat.

Als u 1,5 km terugrijdt richting Victoria en dan rechts afslaat, komt u via het plaatsje Munxar in Sannat.

Sannat

Sannat is vooral bekend om het kantklossen. De plaatselijke kant heeft een crèmekleur en is tamelijk slijtvast. Vroeger maakte men hier ook zwarte kant, maar daarmee is men gestopt: het werk zou te belastend zijn voor de ogen van de kantklosters. Behalve kantklosters kunt u ook breisters langs de straat aan het werk zien.
Sannat telt twee wachttorens, aan de west- en aan de oostrand van het plaatsje. Ten oosten van het dorp zijn prehistorische resten te vinden: de dolmen (een soort hunebed) en de cart ruts ('karrensporen') stammen uit de bronstijd (2500–800 v.Chr.).

i PREHISTORISCHE RESTEN. Volg de weg naar het luxehotel Ta' Cenc. De resten liggen ten noordoosten van het hotel op de vlakte.

Wie een nog niet opgegraven prehistorische tempel wil zien, rijdt terug richting Munxar, maar slaat aan de rand van die plaats rechtsaf naar Victoria. Halverwege Victoria, bij Ta' Marsiena, ligt het heiligdom op een rots. In de grond tekent zich een tempelplattegrond in dubbelniervorm af.

i TEMPEL TA' MARSIENA. Neem het voetpad dat begint aan de weg naar Victoria, tegenover de ruïne van de windmolen.

HET OOSTEN

Nadur

Nadur is Arabisch voor 'uitzichtpunt'. U kijkt hier op verschillende plekken in het dorp naar alle kanten en tot aan de noord- en zuidkust. Dit welvarende dorp, ongeveer 8 km ten oosten van Victoria, dankt zijn welvaart aan de tuinbouw en aan het geld dat Gozitaanse emigranten uit landen als Canada en Australië naar huis sturen.
De 17de-eeuwse, barokke Petrus-en-Pauluskerk in Nadur is zelfs voor Maltese en Gozitaanse begrippen rijk gedecoreerd. De wanden zijn versierd met veelkleurig Italiaans marmer.

Als u wat tijd over hebt, kunt u het charmante particuliere **Kelinu Grima Maritime Museum** bezoeken. Dat is een hele mondvol voor een schoolgebouwtje vol souvenirs, afbeeldingen en modellen van schepen. De voormalige dorpsonderwijzer, die zelf nooit gevaren heeft maar natuurlijk de zee voortdurend om zich heen ziet (hij leefde nog bij ons

Haventje van Xlendi

bezoek), heeft in zijn leven een indrukwekkende verzameling maritieme parafernalia vergaard en die vervolgens aan de parochie geschonken – de entreegelden van het museum gaan naar de kerk. Wie goed zoekt, vindt er ook documenten en afbeeldingen die herinneren aan Nederlandse en Belgische schepen. Meester Grima correspondeerde met allerlei zeelui, tot admiraals toe, en kreeg meestal allervriendelijkst antwoord.

ℹ KELINU GRIMA MARITIME MUSEUM. Geopend: ma.-za. 9-16.45 uur. Volg de bordjes vanaf het kerkplein.

Om Qala te bereiken rijdt of loopt u naar het oosten verder. Tussen Nadur en Qala is een promenade met bankjes, met een prachtig uitzicht richting Comino en Malta.

Qala: de stoel van de reuzin

Als u Qala vanuit Nadur komt binnenrijden, passeert u een 3 m hoge menhir. Uit de ouderdom van scherven die vlakbij de steen zijn opgegraven, leiden de archeologen af dat de steen het laatste restant is van een middelneolithische tempel (ca. 3000 v.Chr.). In Qala had men er echter een andere verklaring voor.

In Qala leefde een vrouw die verschrikkelijk groot en sterk was. Ze had zelfs een boom laten omvallen door er alleen maar tegenaan te lopen, zei men. Volgens eigen zeggen dankte ze haar kracht aan het eten van tuinbonen, en inderdaad liep ze de hele dag die bonen te eten.

Op een dag zagen de Gozitanen haar sjouwen met een enorme steen. Het bleek dat de reuzin iets nodig had om op te kunnen zitten. Geen normale stoel kon haar nog dragen. Ze droeg de kei het halve eiland over naar Qala en groef hem vervolgens half in, zodat hij niet om kon vallen. Voortaan zat ze tevreden op de steen bij haar akkertje, voortdurend kauwend op tuinbonen.

Dit geluk kon helaas niet duren. Er kwamen droogte en misoogsten; er waren nauwelijks nog tuinbonen te krijgen, in ieder geval veel te weinig voor de reuzin. Ze vermagerde en verzwakte zienderogen. De mensen gingen haar jennen: 'Kijk nou eens of je jouw steen nog kunt tillen!' Dat maakte haar zo kwaad dat ze uit Qala vertrok en ergens in een grot ging wonen. Haar steen kon ze natuurlijk niet meenemen, dus die staat er nu nog.

Behalve de bovengenoemde menhir vindt u in Qala nog een windmolen (18de eeuw) en de parochiekerk (1872), gewijd aan de heilige Jozef.

Als u Qala in oostelijke richting verlaat, komt u bij een panoramapunt, waar u een prachtig uitzicht heeft over het Kanaal van Comino en naar Comino zelf. Daarna kunt u terugkeren naar Qala en de tocht voortzetten naar Mġarr.

Mġarr

Voor verreweg de meeste bezoekers is Mġarr, waar de boot vanaf Malta aankomt, de eerste kennismaking met Gozo. Het plaatsje zelf bezit weinig bezienswaardigs, maar de ligging aan de voet van het fort en de heuvels is mooi. De in de haven dobberende blauwe luzzu's (van de Fenicische galei afgeleide vissersbootjes) herinneren eraan dat visserij op Gozo na landbouw en toerisme het belangrijkst is voor de economie. De vis wordt vooral verkocht aan de restaurants op het eiland en zorgt daar voor extra variatie op het menu. De meest verse vis eet u natuurlijk in Mġarr zelf.
De kade staat vol busjes, bussen en taxi's om bootpassagiers zonder eigen vervoer naar Victoria te transporteren. Voor een bedrag van ongeveer LM 10 heeft u een hele dag de luxe van een auto met chauffeur.

Geschiedenis
Omdat Mġarr de toegangspoort tot Gozo was, werd het na de citadel van Victoria als eerste plaats door de johannieter ridders versterkt. Men bouwde eerst een wachttoren. In 1722 dreigde er een nieuwe Turkse inval. Grootmeester De Vilhena wilde ter plaatse een complete versterkte stad laten verrijzen. Er was echter onvoldoende geld om zijn grootse plannen te verwerkelijken. Op kosten van ridder De Chambray verrees in 1749 uiteindelijk **fort De Chambray**, dat, gelegen op de rotsen, de hele baai domineert. Het wordt nu opgeknapt en uitgebouwd tot een vakantiecomplex. Het huidige Mġarr is in de schaduw van het fort ontstaan. In de 20ste eeuw herbergde de vesting achtereenvolgens een kazerne en een psychiatrisch ziekenhuis.

Għajnsielem

Op de helling boven de baai ligt het plaatsje Għajnsielem ('Bron van de vrede').
De kerk is een van de weinige neogotische kerken van Gozo. Een koepel hoort weliswaar niet bij de neogotische stijl, maar de Maltese architect kon het toch niet laten om er een aan te brengen op deze kerk.
Over de bouw van de kerk is een typisch Gozitaanse anekdote in omloop. De pastoor, worstelend met geldgebrek én met zijn geweten, vroeg de bisschop of het geoorloofd was deel te nemen aan de loterij en zo wat geld te winnen voor de voltooiing van de kerk. De bisschop antwoordde dat de Hemel door de uitslag wel Zijn goed- of afkeuring zou laten blijken. De pastoor kocht een lot en won; omdat het Kerstmis was, werd er bovendien dubbel uitbetaald. Zo kon de kerk in 1975 worden voltooid.

Gozo Heritage

Aan de weg naar Victoria, even buiten Għajnsielem, passeert u de Gozo Heritage. Dit zou men kunnen omschrijven als het Madame Tussaud van de Gozitaanse geschiedenis. Een verplichte rondleiding voert u langs allerlei taferelen: de prehistorische tempels, Odysseus bij Calypso, de Romeinen. De kwaliteit van de poppen varieert nogal. Calypso, die als halfgodin de mooiste zou moeten zijn, ziet er wat plasticachtig uit en legt het in esthetisch opzicht af tegen een markante Romein.

Voor de rondleiding laat men u enige tijd in de souvenirwinkel wachten, opdat u maar zoveel mogelijk van de uitgestalde ambachtelijke producten koopt.

GOZO HERITAGE: Mġarr Road, Għajnsielem, tel. (356) 21561280/1. Geopend: ma.-za. 9-16.30 uur.

Xewkija

Een kilometer verder aan de weg naar Victoria ligt links het plaatsje Xewkija. De dorpskerk is gebouwd in neo-Renaissancestijl en verrees tussen 1952 en 1969. De koepel is gemodelleerd naar die van de Venetiaanse Santa Maria della Salute. Dat is de op talloze schilderijen afgebeelde witte koepelkerk aan het begin van het Canal Grande, schuin tegenover het Dogenpaleis. De koepel is na die van Sint-Pieter in Rome de hoogste van Europa; het gebouw kan wel drie keer de dorpsbevolking bevatten, maar verrees geheel met eigen geld en vrijwilligerswerk.

Op de plek stond een oudere barokkerk; de sculptuur uit het interieur hiervan is opgesteld in een kleine 'museum', te bereiken vanuit de kerk.

Gozo, de koepelkerk van Xewkija. Op de achtergrond Malta

PRAKTISCHE INFORMATIE

ADRESSEN

In Nederland

- Malta Nationaal Verkeersbureau, Leliegracht 20, 1015 DG Amsterdam, tel. 020 6207223,
internet: www.malta.nl.
- Air Malta Company Ltd., Singel 540, 1017 AZ Amsterdam,
internet: www.airmalta.nl/.
- Ambassade van Malta: Carnegielaan 4, 2517 KH Den Haag, tel. 070 3561252.

In België

- Toeristische dienst Malta: niet te bezoeken voor het publiek, tel. 02 - 280 0604, e-mail: info@malta.be, internet: www.malta.be, waar ook een informatiepakket kan worden aangevraagd.
- Ambassade van Malta: Rue Belliard 65-67 1040 Etterbeek (Brussel), tel. 03 400 89 89, fax 03 400 89 88.

Op Malta

- Alarmnummer tel. 112.
- Politie tel. 191.
- Brandweer tel. 199.
- Ambulance tel. 196.
- Apotheken: er is geen centraal toegangsnummer. De kranten vermelden welke apotheken op zondag open zijn.
- National Tourist Office of Malta, 1 City Arcades, City Gate, Valletta. Tel. (356) 21237747, fax (356) 21255844.
internet: www.visitmalta.com/.
- Nederlandse ambassade, Whitehall Mansions, 3de etage, Ta'Xbiex Seafront, Ta'Xbiex XBX 036, tel. (356) 21 31 39 80, fax (356) 21 31 39 90, e-mail Val@minbuza.nl, internet: malta.nlambassade.org. Consulaire afd. open 9-12 uur ma.-vr. Noodgevallen (!) buiten kantooruren: (00356) 99993300.
- Ambassade van België in Valletta, Europa Centre 8/9, John Lopez Street, Floriana FRN1400, tel: + (356) 21228214 (24u/24u), fax + (356) 21243246, geopend: 9-13 uur, of na afspraak.

KLIMAAT EN BESTE REISTIJD

De twee jaargetijden van Malta

Het Maltese klimaat kent niet de bij ons gebruikelijke vier seizoenen. Eigenlijk zijn er maar twee: een lange, warme en droge zomer (gem. maxima 32 °C), van juni tot en met september, en een regenseizoen (gemiddelde maxima 14 °C). Vaak wordt de zomerhitte getemperd door de bijna altijd waaiende wind. De zon schijnt in het zomerseizoen (mei-oktober) gemiddeld maar liefst 10, 11 uur per dag. In de rest van het jaar moet u het met 6,45 uur per dag doen.

'Regenseizoen' wil zeggen 'seizoen waarin het wel eens kan regenen'; Malta kent bepaald geen tropische moesson. U zou dit regenseizoen ook als een heel lange lente kunnen aanduiden. In deze periode bloeien de meeste planten en heersen er meestal temperaturen zoals wij die kennen op een mooie voorjaarsdag.

De meeste regen valt van november tot februari, per jaar gemiddeld 580 mm, maar jaren van 200 mm zowel als van 1000 mm komen ook voor. Hij valt in korte maar zeer hevige buien, die gelukkig vooral 's nachts voorkomen. De hoge stoepranden die u hier en daar ziet, bewijzen goede diensten als na zo'n stortbui al dat water moet worden afgevoerd: de straat verandert dan in een soort beekje. Sneeuw valt er op Malta nooit, hagelen doet het heel af en toe.

Wind

Malta is een eiland, en op een eiland waait het. Hoe gelijkmatig het klimaat ook is, toch maakt het al of niet waaien van een bepaalde wind verschil voor het plaatselijke weer. Als om het eigen karakter ervan te benadrukken, hebben de verschillende winden in het Maltees ook eigen namen gekregen, die wat kleurrijker zijn dan onze 'noordwester' of 'zuidwesterstorm'.

De meest voorkomende wind is de majjistral, die waait uit het noordwesten. De kwaadaardigste wind (voor zeevarenden althans) is de gregale, een stormachtige wind die zowel Grieken, Romeinen en Turken als de moderne zeezeilers de stuipen op het lijf heeft gejaagd. Deze noordoostenwind brengt de koude vanaf de bergen rond de Adriatische zee. Een extra complicatie bij deze wind is dat de beste havens van Malta (Marsamxett Harbour en Grand Harbour) op het noordoosten gericht zijn. De *gregale* blijft meestal drie dagen lang waaien. De *tramuntana* is een zeldzame noordenwind. De *xlokk* (de naam is afgeleid van het Italiaanse sirocco; spreek uit 'sjlok') is een warme zuidenwind uit de Sahara. Hij neemt veel vocht op uit het zeewater waar hij overheen blaast, zodat het onaangenaam benauwd wordt wanneer deze wind waait, soms aan het begin en meestal aan het eind van de zomer.

Wanneer naar Malta?

De zomer is het seizoen voor de ongecompliceerde zon- en strandzoekers. Zij hebben op Malta meer kans op zonneschijn dan op veel andere plaatsen aan de Middellandse Zee. 's Middags is het te warm om iets anders te doen dan zwemmen of aan het strand liggen; 's avonds kunnen ze echter terecht in het bruisende avond- en nachtleven van plaatsen als Sliema, Paceville en Saint Julian's. Daar is geen gebrek aan bars, restaurants en disco's.

Wie naar Malta komt om iets te bekijken of iets sportiefs te ondernemen kan beter buiten de zomer komen. In maart, april en mei is de temperatuur aangenaam en is er over het algemeen voldoende zon. Veel planten staan in bloei en even is het eiland geen barre, maar een zeer groene rots. Heel Malta staat in de startblokken om de gasten te ontvangen. Er is echter meer kans op bewolkte dagen. In april begint ook het seizoen van de dorpsfeesten, met als eerste de festa van Floriana.

De 'herfst' is verrassend plezierig – om niet te zeggen, zo'n zomer zou je wensen als je weer terug bent in de Lage Landen. Het blijft nog lang mooi en niet te warm weer. Het zeewater houdt de zomerwarmte vast, dus u kunt nog zwemmen. Maltezen noemen oktober of zelfs november als de beste maanden om het eiland te bezoeken.

Het zachte winterklimaat is aantrekkelijk voor ouderen die hier komen overwinteren. Omdat de afstanden klein zijn en Valletta niet ver is, is er altijd wel iets te beleven voor wie enige algemene culturele interesse heeft en zich nog met een auto of de bus kan redden.

Er is een duidelijk hoogseizoen (zomermaanden), maar er is nauwelijks een periode dat er niemand komt. Na de gasten die nog een weekje komen in de late herfst, verschijnen al weer gauw de Engelsen die de kerst in de zon willen doorbrengen, dan komen de wintergasten uit het noorden en voor je het weet staat het voorjaar al weer voor de deur.

VERVOER NAAR MALTA

Vliegtuig

Zowel Air Malta als de KLM onderhoudt lijndiensten naar Malta. In de zomer zijn er bovendien vele chartervluchten (Transavia); omdat de capaciteit van het vliegveld Luqa beperkt is en de gewone lijnvluchten voorrang hebben, vliegen veel charters 's nachts. Nadere informatie:

- Air Malta: Singel 540, 1017 AZ Amsterdam, www.airmalta.nl.

- KLM: tel. 020-4747747 (Amsterdam; reserveringen), www.klm.nl.
- Transavia: tel. 020-4060406 (Amsterdam), www.transavia.nl.

Andere mogelijkheden

Deze mogelijkheden zijn alleen te overwegen als u ruimschoots de tijd hebt, of als u bij vakantie op Sicilië of Zuid-Italië overweegt een uitstapje naar Malta te maken.

Veerboten

Of u nu per trein, langeafstandsbus of auto komt, uiteindelijk zult u de veerboot vanuit Italië – meestal Sicilië – moeten nemen.

Er zijn verbindingen vanuit Catania, Reggio di Calabria, Syracuse, Pozzallo, Licata (alleen passagiers). De afstanden zijn veelal zo kort, dat het voor Maltezen vrij normaal is om dagtochtjes naar Sicilië te maken; het omgekeerde moet dus ook mogelijk zijn. Controleer echter eerst de tijden van de boten:

- Gozo Channel Company, Hay Wharf, tel. (356) 21243964-5-6, fax (356) 21248007, e-mail admin@gozochannel.com.

Trein

Nauwelijks een reële optie, of u moet lijden aan ernstige vliegangst. Als u uw aansluitingen plant (trein vanuit Rome, veerboot), ga er dan van uit dat u in Italië gemakkelijk twee of meer uur vertraging kunt oplopen. Het prijsverschil tussen trein en veerboot enerzijds en vliegtuig anderzijds is te verwaarlozen, zo de trein al niet duurder is.

Cruises

Het aantal cruiseschepen dat Malta aandoet, stijgt nog steeds. Soms liggen er vijf schepen tegelijk in de haven. Dit betekent dat de populairste attracties op één dag een paar 1000 toeristen meer te verwerken krijgen.

Een bij cruises populaire excursie als die naar de Blue Grotto is misschien 'aardig' voor iemand die een week op Malta is, maar volstrekt zonde van uw tijd als u daarvoor een bezoek aan Mdina (aanbevolen), Valletta of een prehistorische tempel achterwege moet laten. Omdat althans een deel van de cruiseschepen vrij dicht bij Valletta aanlegt, moet het geen enkel probleem zijn om er zelf op uit te trekken. Bestel anders een taxi.

VERVOER OP MALTA

Bus

De bussen rijden bijna allemaal van en naar Valletta. Hiervandaan zijn er frequente verbindingen met Sliema en Saint Julian's, waar de meeste toeristen verblijven. Het grote busstation ligt voor de poort van Valletta. De meeste bezienswaardigheden zijn goed per bus te bereiken en buskaartjes zijn goedkoop.

Er zijn voor de toerist twee problemen:

– men houdt zich niet aan de dienstregeling; sommige Maltezen ontkennen zelfs het bestaan ervan.

– binnen de agglomeratie rond Valletta is het voor toeristen bijna onmogelijk uit te maken waar men is. Bordjes die gemeentegrenzen aangeven, ontbreken. De Maltezen weten het precies, vraag het dus gerust aan uw medepassagiers of de chauffeur. En koop de beste kaart van Malta die u kunt vinden. Iedere boek- of tijdschriftenhandel kan u een kaart verkopen waar voor iedere plaats staat aangegeven welke buslijnen er stoppen.

De bussen zelf zijn antieke, bezienswaardige afdankertjes van de Engelse busmaatschappijen. Overigens zijn de oudste modellen, een halve eeuw oud of nog langer, enkele jaren geleden afgedankt. Er

blijft echter nog genoeg te zien over: de chauffeurs zelf zien hun voertuig als een soort woonkamer. De binnenkant wordt opgeluisterd met foto's van de kinderen, de hond en de auto, heiligenplaatjes en vaantjes van de voetbalclub. De buitenkant is getooid met stickers: 'My other car is ...' of 'Terminator'.
Voor alle businformatie, inclusief zomer- en winterdienstregelingen, nachtlijnen: www.atp.com.mt.

Auto

Autorijden op Malta is een zenuwslopende affaire. U moet uw aandacht verdelen tussen het links rijden, de af en toe slechte bewegwijzering en uw medeweggebruikers. Het Maltese rijgedrag vertoont alle variaties tussen onberekenbaar en ontoerekeningsvatbaar. Als iemand u snijdt, hoeft dat niet per se te wijzen op agressie; het kan ook onhandigheid zijn.
Sommige wegen zien eruit als autosnelwegen. Dat is voor de Maltezen geen belemmering om er – bij voorkeur vlak na een bocht – hun wrak te parkeren voor een praatje met een andere chauffeur, of om er met paard en wagen rond te rijden. Houd zolang u de desbetreffende weg nog niet kent ook rekening met gelijkvloerse kruisingen of zelfs zebrapaden!
In verband met de verzekering bent u verplicht om bij iedere verkeersschade de politie erbij te halen. Al is het maar een krasje.

Autohuur

Het huren van een auto op Malta is niet duur. De kwaliteit van de huurauto's loopt nogal uiteen, wat overigens geldt voor het Maltese wagenpark in zijn algemeenheid. Kies daarom niet voor de allerobscuurste en allergoedkoopste bedrijfjes.
Alle grote internationale verhuurbedrijven zijn vertegenwoordigd op Malta (Avis, tel. (356) 21246640, internet: www.avis.co.uk/CarHire/Europe/Malta-Gozo; Budget Rent-a-car, internet: http://www.budget.com.mt; Hertz, tel. (356) 21333153, e-mail: reservations@hertz.com.mt). Een goede Maltese verhuurder is Merlin Car Hire (tel. (+356) 21223131, internet: www.merlin.com.mt/malta-car-hire-rental).
In het hoogseizoen is het verstandig om op zijn minst een paar dagen tevoren een auto te reserveren. Chauffeurs onder de 25 jaar kunnen alleen een auto huren als er een extra verzekering wordt afgesloten.

Taxi

Taxi's zijn op Malta duur. Omdat de afstanden op het eiland kort zijn, kan de taxi echter een handige aanvulling zijn op de bus, zeker als u met een aantal mensen tegelijk reist. Het kan namelijk voorkomen dat u per bus voor een onnozele afstand van tien kilometer eerst helemaal terug moet reizen naar Valletta. Probeer van tevoren een prijs af te spreken met de chauffeur.

Karrozzin

De karrozzin zijn koetsjes die bedoeld zijn voor rondritten. De koetsier kan u toelichting geven bij wat u ziet. Het is niet goedkoop: een ritje kan makkelijk Lm 10 kosten. Informeer naar en onderhandel tevoren over de prijs.
Standplaatsen in Valletta zijn Freedom Square en Palace Square, en in Mdina Saint Publius Square.

ACCOMMODATIE

In het hoogseizoen is het moeilijk om op eigen gelegenheid onderdak te vinden; de meeste hotels zijn volgeboekt door de toeroperators. Het is ieder geval af te raden naar Malta te vertrekken zonder onderdak te hebben geregeld.
Het kan ook zijn dat u op eigen gelegenheid duurder uit bent dan wanneer

u een gecombineerde chartervlucht-appartementaanbieding gebruikt. Voordat u op een aanbieding van een reisbureau ingaat: let goed op waar u terechtkomt. Wilt u disco? Of juist heel erg niet? Actie of stilte? Centraal of niet centraal?
De meeste accommodatie is te vinden aan de noordkust van Malta, in de strook die zich met enige onderbrekingen uitstrekt van Sliema tot Saint Paul's Bay. Wie stilte en afzondering zoekt, bespreekt iets op Gozo. Dat is echter minder geschikt als u veel wilt rondkijken op Malta zelf.
Door een wijziging van het klasseringssysteem krijgt sommige accommodatie nieuwe aanduidingen. Zo zou in de een- tot viersterrenindeling van vakantiecomplexen en aparthotels de onderste categorie gaan verdwijnen; men heeft dan 2 tot 4 sterren.
Accommodatie via internet zoeken: www.visitmalta.com/booking-page.

Hotels

Hotels hebben de van elders bekende indeling die oploopt tot vijf sterren. De luxehotels hebben vijf sterren, de eenvoudige maar schone en van al het noodzakelijke voorziene laagste klas(sen) twee of misschien één.
De regering streeft ernaar het marktaanbod te 'upgraden'. Alleen voor vijfsterrenhotels mag men nieuwe gebouwen neerzetten; hotels worden gestimuleerd hun kwaliteit te verbeteren en sterren erbij te verdienen.

Appartementen

Appartementen zijn bijna allemaal te vinden aan de noordkust. Een typisch Maltees fenomeen is het aparthotel. Dit zijn appartementen waarvan de huurders gebruik mogen maken van de faciliteiten van een nabijgelegen hotel (bar, zwembad enzovoort).
Appartementen en aparthotels hebben/krijgen een vernieuwde eigen kwaliteitsindeling: deze gaat lopen van 2-4 sterren. Wie eigenlijk iets te goed is voor zijn klasse, kan een soort 'bonus'-waardering krijgen.

Kamperen

De officiële regel is: u mag overal een tent neerzetten, als u hem 's avonds weer weghaalt. Een camping ontbreekt. Op sommige, afgelegen plaatsen slaapt men op het strand, maar dit mag dus niet.

Jeugdherbergen

Er zijn vijf jeugdherbergen op Malta en één op Gozo, maar die zitten meestal vol. Informeer voor andere goedkope adressen bij de NTOM, de National Tourist Office of Malta.

- De Maltese jeugdherbergorganisatie: YHA, 17 Tal-Borg Street, Paola, tel. (356) 2169 3957.

Huizen

De meer op rust en privacy gestelde toerist kan een boerderij huren, al dan niet met zwembad. Dit is niet goedkoop. Boek in Nederland.

Kamers en pensions

In de nieuwe onderverdeling worden kamers, guesthouses en pensions verdeeld in een 'standaard'- en een 'comfort'-klasse.
Het is een goedkope manier van overnachten en voor u een goede manier om met de Maltezen en hun levenswijze kennis te maken. Het toeristenbureau op Malta kan u lijsten verschaffen van adressen.

TAAL

Alfabet

Het Maltees wordt geschreven met een uitgebreid en aangepast Latijns schrift.

Enkele medeklinkers kunnen een punt krijgen (ċ, ġ en ż) en de h heeft soms een dwarsstreepje (ħ). Er zijn samengestelde letters (de 'għ' en de 'ie') en de gewone 'c' en 'y' ontbreken. Een enkele keer zult u 'ij' zien staan, maar dat betreft dan een afzonderlijke 'i' en 'j'.
Als u op eigen gelegenheid rondreist, is het erg handig om de correcte uitspraak te kennen: de bewegwijzering is hier en daar matig en u zult van tijd tot tijd de weg moeten vragen. Bij een verkeerd uitgesproken naam begrijpen de Maltezen niet altijd wat u bedoelt.

Letter	Uitspraak
A a	A
B b	B
Ċ ċ	cheers
D d	D
E e	E
F f	F
G g	good
Ġ ġ	John
Għ għ	Telt als één letter, maar wordt meestal niet uitgesproken
H h	Niet uitgesproken
Ħ ħ	H
I i	I
Ie ie	Soms 'ie', soms als 'ië'; hangt van het woord en de spreker af.
J j	Jansen
K k	K
L l	L
M m	M of Im
N n	N
O o	O
P p	P
Q q	Niet uitgesproken; midden in een woord een pauze, alsof er een nieuw woord begint. (Luqa dus niet als Loea, maar Loe Aa.)
R r	R
S s	S
T t	T
U u	Oe
V v	V
W w	W
X x	Chocolade
Z z	Ts
Ż ż	Z

Woordenlijst

0	*xejn*
1	*wieħed*
2	*tnejn*
3	*tlieta*
4	*erbgħa*
5	*ħamsa*
6	*sitta*
7	*sebgħa*
8	*tmienja*
9	*disgħa*
10	*għaxra*
ja	*iva*
nee	*le*
dank u	*grazzi*
pardon	*skuzzi*
goedemorgen	*bonġu*
goedenavond	*bonswa*
dag (bij afscheid)	*saħħa*
waar is ...?	*fejn hu ...?*
hoeveel ...?	*kemm ...?*
bron	*għajn*
kerk	*knisja*
strand	*plajja*
vallei	*wied*
peper	*bżar*
zout	*melħ*
suiker	*zokkor*
water	*ilma*

Moeilijke gevallen

Voor de duidelijkheid is hieronder gekozen voor benaderingen van klanken – bijvoorbeeld 'sj' in plaats van 'ch' bij de Maltese 'x'. Als u het naadje van de kous wilt weten, raadpleeg dan de tekst hierboven.

Għawdex	Audesj (Maltees voor: Gozo)
Ġgantija	Zjegantía (de stomme 'e' zo kort mogelijk uitspreken, g als in 'good')
Mdina	Imdina
Mġarr	Imdzjar
Luqa	Loe-aa (uitspreken als twee woorden)
Qawra	Aura
Qormi	Ormi
Qrendi	Erendi (eerste, stomme 'e' zo kort mogelijk uitspreken)
Xlendi	Sjlendi
Żejtun	Zejtoen

FEESTEN EN FEESTDAGEN

Malta is rijk gezegend met feestdagen. Naast bij ons bekende feestdagen als Kerstmis, Pasen en dergelijke zijn er de specifiek rooms-katholieke feestdagen (Maria-Hemelvaart) en de zogeheten festa's, uitbundige volksfeesten ter ere van lokale heiligen. Deze dagen worden meestal gevolgd door een vrije dag.

Vaste feestdagen

- 10 februari Feest van de schipbreuk van Paulus
- 19 maart Sint-Jozef
- 31 maart Freedom Day (Herdenking bij het oorlogsmonument in Floriana)
- 1 mei Worker's Day (Dag van de Arbeid)
- 7 juni 'Sette Giugno' (herdenking ongeregeldheden van 7 juni 1919)
- 29 juni Feest van Sint-Petrus en -Paulus
- 15 augustus Assumption (Maria-Hemelvaart)
- 8 september Victory Day (einde Turkse belegering, 1565; traditionele regatta in Grand Harbour)
- 21 september Independence Day (Malta zelfstandig, 1964)
- 8 december Immaculate Conception (Onbevlekte Ontvangenis)
- 13 december Republic Day (uitroepen republiek 1974)

Variabele feestdagen

- Goede Vrijdag
- Pasen
- Hemelvaartsdag
- Pinksteren

Niet-religieuze evenementen

- *Februari* Carnaval, Malta Marathon
- *Mei* Sicilië-Malta windsurfrace
- *Juni* Mnarja Folklore Festival
  Juli Film Festival, Malta Jazz Festival (laatste week juli), Maltafest (cultureel festival met muziek, dans, theater en film, deels in de openlucht; midden juli – midden augustus)
- *Augustus* Maltafest
- *November* International Choir Festival
- *December/januari* Van 23-12 tot 13-1 Christmas Pantomimes, Manoel Theatre, Valletta.
- *Hele jaar* Twee à drie keer per maand *In Gardia!*, historische parade op fort Saint-Elmo (informeer bij toeristenbureau); afgewisseld met *Alarme!*, een opvoering naar aanleiding van het beleg van de Fransen in 1800.

Festa's

De met een * aangeduide feesten tellen als een nationale feestdag; alle winkels, banken en kantoren zijn dan gesloten. De festa's zijn parochiefeesten, geen dorpsfeesten; vandaar dat een plaats diverse festa's kan hebben. Een festa gaat gepaard met een met lampjes versierde parochiekerk, een processie, optochten, fanfaremuziek en vooral veel vuurwerk. De avonden brengt men kletsend, etend en drinkend door op het dorpsplein, dat bijna altijd ook het kerkplein is.

laatste zondag januari	Mdina
10 februari*	Munxar (Gozo), Valletta
tweede zondag maart	Kerċem (Gozo)
tweede vrijdag van de vasten	Sliema
vrijdag voor Palmzondag	Valletta
derde zondag na Pasen	Floriana (begin van het festa-seizoen), Valletta
vijfde zondag na Pasen	Tarxien
8 mei	Marsaxlokk
12 mei	Żebbuġ
zondag na Hemelvaartsdag	Qormi
zondag na Pinksteren	Marsa
eerste zondag juni	Għasri (Gozo)
zondag dichtst bij 4 juni	Guardamangia, Gxira
tweede zondag juni	Żebbuġ
tweede/derde zondag juni	Fontana (Gozo)
derde zondag juni	Żejtun
24 juni	Valletta en Xewkija (Gozo)
vierde zondag juni	Xewkija (Gozo)
zondag voor 29 juni	Burmarrad
29 juni	Nadur (Gozo)
laatste zondag juni	Qormi, Siġġiewi
eerste zondag juli	Birkirkara, Fleur de Lys, Għarb (Gozo), Hamrun, Luqa, Rabat (Malta), Sliema
2 juli	Valletta
derde zondag na Pinksteren	Sliema en het dorp Luqa
tweede zondag juli	Balzan, Fgura, Gżira, Kalkara, Kerċem (Gozo), Marsaxlokk
16 juli	Valletta
zondag na 16 juli	Msida
derde zondag juli	Mdina, Qormi, Sliema, Victoria (Gozo)
vierde zondag juli	Paola, Sannat (Gozo)
26 juli of zondag daarna	Marsaskala
laatste zondag juli	Balluta, Saint Paul's Bay, San Lawrenz (Gozo), Santa Venera
eerste zondag augustus	Birżebbuġa, Qala (Gozo), San Gwann
zondag voor 4 augustus	Valletta
zondag dichtst bij 6 augustus	Lija
zondag na 7 augustus	Hamrun
zondag dichtst bij 10 augustus	Vittoriosa
15 augustus*	Attard, Għaxaq, Gudja, Mġarr, Mosta, Mqabba, Qrendi, Valletta, Victoria (Gozo)
zondag na 15 augustus	Marsaskala, Paola, Żebbuġ (Malta)
zondag dichtst bij 18 augustus	Birkirkara
zondag na 18 augustus	Sliema
zondag dichtst bij 20 augustus	Dingli, Żebbuġ (Gozo)
zondag dichtst	

bij 21 augustus	Santa Lucia
voorlaatste zondag augustus	Sliema
24 augustus of zondag daarna	Għargħur
laatste zondag augustus	Għajnsielem (Gozo), Manikata, Marsa, Safi (bij Zurrieq), Saint Julian's
eerste zondag september	Sliema, Zurrieq
5 september	Kirkop
8 september*	Cospicua, Mellieħa, Naxxar, Senglea, Xagħra (Gozo)
zondag na 8 september	Żabbar
derde zondag september	Kirkop
voorlaatste zondag oktober	Ta' Xbiex
25 november	Żejtun

DIVERSEN

Elektriciteit

De netspanning bedraagt 220-240 volt. Malta hanteert echter een afwijkend (Engels) type stopcontact. In de winkels zijn adapters te koop; in de hotels kunt u er tegen betaling van een borg ook een lenen.

In sommige gevallen kunt u ook smokkelen: steek met een smal, puntig voorwerp (niet van metaal) in de derde opening zodat de twee normale openingen opengaan en steek dan uw stekker in het stopcontact. Dit lukt niet altijd en toepassing van deze tip is voor eigen risico.

Fotograferen

In veel musea mag u fotograferen en zelfs flitsen. Soms is het verboden om bij bepaalde schilderijen of wandkleden te flitsen.

Het licht op Malta is te omschrijven als 'hard'. Lastig is het fotograferen in de smalle straatjes van Valletta: zeer donkere schaduwen en verblindend licht komen er naast elkaar voor. Een (invul)flits bewijst hier goede diensten. Andere nuttige hulpmiddelen zijn zonnekap, UV-filter (tegen blauwzweem van het licht) en polarisatiefilter (tegen hinderlijke reflecties, bijvoorbeeld op het water). Informeer bij uw fotowinkel.

Ongetwijfeld zal fotografen de neiging bekruipen om de oude mannen en vrouwen te fotograferen die op dorpspleinen, terrasjes en bij bushaltes zitten te luieren. Ga gerust uw gang, maar het is wel zo netjes om eerst even om toestemming te vragen. Men vindt het meestal niet erg, uw foto's kunnen er alleen maar beter op worden en vaak is het ook een goede gelegenheid om een praatje aan te knopen.

Een tip: bedenk van tevoren hoe laat u iets wilt fotograferen. Bijna alle kerken zijn georiënteerd op het oosten; als u de façade wilt fotograferen, moet u dus 's middags komen om de zon in uw rug te hebben. Valletta is vanuit Senglea (de vedette) 's ochtends goed te fotograferen en de Drie Steden daarentegen vanuit Valletta (Lower of Upper Barracca Gardens) juist 's middags.

Geld

Sinds 1 januari 2008 is Malta onderdeel van de Eurozone en sinds 1 febuari 2008 kunt u gewoon uitsluitend met euro's betalen.

Pinautomaten zijn er onder andere in Valletta, Sliema en Mellieħa, en bij banken in de wat grotere plaatsen.

Goedkope vakanties

Malta is een veelgebruikte bestemming voor korte 'tussendoor'-vakanties. Let op de aanbiedingen van de reisbureaus: de grootste besparing kan zitten in een combinatie van vliegreis en accommodatie. De tijd dat hotels en dergelijke spotgoedkoop waren is voorbij, maar nog steeds kan men voor aantrekkelijke prijzen een goede kamer krijgen.

Campings en kamperen zijn op Malta en Gozo onbekende verschijnselen; faciliteiten ontbreken totaal.

Kinderen

Met zijn stralende weer, stranden, gevarieerde attracties en lage criminaliteit is Malta aantrekkelijk voor gezinnen met kinderen. Maltezen zelf zijn, zoals alle zuidelijke volken, dol op kinderen en kunnen ook veel van ze hebben. Ouders hoeven zich dus niet te voelen alsof ze met een paar jonge olifanten in een porseleinkast op stap zijn.

Voor kinderen leuk of interessant zijn (misschien) de volières in de San Anton Gardens (bij gebrek aan een echte dierentuin), Splash Park (aan de noordkust), Malta Experience in Valletta (houd rekening met soms lange wachttijden). Jongens vanaf een bepaalde leeftijd zult u blij maken met een bezoek aan de Wartime Experience, het War Museum en de Armoury te Valletta. Vanuit Sliema en andere kustplaatsen worden boottochten georganiseerd; sommige boten hebben een doorzichtige bodem, zodat de onderwaterflora en -fauna bekeken kan worden. De Mdina Dungeons zijn voor volwassenen nogal kinderachtig, maar kinderen van een bepaalde leeftijd vinden ze 'onwijs gaaf'. Oudere kinderen kunt u parkeren in de multi-cinema van Saint George's (als hun Engels goed genoeg is) of in de disco's van Saint Julian's.

Sommige hotels organiseren sportieve of speelse activiteiten voor kinderen, zodat ouders er ongestoord op uit kunnen trekken.

Kleding

Wilt u als toerist niet te veel uit de toon vallen, loop dan niet overal rond alsof u nog aan het strand bent. Maltezen zelf kleden zich over het algemeen goed. In kerken zijn bezoekers met blote schouders of in korte broek niet welkom.

In de regentijd (januari en februari) druilt en zeurt het niet dagenlang achter elkaar, zoals bij ons, maar regent het korte tijd zeer hevig. Alleen een echte regenjas houdt u dan droog.

Buiten de zomer kan het 's avonds en op zee koel zijn. Een extra trui of jas kan dan goede diensten bewijzen.

Kranten en tijdschriften

Nederlandse – de populaire ochtendbladen – en Belgische kranten zijn verkrijgbaar van juni tot september in de toeristenplaatsen. Buiten dat seizoen bent u aangewezen op de grote Engelse, Franse en Duitse kranten. Deze zijn vertegenwoordigd met alles van tabloid (Engelse boulevardpers) tot Duitse kwaliteitskranten.

Er zijn diverse Engelstalige Maltese kranten. De *Malta Times* verschijnt dagelijks; de *Malta Sunday Times* en de *Independent* (niet te verwarren met de gelijknamige Engelse krant) zijn zondagsbladen. Deze drie kranten hebben als signatuur 'rechts van het midden'. De Engelstalige Maltese kranten besteden redelijk veel aandacht aan buitenlands nieuws, maar geven ook informatie die voor de toeristen interessant is: weerberichten, uitgaansleven.

Medische zorg

De medische zorg staat op Malta op een goed peil. Er zijn ook geen speciale inentingen nodig. Controleer wel of de medische kosten op het eiland binnen de dekking van uw ziektekosten- of uw reisverzekering vallen. Denk eraan dat ongevallen ten gevolge van duiken, parasailing, waterskiën en dergelijke misschien niet tot de standaarddekking van uw polis behoren.

Openingstijden

'Winter' in dit verband is 1 okt.-14 juni; 'zomer' 15 juni-30 sept.

- Banken: 's winters ma.-vr. 8.30-12.45 uur, di. en vr. bovendien 14.30-16 uur, za. 8.30-12 uur; 's zomers ma.-vr. 8-12.45 uur, vr. bovendien 14.30-16 uur, za. 8-11.30 uur (Bank of Valletta op Luqa Airport: 0-24 uur, maar gesl. 25 dec. en 1 jan.).
- Kerken (parochiekerken): 6-10.30 uur en 16.30-19 uur (tijden bij benadering); kathedralen van Valletta, Mdina en Victoria (Gozo), kerken van Xewkija (Gozo) en Mosta zie Musea.
- Markten: zonsopgang-ca. 12 uur.
- Musea (staatsmusea): okt.-half juni ma.-za. 8.15-17 , zo. 8.15-16.15, half juni-sept. ma.-zo. 7.45-14 uur (geen toegang vanaf kwartier voor sluitingstijd). Staatsmusea op Gozo: okt.- mrt. ma.-za. 8.30-16.30, zo. 8.30-15, apr.-half juni ma.-za. 8.30-18.30, zo. 8.30-15 uur; half juni-half sept. ma.-za. 8.30-19, zo. 8.30-15, half sept-sept. ma.-za. 8.30-18.30, zo. 8.30-15 uur. De openingstijden van particuliere musea wijken hiervan af.
- Postkantoren: ma.-za. 8-12.45 uur (Hoofdpostkantoor Valletta 's zomers ma.-za. 7.30-18 uur; 's winters 8-18.30 uur)
- Telemalta (telefoon): 8.30-23 uur; Telemalta Valletta: 8.30-18.30 uur; Telemalta Saint Julian's: 0-24 uur.

Overwinteren

Malta leent zich goed voor overwinteren: ook in de winter - die nauwelijks naam mag hebben - zijn er veel dagen met mooi weer en het wordt nooit echt koud. Anders dan in andere plaatsen en landen aan de Middellandse Zee vinden activiteiten en evenementen het hele jaar plaats. Nagenoeg iedereen spreekt Engels. Het goed mogelijk om met de Maltese buren en bekenden een sociaal contact op te bouwen, als u maar wat tijd en moeite besteedt aan wederzijdse bezoekjes en dergelijke.

Reisdocumenten

Malta is een Schengenland; u hebt echter een geldig paspoort of identiteitskaart nodig om u te kunnen legitimeren; een visum is alleen nodig bij een verblijf langer dan drie maanden.
Automobilisten die in hun eigen auto naar het eiland komen, hebben een groene kaart nodig. Een internationaal rijbewijs is aanbevolen (inlichtingen bij de ANWB).

Souvenirs

Er is een ruime keus aan smaakvolle en smakeloze souvenirs. Een goede indruk van het totale aanbod krijgt u in het Ta' Qali Arts and Crafts Village, waar op een voormalig RAF-vliegveld allerlei werkplaatsen, winkels en ateliers zijn ondergebracht. Andere 'Arts and Crafts' centra zijn er in Valletta (aan het pleintje voor de kathedraal) en op Gozo (in de citadel). Naar verhouding goedkoop is het kant- en borduurwerk, waar de Gozitaanse vrouwen zich in hebben gespecialiseerd. Verder zijn er de meestal niet zo goede replica's van de prehistorische beelden, sieraden, en allerlei voorwerpen die van een Maltees kruis zijn voorzien, van asbakken tot dassen. Glaswerk is te koop bij de fabrieken, waar u meteen kunt kijken hoe de vazen, glazen, lampenkappen en schalen geblazen worden. Lichtelijk bizar zijn de nepharnassen die te koop zijn in het Ta' Qali Arts and Crafts Village. Voor in de keuken: honing en carob (de vruchtjes van de johannesbroodboom). Met kappertjes kunt u een Maltees aroma geven aan uw pasta of uw *fenek* (konijn).

Sport

Een van de speerpunten in de plannen van het toeristenbeleid is het aanmoedigen van 'actieve' vakanties op Malta. Lees: sportief en avontuurlijk. De duikers hebben Malta en Gozo al gevonden, nu komen ook andere en nieuwere takken van sport aan bod. Terreinfietsen, wandelen, parasailing en er zijn zelfs rotswanden waar u het bergbeklimmen en abseilen kunt (be)oefenen.

Wandelen

Wandelen is op Malta in opkomst, maar het is af te raden om in het wilde weg lange afstanden te gaan dwalen. Ga op stap met een zo gedetailleerd mogelijke kaart; die zult u misschien al het beste in Nederland of België kunnen kopen. Het beste wandelgebied is Gozo, maar ook de noordwestelijke helft van Malta heeft zijn mogelijkheden. In de zomermaanden is het vanwege de warmte af te raden.

Fietsen

Het chaotische en drukke verkeer en de verstedelijking maken een groot deel van Malta ongeschikt om te fietsen. Het stillere noorden van Malta is nogal heuvelachtig. Op Gozo, waar het rustiger is, kunnen fietsers wel uit de voeten. In de zeer warme zomermaanden is fietsen nergens aan te bevelen.

Zwemmen

Zwemwater genoeg. De stranden lopen meestal glooiend af; gevaarlijke getijdestromingen ontbreken. Van de rotsen duiken is wel riskant en voor de kust van Sliema loopt de zeebodem loodrecht af naar 400 m diepte.

Duiken

Helder en rustig water maken Malta tot een paradijs voor duikers. De soms grillige kust en de rijke onderwaterflora (onder andere roggen, juffervis, kreeft, inktvis) zorgen voor mooie plaatjes voor onderwaterfotografen. Bovendien heeft men op enkele plaatsen schepen laten zinken, om zo interessante doelen voor onderwateruitstapjes te creëren. Er zijn voldoende faciliteiten en men is goed georganiseerd. Goede plekken om te duiken zijn Ċirkewwa, Ahrax Point, Santa Marija Caves (bij Comino), Wied iż-Żurrieq, Qawra Point, Għar Lapsi, Anchor Bay en Merkanti Reef.

- FUAM (Federation of Underwater Activities in Malta), P.O.Box 29, Gżira.
- APDS (Association of Professional Diving Schools), The Secretary, Msida Court, 61/2 Msida Sea Front, Msida.

Erkende duikscholen zijn er onder andere in Ċirkewwa, Saint Julian's, Saint Paul's Bay, Marsaskala, Valletta en op Comino (Calypso Hotel).
In het Saint Luke's Hospital, Guardamangia, is een decompressiekamer aanwezig, tel. (356) 21234765.

Overige watersporten

Het waterpoloseizoen valt in de zomer en beweegt de fans tot net zoveel enthousiasme als het voetbal; in diverse plaatsen zijn speciale bassins (onder andere in Saint Julian's) waar u eventueel zelf een potje kunt spelen. Het belangrijkste waterpolobad is dat van Marsaskala.

Parasailing is mogelijk in Mellieħa Bay, Saint Julian's en Saint Paul's Bay. Waterski- en windsurffaciliteiten worden geboden door alle grote hotels die aan een strand liggen.

Golf

In Marsa ligt een baan van 18 holes (68 par; dames 70 par), waar bezoekers welkom zijn, tel. 21233851 en 21243464. De pro van de baan geeft ook les aan toeristen. Bij de baan zijn faciliteiten voor andere sporten, zoals zwemmen, tennis, badminton en squash, en er is een fitness-centrum. Royal Malta Golf Club, tel. 21232842.

Paardensport

Paardenraces zijn bijzonder populair; de paardenrenbaan ligt in Marsa. Daaromheen liggen maneges. Raceseizoen: oktober-midden juni. Sommige hotels organiseren paardrijtochten in het binnenland.

Telefoneren

Malta kent geen netnummers, alleen een abonneenummer van zes cijfers. Bellen vanuit uw hotel is duurder; ga voor lange of internationale gesprekken naar Telemalta. Kantoren van Telemalta zijn er in Valletta, Luqa Airport, Ħamrun, Mdina, Qawra, Sliema, Saint Paul's Bay; het kantoor in Saint Julian's is 24 uur per dag geopend. Bij Telemalta is ook een telefoonkaart te koop (Telecard), die in een deel van de telefooncellen te gebruiken is.

Gsm'tjes werken over het algemeen goed.

- Uit Malta naar Nederland: 00 31
- Uit Malta naar België: 00 32
- Uit Nederland en België naar Malta: 00 356

Tijd

Malta houdt net als Nederland en België Midden-Europese tijd aan.

Uitgaan

Het belangrijkste theater op het eiland is het Manoel Theatre in Valletta; dit stelt hoge kledingeisen. Verder zijn er incidentele voorstellingen op andere plaatsen in Valletta en elders op het eiland.

Saint Julian's en Paceville worden ook door de Maltese jeugd opgezocht om eens helemaal uit de bol te gaan. In Saint Julian's is ook het enige casino op Malta. Raadpleeg voor komende uitvoeringen en evenementen verder de 'Events Calendar' op de site het Maltees Verkeersbureau: www.visitmalta.com, of van de *Times of Malta:* www.timesofmalta.com.

Verkeersregels

In het Maltese verkeer houdt men links. Dat is niet alleen een belangrijk gegeven voor automobilisten, maar ook voor overstekende voetgangers. Blijf altijd goed opletten en vergeet niet de 'verkeerde' kant uit te kijken.

Van de overige verkeersregels trekt men zich niet al te veel aan: Maltezen zijn aardige mensen, maar zodra ze een stuur in hun handen krijgen, worden ze roekeloos enthousiast.

Wegenkaarten

Er zijn goedkope en tamelijk bruikbare kaarten te koop. Koop de beste en meest gedetailleerde die u kunt vinden – het is geen onderdeel om op te bezuinigen als u er zelfstandig opuittrekt. Of u nu reist met een (huur)auto of het openbaar vervoer, een goede kaart zal van pas komen.

Register

Dominicus WorldSurfer

Al onze reisgidsen zijn te vinden op de **Dominicus WEBsite**, 'Dominicus WorldSurfer'. Dankzij een eenvoudig zoeksysteem weet u in een handomdraai alles over de Dominicus-gids die u zoekt: omslag, prijs, ISBN, auteur, een stukje uit de inleiding of de omslagtekst, foto's uit het boek, soms een complete diapresentatie... Genoeg dus om een goede indruk te krijgen.
De structuur van de Dominicus WorldSurfer is simpel. Elke gids heeft een **aparte pagina**, en op deze pagina vindt u alle gegevens bij elkaar. Bovendien is bij alle gidsen een button aangebracht waarmee u de gids via internet kunt bestellen en zijn er zogenaamde **WEBlinks** aangebracht, waarmee wij u alvast de weg wijzen naar een verrassend tochtje over het net.

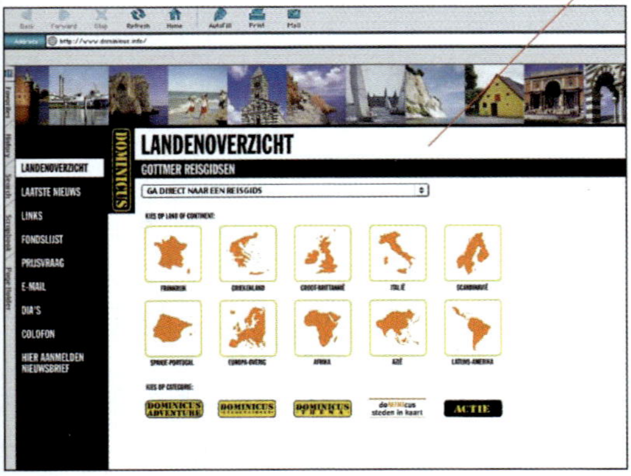

Voorbeeld: via de gids over IJsland hebt u in een mum van tijd een reeks webadressen met talloze tips over IJsland. Bovendien kunt u er een groot aantal fotoreportages bekijken van mensen die recent in IJsland zijn geweest en hun foto's naar Dominicus WorldSurfer hebben opgestuurd. Overbodig te zeggen dat de belangrijkste WEBsites ook allemaal in de gids staan vermeld.

Verder zijn onze gidsen gerubriceerd in verschillende series: de 'gewone' reisgidsen, de Adventure-gidsen, de Stedengidsen en de doMINIcus-gidsjes, en wordt u via de website op de hoogte gehouden van speciale acties.
Ten slotte kunt u op de website van Dominicus WorldSurfer aan een tweemaandelijkse prijsvraag deelnemen. Op de pagina Prijsvraag staat een afbeelding van een min of meer bekend monument, bouwwerk of constructie uit een van onze reisgidsen. Aan u de vraag te raden wat de afbeelding voorstelt en waar de foto is genomen. Onder de goede inzendingen worden telkens een paar Dominicus-reisgidsen naar keuze verloot, die de winnaar gratis krijgt thuisgestuurd.
Hebt u opmerkingen over een Dominicus-reisgids of wilt u een boeiende reiservaring kwijt? Mail ze alstublieft aan ons door via travel@gottmer.nl. Dan wordt die wellicht als lezerspost bij de betreffende gids geplaatst of doorgeven aan de redactie.

Het adres van de Dominicus WorldSurfer is

www.dominicus.info

Tot snel!